GTB
Gütersloher Taschenbücher
793

Weitere Veröffentlichungen zum Thema „Islam":

GTB 783   *Adel Th. Khoury: Der Koran.* 618 Seiten.

GTB 779   *Hans Küng/Josef van Ess: Islam.* 3. Auflage. 205 Seiten.

GTB 785   *So sprach der Prophet.* Worte aus der islamischen Überlieferung. 366 Seiten.

GTB 776   *Udo Tworuschka:* Die vielen Namen Gottes. Weltreligionen heute. 254 Seiten.

GTB 787   *William E. Paden: Am Anfang war Religion.* Die Einheit in der Religion. 224 Seiten.

GTB 789   *Adel Th. Koury: Was sagt der Koran zum Heiligen Krieg?* 95 Seiten.

Muhammad Salim Abdullah

ISLAM

Für das Gespräch mit Christen

Gütersloher Verlagshaus
Gerd Mohn

Die Originalausgabe erschien im
© Verlag für Christlich-Islamisches
Schrifttum, Altenberge 1984

Die Deutsche Bibliothek – CIP-Einheitsaufnahme

Abdullah, Muhammad S.:
Islam: für das Gespräch mit Christen / Muhammad Salim Abdullah. –
Gütersloh: Gütersloher Verl.-Haus Mohn, 1992
  (Gütersloher Taschenbücher Siebenstern; 793)
  ISBN 3-579-00793-9
NE: GT

ISBN 3-579-00793-9
© Gütersloher Verlagshaus Gerd Mohn 1992

Das Werk einschließlich aller seiner Teile ist urheberrechtlich geschützt. Jede
Verwertung außerhalb der engen Grenzen des Urheberrechtsgesetzes ist ohne
Zustimmung des Verlages unzulässig und strafbar. Das gilt insbesondere für
Vervielfältigungen, Übersetzungen, Mikroverfilmungen und die Einspeicherung und Verarbeitung in elektronischen Systemen.

Umschlaggestaltung: Dieter Rehder, Kelmis/Belgien
unter Verwendung einer Kalligraphie aus dem Jahreskalender des Islamischen
Zentrums Hamburg (Hidschra-Jahr 1412)
Gesamtherstellung: Clausen & Bosse, Leck
Printed in Germany

Vorwort

Seit Jahren tritt Muhammad Salim Abdullah hervor als sachkundiger Autor zahlreicher Bücher, Dokumentationen und Beiträge zum Islam, zur Geschichte des Islams in Deutschland und zum Dialog zwischen Muslimen und Christen.

Aufgrund seiner Verankerung in der islamischen Lehre vermag er mit Sachverstand und Feingefühl die Inhalte der Lehre des Islams und seine Ordnungsvorstellungen dem Leser zu erläutern. Sein gekonnter Stil und vor allem sein tiefer Glaube an Gott helfen ihm, die spirituelle Seite des Islams so darzustellen, daß bei den Nicht-Muslimen sich Respekt und Aufgeschlossenheit einstellen und bei den Muslimen eine Vertiefung ihrer eigenen Religiosität leichter wird.

Abdullah hat dieses Buch *für das Gespräch mit Christen* konzipiert und redigiert. Denn eines seiner wichtigsten Anliegen ist es ja, die Aussöhnung zwischen Muslimen und Christen zu fördern. Und er weiß, daß dies vor allem durch die Pflege des Dialogs und eine aufgeschlossene Haltung erreicht werden kann. Dafür setzt er sich ein, auch wenn ein solches Eintreten für Annäherung und Partnerschaft zwischen Muslimen und Christen ihm nicht nur Zustimmung von beiden Seiten beschert, sondern auch manchmal Widerspruch und Ablehnung. Gleichwohl ist es ihm durch umsichtiges Engagement und kluges Handeln gelungen, den dialogoffenen, gesellschaftlich liberal orientierten Islamrat zum Sprachrohr immer zahlreicherer islamischer Gemeinden und damit zum verläßlichen Partner der christlichen Kirchen und Gemeinschaften zu machen.

Das hier vorliegende Werk über den *Islam*, das nun als Taschenbuch in einem christlichen Verlag erscheint, zeugt davon, daß der Prozeß der Aussöhnung zwischen Muslimen und Christen bereits ein gutes Stück vorangekommen ist. Beiden, dem Verlag und dem Autor, sei gedankt für ihre Aufgeschlossenheit und ihre Bereitschaft, den Christen und Muslimen zu helfen, nun ihre jeweiligen Ängste abzulegen, die großen Spannungen, die ihre gegenseitigen Beziehungen belasten, zu überwinden, mehr Vertrauen ineinander zu gewinnen, ja Partner und Freunde zu werden.

Adel Theodor Khoury

INHALT

Prolog 7

1.	Einführung - Offenbarungsverständnis - Der Islam als Gemeinschaft - Der Gesandte Mohammad	13
1.1.	Das Offenbarungsverständnis - Ein Gott, eine Religion	14
1.2.	Der Islam als Gemeinschaft	21
1.3.	Der Prophet Mohammad	23
1.3.1.	Das Berufungserlebnis des Propheten	23
1.3.2.	Die Hidschra	25
1.3.3.	Mohammad ist kein Christus	26
1.3.4.	Die Attribute des Propheten	26
1.3.5.	Mohammad, das Siegel der Propheten	27
2.	Die Glaubens- oder Erkenntnisquellen des Islam	28
2.1.	Der Koran	28
2.2.	Die Sunna	30
2.3.	Die weiteren Erkenntnisquellen	31
3.	Die Lehren des Islam	32
3.1.	Das islamische Glaubensbekenntnis	32
3.2.	Die fünf Pfeiler des Islam	32
3.2.1.	Das Glaubenszeugnis	33
3.2.2.	Das Ritualgebet	42
3.2.3.	Das Fasten im Ramadan	51
3.2.4.	Die Mildtätigkeit	59
3.2.5.	Die Pilgerfahrt	62
3.2.6.	Koran und Tradition über die Charaktereigenschaften eines Moslems	65
4.	Schuld - Buße - Vergebung	71
4.1.	Ursprung und Ursache von Sünde und Schuld	74
4.2.	Das islamische Leidensverständnis	76
4.2.1.	Leiden als Prüfung	77
4.2.2.	Leiden als Strafe	79
4.3.	Buße - Reue - Vergebung	80
5.	Tod - Auferstehung - Gericht - Ewiges Leben	82
5.1.	Der Tod aus islamischer Sicht	83
5.2.	Die Überlieferung	86
5.3.	Der Koran zur Überwindung der Todesgrenze	89
5.4.	Paradiesvorstellungen und ihr Ziel	90
5.5.	Die Anschauung Gottes	92

6.	Islamische Bestattungsriten und Friedhofskultur	93
6.1.	Umgang mit dem Sterbenden	93
6.2.	Die Waschung des Verstorbenen	95
6.3.	Die Totenfeier	96
6.4.	Die Bestattung	97
6.5.	Weitere technische Daten	98
6.6.	Der Friedhof im Leben der islamischen Gemeinde	99
6.7.	Schlußbemerkungen	101
7.	Grundzüge des islamischen Eheverständnisses	101
7.1.	Das Ehegebot	102
7.2.	Die Polygamie	103
7.3.	Ehehindernisse	105
7.4.	Scheidungsrecht	107
7.5.	Rollenverständnis in Ehe und Familie	109
7.6.	Geburt und Beschneidung	112
7.6.1.	Islam – Religion der Erinnerung	112
7.6.2.	Schwangerschaft und Geburt	112
7.6.3.	Beschneidung	113
8.	Krieg und Frieden im Koran	115
8.1.	Texte	116
8.2.	Ursachen des „schlechten" Rufes	119
8.3.	Schwertmission	121
8.4.	Islam und Gewalt	122
8.5.	Der „djihad"	124
8.6.	Frieden geht vor Krieg	125
8.7.	Ist die Bundesrepublik „dar-ul-harb"?	128
8.8.	Schlußbetrachtungen	130
9.	Der neue Mensch – Gottes Wort über Jesus im Koran	135
9.1.	Juden, Christen und Moslems als „Heilsfamilie" – Über den Umgang miteinander	137
9.2.	Die wesentlichsten Aussagen des Koran über die Nachfolger Jesu ('Isa)	140
9.3.	Der Trinitätsstreit	142
9.4.	Das Jesusbild des Koran	146
9.5.	Das Marienbild	147
9.6.	Stellung und Auftrag Jesu im Islam	149

10.	Islam und Kunst	152
10.1.	„Du sollst Dir kein Bildnis machen" …	153
10.2.	Das Bilderverbot und seine theologische Begründung	154
11.	Ich bin Wind und Du bist Feuer (Rumi)	160
11.1.	Der Anfang des Weges	163
11.2.	Der Weg zur Vereinigung mit Gott	166
11.3.	Die Gottesliebe	169
11.4.	Die mystischen Übungen	171
11.5.	Schlußbemerkungen	172
11.6.	Islamische Ordensgemeinschaften in der Bundesrepublik und Westberlin	173
11.7.	Zum Beispiel: Die singenden Derwische Der Alawia-Orden in der Bundesrepublik	177

Statt eines Nachwortes	181
Anmerkungen	181

Anhang		185
1.	Das islamische Jahr – Monate – und Feste	185
1.1.	Das Hidschrajahr	185
1.2.	Die islamischen Monate	185
1.3.	Die islamischen Feste	185
2.	Speisevorschriften	186
3.	Kleidung und Haartracht	186
4.	Text des Ritualgebetes	187
5.	Der Islamische Weltkongreß	189

Im Namen Allahs, des Gnädigen, des
Barmherzigen.
Beim Vormittage, und bei der Nacht,
wenn sie am stillsten ist,
Dein Herr hat dich nicht verlassen,
noch ist Er böse.
Wahrlich, jede (Stunde), die kommt,
wird besser für dich sein als die, die
(ihr) vorausging.
Und fürwahr, dein Herr wird dir geben
und du wirst wohlzufrieden sein.
Fand Er dich nicht als Waise und gab
(dir) Obdach?
Er fand dich irrend (in deiner Sehnsucht
nach Ihm) und führte (dich) richtig.
Und Er fand dich in Armut und machte
(dich) reich.
Darum bedrücke nicht die Waise,
Und schilt nicht den Bettler,
Und erzähle von der Gnade deines Herrn.

Al-Ḍuḥā/Sure 93/30. Teil

1. EINFÜHRUNG – OFFENBARUNGSVERSTÄNDNIS – DER ISLAM ALS GEMEINSCHAFT – DER GESANDTE MOHAMMAD

Der Islam, die chronologisch jüngste der drei im biblischen Umfeld entstandenen Glaubensweisen, ist im Aufbruch begriffen. Der letzten Statistik des Islamischen Weltkongresses zufolge, bekennen sich heute etwa eine Milliarde Bewohner[1] unseres Planeten zu der Religion, zu der *Mohammad Abu l-Qasim Ibn Abd Allah* im Jahre 610 n. Chr. (julianischer Zeitrechnung) aufrief und die er *Islam* nannte – auf Geheiß Gottes, wie der *Koran* der Nachwelt überliefert und wie die Gemeinschaft der Gläubigen bezeugt.

Von den rund eine Milliarde Gläubigen leben 600 Millionen in den 42 Ländern der Islamcharta bzw. in Staaten mit überwiegend moslemischer Bevölkerung; etwa 100 Millionen in islamischen Gebieten unter fremder Herrschaft und 300 Millionen in der weltweiten Diaspora; in 110 Ländern der Erde. Ein Beispiel: allein in Indien, Indonesien, China, der Sowjetunion, Pakistan und Bangladesh leben insgesamt 530 Millionen Anhänger des Islam. In Europa sind es rund 28 Millionen; davon 7 Millionen in Westeuropa, von denen wiederum etwa 2 Millionen in der Bundesrepublik Deutschland leben.

Rund 90 Prozent aller Moslems, d.h. 900 Millionen Menschen, bekennen sich zum sunnitischen Islam und seinen vier Rechtsschulen. Die restlichen 10 Prozent sind schiitische Moslems, wobei angemerkt werden muß, daß es eine große Anzahl schiitischer Ausformungen gibt.

Islam heißt: sich ganz Gott hingeben, sein ganzes Selbst Gott anheimstellen, heißt Frieden und Rettung, umschreibt den Zustand des Heils.

Der Koran vermittelt für den Begriff Frieden zwei Hauptbezeichnungen: "silm" oder "salam" und "sulh". Die Wurzel "silm" ist in dem Wort "Islam" enthalten, das auf diese Weise sowohl den Zustand der vertrauensvollen, freiwilligen Hingabe an das göttliche Ideal vermittelt, als auch den des Friedensschlusses mit Gott, mit den Menschen und mit sich selbst.

Der Koran bezeichnet den Islam als die einzige wahre Religion vor Gott. In Sura 3:20 heißt es dazu: "Wahrlich, die Religion vor

Gott ist Islam ..."; "Und wer eine andere Glaubenslehre sucht als den Islam, nimmer soll sie von ihm angenommen werden" (3:87).

Diese Aussage bedeutet jedoch nicht, daß der Islam das Judentum und das Christentum ablehnt, vielmehr geht die islamische Offenbarungsschrift davon aus, daß alle Propheten Gottes von Anbeginn an — von Adam bis auf Mohammad — diese eine Religion Islam verkündet haben. Folglich sind Judentum und Christentum essentieller Bestandteil des islamischen Heilsweges. Der Koran fordert die Gläubigen auf zu bekennen:

"Wir glauben an Gott und was zu uns herabgesandt worden, und was herabgesandt ward Abraham und Ismael und Isaak und Jakob und (seinen Söhnen), und was gegeben ward Moses und Jesus und was gegeben ward (allen anderen) Propheten von ihrem Herrn. Wir machen keinen Unterschied zwischen ihnen; und Ihm ergeben wir uns" (2:137).

Zu diesem Abschnitt des Koran vermerken die Kommentare ausdrücklich: "Die Moslems machen es also nicht wie die Christen, die zwar Moses anerkennen, aber Mohammad's Sendung leugnen, oder wie die Juden, die Moses als Gottesgesandten verehren, aber Jesus und Mohammad ablehnen, oder wie andere, die nur den einen oder anderen Propheten gelten lassen, allen anderen aber die Prophetenwürde absprechen".[2]

Der Islam nimmt alle biblischen Propheten in sich auf, er schließt keinen von ihnen aus. Daraus darf gefolgert werden, daß Mohammad weder das Judentum noch das Christentum aufheben wollte. Sein Bestreben galt getreu seinem Auftrag, der Wiederbesinnung auf die authentischen Inhalte der Offenbarung. Er sah alle drei Religionen — Judentum, Christentum und den von ihm gelehrten Weg — als drei Zweige ein und desselben Baumes an. *Es ist daher aus koranischer Sicht durchaus angebracht von drei Glaubensweisen zu sprechen, in denen sich die eine Religion des einen Gottes offenbart.*

1.1. Das Offenbarungsverständnis — Ein Gott, eine Religion

Die Moslems — diese vom Bekenntnis geprägte Bezeichnung ist das Prädikat für Menschen, die sich Gott hingegeben haben in freiwilligem Gehorsam, die in seinen Frieden, in sein Heil eingetreten sind — betrachten den Islam in der Tat *nicht als neue Offenbarung,* die mit dem Auftreten Mohammad's ihren Anfang nimmt; der Islam ist für sie *keine neue Religion,* die früheren Geschlechtern unbekannt war. In Sura 46:10 fordert Gott Mohammad auf zu sagen:

"Ich bin keine neue Erscheinung unter den Gesandten, und ich weiß nicht, was mit mir oder mit euch geschehen wird. Ich folge bloß dem, was mir offenbart ward; und ich bin nur ein aufklärender Warner".

Der Islam ist, um es zu wiederholen, im Glauben der Moslems die ursprüngliche und einzige Religion, die den Menschen von Anfang an eingestiftet worden ist und deren letzter Verkünder Mohammad war. In Sura 4:164-165 heißt es:

"Wahrlich, Wir sandten dir Offenbarung, wie Wir Noah Offenbarung sandten und den Propheten nach ihm; und Wir sandten Offenbarung Abraham und Ismael und Isaak und Jakob und (seinen) Söhnen und Jesus und Hiob und Jonas und Aaron und Salomo, und Wir gaben David ein Buch. Es sind Gesandte, von denen Wir dir bereits berichtet haben, und andere Gesandte, von denen Wir dir nicht berichtet haben ...".

Die Hingabe an Gott — Islam — ist es, die die Religion vollendet.

Die Uroffenbarung

Der Islam geht von dem Vorhandensein einer Uroffenbarung aus, die von Gott Stück für Stück auf die Menschheit überkommen ist durch den Mund seiner erwählten Diener und deren Vollendung, wie erwähnt, die Botschaft Mohammad's ist.

Über den Zusammenhang der Offenbarungsschriften — Thora, Evangelium und Koran — lesen wir in Sura 5:45-49:

"Wir hatten die Thora hinabgesandt, in der Führung und Licht war. Damit haben die Propheten, die gehorsam waren, den Juden Recht gesprochen, und so auch die Wissenden und die Gelehrten; denn ihnen wurde aufgetragen, das Buch Gottes zu bewahren, und sie waren seine Hüter. Darum fürchtet nicht die Menschen, sondern fürchtet Mich; und gebt nicht Meine Zeichen hin um geringen Preis. Wer nicht nach dem richtet, was Gott hinabgesandt hat — das sind die Ungläubigen. ...

Wir ließen Jesus, den Sohn der Maria, in ihren Spuren folgen, zur Erfüllung dessen, was schon vor ihm in der Thora war; und Wir gaben ihm das Evangelium, worin Führung und Licht war, zur Erfüllung dessen, was schon vor ihm in der Thora war, eine Führung und Ermahnung für die Gottesfürchtigen.

Es soll das Volk des Evangeliums richten nach dem, was Gott darin offenbart hat; wer nicht nach dem richtet, was Gott hinabgesandt hat — das sind die Empörer.

Wir haben dir das Buch hinabgesandt mit der Wahrheit, als Erfüllung dessen, was schon in dem Buche war, und als Wächter darüber. Richte darum zwischen ihnen nach dem, was Gott hinabgesandt hat, und folge nicht ihren bösen Neigungen gegen die Wahrheit, die zu dir gekommen ist ...".

Hermann Stieglecker vermerkt daher in seinem Standardwerk "Glaubenslehren des Islam"[3] folgerichtig: "Aus den angeführten Koranstellen und ihrer Deutung durch die islamischen Exegeten läßt sich das Verhältnis zwischen Thora, Evangelium und Koran klar bestimmen:

1. Alle drei sind "Bücher Gottes", die von Gott auf Moses, Jesus und Mohammad "herabgesandt" wurden; in jedem von ihnen ist Gottes Wort;

2. Die Juden und Christen, die durch Moses bzw. Jesus Thora und Evangelium empfingen, sind verpflichtet, sich an die Gesetze dieser heiligen Bücher zu halten, sich "nach ihnen zu richten". Wer sich nicht an sie hält, ist ein Ungläubiger, ein Ungerechter, ein Frevler. Ebenso wird auch Mohammad angewiesen, sich nach dem Koran zu richten.

3. Thora, Evangelium und Koran sind demnach Herabsendungen Gottes; als solche können sie einander nicht widersprechen, sie bestätigen vielmehr einander. Das ist eine Tatsache, auf die der Koran immer wieder hinweist. Durch das Evangelium wird die Thora als Herabsendung Gottes bestätigt, und durch den Koran werden Thora und das Evangelium als Bücher Gottes bestätigt (darum werden Juden und Christen im Koran auch als "Leute des Buches" oder als "Schriftbesitzer" bezeichnet). Und andererseits wird der Koran durch Thora und Evangelium als Buch Gottes vorherverkündet, als jenes Buch Gottes, das als letzte "Herabsendung" auf den letzten ... Propheten der Abschluß aller Herabsendungen ist. Das ist die ausdrückliche Lehre des Koran.

4. Weil Thora, Evangelium und Koran das herabgesandte Wort Gottes enthalten, bilden sie eine Einheit. In diesem Sinne sagte Al-Baghdadi (gest. 1037): "Die Lesung des Wortes Gottes in Arabisch ist der Koran, die Lesung des Wortes Gottes in Hebräisch ist die Thora, seine Lesung in Syrisch ist das Evangelium".

Darum fordert der Koran die Moslems auf, den Juden und den Christen zu erklären, daß sie — die Moslems — an Thora und Evangelium glauben, wie auch an die Offenbarungen, die an andere Propheten ergangen sind, denn sie alle sind Wort Gottes" (S. 77-78).

Bereits Ibn Taimijja (824-892) stellte den Islam, gestützt auf den Koran, in eine zusammenhängende Tradition mit den Lehren der Thora und des Evangeliums: sie seien das Wort Gottes. Diesem Kreis zugeordnet sind auch die Modernisten wie Kamal Hussain, Fathi Osman, Vahid-uddin, Muhammad Hamidullah oder der Sufi-Meister Hafiz Syed — die sämtlich die Meinung vertreten, daß die immer gleichbleibende göttliche Botschaft nur in den Details entsprechend der verschiedenartigen Entwicklung der menschlichen Mentalität variiert. Hafiz Syed weist in seinen Schriften insbesondere auf Sura 5:49 hin und stellt fest: "Der Koran hat gesagt, daß die Menschheit niemals nur einem einzigen Glauben folgen solle und daß deshalb die Rituale und Dogmen und die Gebräuche des Gottesdienstes fortfahren sollen zu differieren; aber unbeschadet dieser Mannigfaltigkeit soll sich jeder Glaube auf seinem Wege um ein Maximum der Realisation des Guten bemühen; konkurrieren untereinander sollen sie allein in diesem gemeinsamen Streben".

Ich zitiere den hier angesprochenen Koranabschnitt:
"Einem jeden von euch (Juden, Christen und Moslems) haben Wir eine klare Satzung und einen deutlichen Weg vorgeschrieben. Und hätte Gott es gewollt, Er hätte euch in einer einzigen Gemeinschaft zusammengeführt, doch Er wünscht euch auf die Probe zu stellen durch das, was Er euch gegeben hat. Wetteifert darum miteinander in guten Werken ...".

Dennoch hat letztlich Mohammad Abduh um die Jahrhundertwende die klarsten Anstöße zur Weiterentwicklung des ökumenischen Aspekts der Offenbarung gegeben. Als Abduh die syrischen Christen vor Verdächtigung und Unterdrückung gegenüber der

Regierung in Schutz nahm, begründete er seine Eingaben mit der dem prophetischen Prinzip innewohnenden Toleranz. Abduhs Konsequenz ähnelt der Taimijjas, wenn er den theologischen Lehrsatz prägte:

"Die Bibel, das Evangelium und der Koran sind drei zusammenstimmende Bücher. Die religiös eingestellten Menschen lesen aufmerksam alle drei und verehren sie gleichermaßen. So vervollständigt sich die göttliche Belehrung, und die wahre Religion zeigt ihren Glanz durch die Jahrhunderte".

Dieser theologische Lehrsatz findet seine Entsprechung im Koran, wo es in Sura 39:24 heißt:

"Gott hat die schönste Botschaft, ein Buch hinabgesandt, ein im Einklang (mit anderen Schriften) stehendes, oft wiederholtes, vor dem denen, die ihren Herrn fürchten, die Haut erschauert; dann erweicht sie sich und ihr Herz zum Gedenken Gottes. Das ist die Führung Gottes; Er leitet damit, wen Er will. Und wen Gott zum Irrenden erklärt, der soll keinen Führer haben".

Zweck und Inhalt der Offenbarung

In Sura 42:52 heißt es, daß Gott zu keinem Menschen spricht, "außer durch Offenbarung oder hinter einem Schleier oder indem Er Boten schickt, zu offenbaren auf Sein Geheiß, was Ihm gefällt". Nach islamischem Verständnis offenbart sich Gott auf drei Ebenen:
a) durch seine Attribute;
b) durch seine Schöpfung;
c) durch seinen Willen.

Der Koran vermittelt seinen Anhängern 99 Attribute des einen Gottes, durch die er angerufen sein will. In Sura 7:181 heißt es: "Gottes sind die schönsten Namen; ruft Ihn an mit ihnen. Und verlaßt jene, die Seine Namen verketzern; ihnen soll Lohn werden nach ihrem Tun".

Diese Attribute vermitteln dem Gläubigen eine Vorstellung von Gott, sie lassen sein Wesen erahnen, rücken den Beter in seine Nähe, schaffen eine Atmosphäre des Vertrauens, der Freundschaft, der Zuversicht und Dankbarkeit, eben das, was Christen beispielsweise mit dem Begriff "Gotteskindschaft" umschreiben, um ihrem Du-Vater-Verhältnis zu Gott Ausdruck zu verleihen.

Hier seien nur einige dieser Attribute genannt: Gott ist der Allmächtige und Gewaltige, er ist der Herrscher und König, er ist das Licht, die Wahrheit und Gerechtigkeit, er ist der Wachsame und der Richter, der Schöpfer, Erhalter und Bewahrer, der Heilige, der Allsehende, Allwissende und Allhörende, aber er ist auch der Friede, der Barmherzige, der Gnädige, der Sanftmütige, der Wohltäter und der gütig Erhörende, der Ernährer, der Freund, der die Treue hält und der Beschützer, der zum Mitleid bewegte und der Mitleidende, der Erste und der Letzte.

Der Mensch ist aufgefordert, über die Zeichen des Universums nachzudenken und darin die "Zeichen Gottes" zu erkennen. Dieses Nachdenken ist eine religiöse Pflicht. Im Koran steht:

"In der Schöpfung der Himmel und der Erde und im Wechsel von Nacht und Tag sind in der Tat Zeichen für die Verständigen" (3:191); oder:

"In der Schöpfung der Himmel und der Erde und im Wechsel von Nacht und Tag und in den Schiffen, die das Meer befahren mit dem, was den Menschen nützt, und in dem Wasser, das Gott niedersendet vom Himmel, womit Er die Erde belebt nach ihrem Tode und darauf verstreut allerlei Getier, und im Wechsel der Winde und der Wolken, die dienen müssen zwischen Himmel und Erde, sind fürwahr Zeichen für solche, die verstehen. Und doch gibt es Menschen, die sich andere Gegenstände der Anbetung setzen denn Gott und sie lieben wie die Liebe zu Gott. Doch die Gläubigen sind stärker in ihrer Liebe zu Gott" (2:164-166).

Es ist in diesem Zusammenhang vielleicht wichtig zu wissen, daß das arabische Wort "ayat" — Zeichen Gottes —, sowohl für die Schöpfung steht wie auch für die Verse des Koran, durch die Gott seinen Willen und Weg offenbart hat.

Der Islam ist in erster Linie die *Religion der Erinnerung an den Bund* (mithaq), den Gott in der "Vorewigkeit" (azal) mit dem Menschengeschlecht geschlossen hat. Folglich billigt der Koran dem Propheten Mohammad immer wieder die Attribute "Mahner" und "Warner" zu. "Erinnere dich", ist eine der häufigsten Formeln, mit denen im Koran die Gottesrede eröffnet wird.

Zweck und Inhalt der Offenbarung bilden gemeinsam mit dem Ziel der göttlichen Botschaft eine Einheit. Man kann diese drei Bereiche nicht auseinanderreißen. Dennoch ist es hier aus Verständnisgründen notwendig von der Regel abzugehen und eine

Trennung vorzunehmen, wenngleich dieser Versuch eigentlich nicht zulässig ist.

Der Inhalt der islamischen Offenbarungsschrift kann in drei Ebenen eingeordnet werden, die sich sowohl in ihrer Gewichtung unterscheiden wie sie sich auch ergänzen. Die drei Ebenen sind:
a) die Ebene des Glaubens;
b) die Ebene des Brauchtums;
c) die Ebene des Verfahrens.
Die Anwendung ist entweder informatorischer, erneuernder oder kritischer Natur.

Praktisch bedeutet das, daß die Glaubensartikel (Ebene des Glaubens) *unveränderbar und ewiggültig sind.* Dazu gehören ewige Wahrheiten wie die Einheit Gottes, die göttliche Offenbarung durch den Mund der Propheten, Auferstehung, Jüngstes Gericht, Erlösung und Bestrafung unter anderem. Dieser Teilaspekt des Inhalts der Offenbarung ist informatorischer Natur.

Das ist beim Brauchtum (Ebene des Brauchtums) anders. So sind beispielsweise Gebet und Fasten ein Brauch, der von Gott festgelegt worden ist. Die Menschen sind angewiesen, ihn einzuhalten. Bräuche sind aber keine geoffenbarten Wahrheiten, sie sind vielmehr auf Geheiß Gottes eingeführt worden. Dem Brauchtum liegt das Prinzip zugrunde, daß es nur dann eingeführt ist oder wird, nachdem Gott den Befehl dazu gegeben hat.

Die Ebene des Verfahrens hingegen trifft den "weltlichen Teil" der islamischen Lehre, z.B. den rechtlichen Bereich, den Handel, den gesellschaftlichen Teil des Lebens. Hier gilt die Regel, daß alle Transaktionen frei und erlaubt sind, so nicht ein ausdrückliches Gebot oder Verbot vorliegt, wie etwa die Zinsnahme u.a. Allgemein ist der Inhalt der Offenbarung in der "scharia" zusammengefaßt.

Das Wort "scharia" bedeutet soviel wie "der Weg zur Tränke", zum "Wasser des Lebens" und steht für das gesamte koranische Recht. Die Scharia enthält nach dem Glauben der Moslems die von Gott gesetzte Schöpfungsordnung, die endgültig von Mohammad verkündet worden ist und die Gültigkeit bis zum Jüngsten Tag besitzt. Die Scharia regelt das bewußte Verhalten des zurechnungsfähigen Menschen als "Gehilfen Gottes", und zwar in seinen praktischen Beziehungen zu seinem Schöpfer, zu seinen Mitmenschen und zu allen Geschöpfen, die Gott geschaffen hat.

Die Vorschriften dieses geheiligten Rechts lassen sich in zwei Hauptgruppen zusammenfassen: Die Bestimmungen über den Kultus und die rituellen Verpflichtungen und die Vorschriften rechtlicher und gesellschaftlicher Natur.

In der Sura 3:8 ist offenbart:

"Er ist es, der das Buch zu dir hinabgesandt hat; darin sind Verse von entscheidender Bedeutung — sie sind die Grundlage des Buches — und andere, die allegorisch zu verstehen sind. Die aber, in deren Herzen Verderbnis wohnt, suchen gerade jene heraus, die verschiedener Deutung fähig sind, im Trachten nach Zwiespalt und im Trachten nach Deutelei. Doch keiner kennt ihre Deutung als Gott und diejenigen, die fest gegründet im Wissen sind, die sprechen: 'Wir glauben daran; das Ganze ist von unserem Herrn' — und niemand beherzigt es, außer den mit Verständnis Begabten".

Ziel der Offenbarung ist es schließlich, den Islam — die Gottergebenheit und den Gottesfrieden — allen Menschen anzutragen und damit die Rechte Gottes in aller Welt geltend zu machen. Das Programm für die Erreichung dieses Zieles ist die im Koran geoffenbarte Rechtleitung. Seit Gott den Menschen geschaffen hat, seit dem Bundesschluß, ist dieses Ziel angestrebt worden durch die Gesandten und Propheten; daher erbitten die Moslems tagtäglich den Segen und Frieden Gottes auf sie herab.

Das Ziel islamischer Offenbarung ist kein geschichtlich faßbares oder eingrenzbares Endziel, sondern ein permanenter und zeitloser Auftrag, dessen Erfüllung und Ende bei Gott liegen. Nur eine Gewißheit bleibt, ist sicher, wie der Koran verheißt:

"Zu Gott ist euer aller Heimkehr; dann wird Er euch aufklären über das, worüber ihr uneinig gewesen seid" (5:49).

Gott ist der Erste und der Letzte. Er ist Ausgangspunkt, Ziel und Erfüllung der Offenbarung.

1.2. Der Islam als Gemeinschaft

Der Islam hat für die Gemeinschaft drei Begriffe entwickelt:
— "umma" = Gemeinschaft als Volk und Nation, derer "die zusammenleben wollen" (der Begriff steht auch für Ökumene);
— "ummat al-nabi" = Gemeinschaft des Propheten, derer "die den Islam bekennen und nach der "qibla" (in Richtung Mekka) ihr

Gebet verrichten;
- "al-djama'a" = Zusammenkunft oder Versammlung im Sinne von Gesamtheit der Gläubigen ("djama'at al-muminin bzw. "al-djama'at al-islamiyyah").

Mit anderen Worten: "umma" bezeichnet die juristisch-politisch-religiöse Gemeinschaft der Moslems; "djama'a" die Gesamtheit der durch ihren Glauben verbundenen Moslems, wobei hier außerdem die Notion der Treue zur Tradition anklingt.

Im Gegensatz zum Christentum ist der Islam nicht um eine Person entstanden, sondern um ein Buch. Daher besitzt er auch keinen Ausgangspunkt, sich als Kirche zu konstituieren. Gewisse Ähnlichkeiten mit kirchlichen Einrichtungen oder Institutionen sind daher nur scheinbar.

Da der Islam also keine Kirche ist, kennt er auch keine Geistlichkeit oder wie immer geartete Hierarchie im christlich-kirchlichen Sinne. Der Muezzin, der die Gläubigen fünfmal täglich zum Gebet ruft, ist nicht viel mehr als der Küster einer christlichen Kirchengemeinde, der die Glocken läutet (wobei ich den Beruf des Küsters in keiner Weise abwerten möchte). Der Imam ist kein Priester oder Pfarrer. Jeder mündige Moslem, der den Koran und die Traditionen beherrscht, kann dieses Amt ausüben, das in erster Linie darin besteht, das Freitagsgebet der Gemeinde zu leiten und streng darauf zu achten, daß dabei die Sunna – die Gewohnheit des Propheten Mohammad – eingehalten wird. Lediglich im schiitischen Minderheiten-Islam stoßen wir auf gewisse, dem Christentum entsprechende, hierarchische Formen.

Viele Nichtmoslems sind versucht, in den Muftis eine Art von Bischöfen zu sehen. Sie sind es so wenig, wie die Institution Kalif mit der des Papstes vergleichbar ist. Zwar sind die Muftis die höchsten geistlichen Würdenträger der islamischen Weltgemeinschaft, aber ihre Funktionen entsprechen lediglich denen von Doktoren des kanonischen Rechts. Die Gelehrten des Islam (sing. Alim) bilden in ihrer Gesamtheit die "Ulama", die Versammlung der Schriftgelehrten des Islam.

Es bleibt also festzuhalten, daß die Gemeinschaft des Islam *keine Kirche ist; sie ist weniger und gleichzeitig mehr.* Ihr fehlt zwar die kirchliche Organisation, aber in der Ausdehnung ihrer Befugnisse ist sie mehr als die Kirche. *Der Islam ist in erster Linie eine religiös motivierte Lebensweise, deren Alltag sich um bestimmte sichtbare Pflichtübungen gestaltet.* Eine Unterteilung des Lebens sowohl des einzelnen als auch der Gemeinschaft in einen sakralen und profanen Sektor (Kirche und Welt) ist für den Islam undenkbar; er umschließt den gläubigen Menschen in all seinen Bestrebungen und in seinem ganzen Wirken. Die Gemeinschaft der Gläubigen ist im Bereich des ehemaligen Kalifates noch weitgehend identisch mit dem Staatsvolk. Bürger, die nicht den Islam bekennen, sind bei aller gesetzlich verankerten Gleichberechtigung doch auch "Bürger anderer Qualität". Das jeweilige Staatsoberhaupt ist gleichzeitig Imam des in den jeweiligen Grenzen lebenden Staatsvolkes, das den Islam bekennt (das Wort "Imam" beinhaltet Begriffe wie Führer, Leiter und auch Vorbeter). Hier hat noch der alte, vom Koran und der Sunna keineswegs absolut gesetzte Rechtsbegriff "al-islam din wa dawla" – Islam ist Religion und Regierung, Glaube und Gemeinschaft, seine Gültigkeit.

Die islamische Gemeinschaft findet ihre Einheit in ihrer Universalität, in dem klaren Bewußtsein eines geographischen Mittelpunktes: der Ka'ba zu Mekka; in der Pilgerfahrt.

1.3. Der Prophet Mohammad

1.3.1. Das Berufungserlebnis des Propheten

Das Leben des Propheten Mohammad weist zwei wichtige Einschnitte auf:
— das Berufungserlebnis in der Nacht des 27. Ramadantages im Jahre 610 n. Chr. und
— die Hidschra, die Emigration von Mekka nach Jathrib, das später Medina – Stadt des Propheten – heißen sollte. Diese Hidschra fand im Jahre 622 n. Chr. statt und signalisiert seither den Beginn der *islamischen Zeitrechnung* – des Hidschrajahres –, das sich an den Mondphasen orientiert.

Geboren wurde der Prophet im Jahre 570 n. Chr. Er starb im Jahre 632, wobei angemerkt werden muß, daß seinerzeit in der christlichen Welt der Julianische Kalender gebräuchlich war.
Sein *Berufungserlebnis* hatte Mohammad im Alter von 40 Jahren in einer Höhle auf dem Berge Hira in der Wüste unweit von

Mekka. Über diese *Schicksalsnacht* oder "Heilige Nacht" des Islam heißt es im Koran:

"Wahrlich, Wir sandten den Koran hernieder in der Nacht des Schicksals. Und was lehrt dich wissen, was die Nacht des Schicksals ist? Die Nacht des Schicksals ist besser als tausend Monde. In ihr steigen die Engel herab und der Geist nach dem Gebot des Herrn — mit jeder Sache. Friede währt bis zum Anbruch der Morgenröte" (97).

Der Tradition zufolge geschah in dieser Nacht der Einbruch des ungeschaffenen Wortes in die Welt des Relativen. Während Mohammad schlief, trat der Engel Jibril (Gabriel) zu ihm; in der Hand trug er eine mit Zeichen bedeckte Stoffrolle und befahl Mohammad zu lesen. Diese erste Offenbarung lautete:

"Lies im Namen deines Herrn, der erschuf, der erschuf den Menschen aus einem Blutgerinnsel. Lies, denn dein Herr ist der Allgütige, der den Menschen lehrte durch die Feder, den Menschen lehrte, was er nicht wußte" (96:2-6).

Der Mensch Mohammad wurde vom Hauch der Ewigkeit berührt. Im Koran lesen wir dazu:

"Euer Gefährte Mohammad ist weder verwirrt noch ist er im Unrecht, noch spricht er aus Begierde. Es ist eine Offenbarung nur, die offenbart wird. Der mit mächtigen Kräften Begabte hat ihn belehrt, dessen Macht sich wiederholt offenbart; Er sitzt nun fest (auf dem Thron); und er ist am obersten Horizont. Dann näherte er sich (Gott); dann stieg Er herab (zu dem Propheten), so daß er zur Sehne wurde von zwei Bogen oder noch näher. Und Er offenbarte seinem Diener, was Er offenbarte. Das Herz (des Propheten) hielt Wahrheit dem, was er sah. Wollt ihr da mit ihm streiten über das, was er sah? Und er sah es (auch) bei einem anderen Herabsteigen, beim fernsten Lotusbaum, neben dem der Garten der Wohnstatt ist. Als den Lotusbaum überflutete, was (ihn) überflutete, da wankte der Blick nicht, noch schweifte er ab. Wahrlich, er hatte eines der größten Zeichen seines Herrn gesehen" (53:3-19).

Die Verkündigung (da'wah) des Islam stieß sehr bald auf den entschiedenen Widerstand der Mekkaner, denn die neue Lehre forderte von ihnen die Abschaffung des Götzenkultes und der Sklaverei, sie verkündete die Bruderschaft aller Menschen und ihre Gleichheit vor Gott und nahm die Begüterten gegenüber den

Mittellosen in Pflicht.

Da der Götzenkult und die Sklaverei jedoch die kommerzielle Basis der Kaufmannsrepublik Mekka bildeten, sahen die herrschenden Familien ihre Gesellschaftsordnung durch Mohammad's Predigt in höchstem Maße gefährdet. Ihre Reaktion war entsprechend: die Anhänger des Propheten wurden verspottet, verfolgt, gedemütigt, gefoltert und schließlich vertrieben. Große Teile der Gemeinde emigrierten auf Rat des Propheten nach Äthiopien.

1.3.2. *Die Hidschra*

Im Jahre 622 n. Chr. mußte auch der Prophet fliehen. Seine Emigration sollte allerdings den Siegeszug des Islam einleiten. In Medina errichtete Mohammad mit seinen Gefährten einen *theokratischen Staat*, der zur Keimzelle des späteren islamischen Weltreiches werden sollte, der heutigen islamischen Weltgemeinschaft. Im Jahre 630 n. Chr. zog Mohammad nach wechselvollen Auseinandersetzungen zwischen seinen Anhängern und den Mekkanern, mit 10.000 seiner Gefährten siegreich in seine Vaterstadt *Mekka* ein und reinigte den Tempel, die *Ka'ba* vom Götzenkult. Er weihte das uralte, von *Abraham und Ismael* errichtete Heiligtum dem Gott zurück, der sich ihm in der Wüste als der eine Gott aller Menschen, als Herr der Welten, offenbart hatte: *Allah*. Im Koran lesen wir:

"Er ist Gott, der Einzige; Gott, der Unabhängige und von allen Angeflehte. Er zeugt nicht und ward nicht gezeugt; und keiner ist Ihm gleich" (112).

Zwei Jahre später unternahm der Prophet mit über 100.000 Gefährten von Medina aus seine *Abschiedswallfahrt* nach Mekka. Nachdem er die versammelte Gemeinde zweimal gefragt hatte: "Habe ich meine Sendung an euch erfüllt", und nachdem diese darüber ihr Zeugnis gesprochen hatte, empfing er die letzte Offenbarung:

"Heute habe Ich (Gott) eure Glaubenslehre für euch vollendet und Meine Gnade an euch erfüllt und euch den Islam zum Bekenntnis erwählt" (5:4).

Dann kehrte er nach Medina zurück, wurde krank und starb am Montag, dem 8. Juni 632, dem 13. Rabi al-awwal des Jahres 11 der Hidschra.

1.3.3. Mohammad ist kein Christus

Der Prophet Mohammad ist kein Christus, er ist auch nicht der Antichrist, als den man ihn insbesondere in der Kreuzzugsliteratur und in den frühen Missionsschriften bezeichnet hat. Mohammad steht für den Islam in keinerlei Konkurrenz zu Jesus. Er hat sein Verhältnis zu Jesus einmal so formuliert: "Überschreitet nicht die Grenzen, indem ihr mich rühmt, wie die Christen es tun, wenn sie Jesus, den Sohn der Maria, rühmen und ihn Gottes Sohn nennen. Ich bin ein Diener des Herrn. Also nennt mich so und Gesandter". Und ein anderes Mal sagte er: "In meinem Auftreten hat Gott die Bitte meines Vaters Abraham erhört und die Gute Botschaft meines Bruders Jesus erfüllt". Übrigens ist Jesus ('Isa) einer der häufigsten Männernamen in der islamischen Welt. Mohammad ist nach moslemischer Auffassung auch nicht der Stifter des Islam bzw. der Leib, dessen Glieder die Korangläubigen wären. Mohammad ist ein Mensch, er ist nicht Gott und hat keinerlei Teilhabe an der Göttlichkeit. Er ist vielmehr wie alle seine Mitmenschen im Stande des Angewiesenseins auf Gott. *Der Moslem ist folglich auch kein Mohammedaner, denn nicht der Prophet, sondern der Koran steht im Zentrum des Islam.* Wir lesen:

"Mohammad ist nur ein Gesandter, vor ihm sind (andere) Gesandte dahingegangen" (3:145).

1.3.4. Die Attribute des Propheten

Gleichwohl erkennt der Koran dem Propheten Mohammad eine Reihe ehrenvoller Attribute zu: Er ist der den Menschen verheißene Gesandte, er ist makellos, er gebietet das Gute und verbietet das Böse, er erlaubt die guten Dinge und verwehrt die schlechten, er nimmt die Fesseln hinweg, die auf den Menschen lagen und verheißt denen, die seinem Licht folgen, Erfolg und Heil.

"Die da folgen dem Gesandten, dem Propheten, dem Makellosen, den sie bei sich in der Thora und im Evangelium erwähnt finden — er befiehlt ihnen das Gute und verbietet ihnen das Böse, und er erlaubt ihnen die guten Dinge und verwehrt ihnen die schlechten, und er nimmt hinweg von ihnen ihre Last und die Fesseln, die auf ihnen lagen —, die also an ihn glauben und ihn stärken und ihm helfen und dem Licht folgen, das mit ihm hinabgesandt ward, die sollen Heil haben.

Sprich: 'O Menschen, ich bin euch allen ein Gesandter Gottes, des das Königreich der Himmel und der Erde ist. Es ist kein Gott außer Ihm. Er gibt Leben und Er läßt sterben. Darum glaubt an Gott und an Seinen Gesandten, den Propheten, den Makellosen, der an Gott glaubt und an Seine Worte; und folget ihm, auf daß ihr recht geleitet werdet' " (7:158, 159).

1.3.5. Mohammad, das Siegel der Propheten

Nach islamischer Auffassung ist Mohammad zwar ein sterblicher Mensch, aber er ist der Mund, durch den Gottes Wort den Islam begründet hat (3:145). Er ist das *Siegel der Propheten* und bestätigte durch seine Sendung unter anderem auch die Botschaften seiner Vorgänger, die sämtlich nichts anderes als den Islam verkündet hatten (2:136-137; 42:14). Dazu aus Sura 33:41:

"Mohammad ist nicht der Vater eines euerer Männer, sondern der Gesandte Gottes und das Siegel der Propheten; und Gott hat volle Kenntnis aller Dinge".

Mohammad ist somit der letzte Prophet der Heilsgeschichte, der Abschluß der himmlischen Offenbarung, die mit Adam begann. Er selbst hat gesagt:

"Mein Gleichnis und das Gleichnis der Propheten ist das Gleichnis eines Menschen, der einen Palast baute. Dieser Palast war wundervoll, alles war vollkommen an ihm. Nur für einen einzigen Stein war noch ein Platz frei. Dieser Stein bin ich. Er wird an seinen Platz gesetzt und der Palast ist vollendet. Ich bin der letzte der Propheten" (Al-Bukhari).

Auch sagte er: "Diese meine Moschee ist die letzte Moschee".*

---

* s.a. Abdullah/Khoury, Mohammed für Christen, Herder Taschenbuch, Nr. 1137, Freiburg/Brsg. 1984

2. DIE GLAUBENS- ODER ERKENNTNISQUELLEN DES ISLAM

Der Islam kennt vier Glaubensquellen (usul): den *Koran* (das geoffenbarte Gotteswort), die *Sunna* (die von Mohammad überlieferten Textauslegungen, Aussprüche und Gebräuche = Traditionssammlungen, zusammengefaßt und schriftlich fixiert in den *Hadithen),* den *Qiyās* (Analogieschluß) und den *Idschmā',* d.h. die Übereinstimmung der Gemeinde in Fragen des Glaubens.

2.1. Der Koran

Mohammad's Vermächtnis an seine Gemeinde ist der *Koran,* der ihm nach der Überlieferung im Verlauf von 23 Jahren Stück für Stück offenbart worden ist.

Bei dem Wort "Koran", arabisch "al-qur'an", handelt es sich um ein Lehnwort aus dem Aramäischen mit der Bedeutung: Lesung, Vortrag; von "qara'a" = lesen, rezitieren.

Der Koran ist für die Moslems die Urnorm des Gesetzes, die primäre Wirklichkeit des Islam. Er ist nicht nur die Verdichtung aller Lehren des Propheten, aus der ein breiter Strom von Traditionen gespeist wird, sondern vor allem die letztgültige Autorität, das Wort Gottes (kalimat Allah) durch den Mund des Propheten, das den Islam begründet.

Der Koran ist zwar eine verbalinspirierte – also nicht realinspirierte – Offenbarungsurkunde, also Wort für Wort an Mohammad diktiert, aber seine Autorität beruht nicht in erster Linie auf dieser Überlieferungsweise, sondern liegt eine Schicht tiefer. Für den Moslem ist der Koran, wie bereits erwähnt, das Abbild einer ewigen, übergeschichtlichen Urschrift der Offenbarung, die bei Gott aufbewahrt wird (85:22-23; 43:5).

Das wird aus folgenden Abschnitten der Schrift deutlich:

"Wahrlich, Wir (Gott) selbst haben diese Ermahnung hinabgesandt, und sicherlich werden Wir ihr Hüter sein";

"Ob sich auch die Menschen und die Dschinn vereinigten, um ein diesem Koran Gleiches hervorzubringen, sie brächten doch kein ihm gleiches Buch hervor, selbst wenn sie sich einander beistünden. ... Wir haben fürwahr den Menschen in diesem Koran Gleichnisse aller Art auf mannigfache Weise vorgelegt, allein die meisten Menschen weisen alles zurück – nur nicht den Unglauben (15:10; 17:89-90).

Und noch ein klärender Hinweis: Stil und Wesen der islamischen Offenbarungsschrift unterscheiden sich erheblich von der Bibel. Der Koran vermittelt eine andere Zeit- und Geschichtsauffassung, die eine christliche Auslegung der Geschichte als Heilsgeschichte in einer räumlich zeitlichen Erstreckung ausschließt.

Mit anderen Worten: Der Koran bietet weder eine historische Darstellung progressiver Offenbarung von der Schöpfung bis zur Endzeit noch eine Materialsammlung für theologisch-dogmatische Formulierungen. Allein aus diesem Grunde bestehen kaum Möglichkeiten einer Exegese im christlichen Sinne.

Der Moslem versucht sein heiliges Buch in laut vorgetragener Rezitation zu verstehen. Er macht sich den Koran innerlich zu eigen. Folglich benutzt er auch im sogenannten profanen Leben koranische Formulierungen und eignet sich eine koranische Denkweise an, die sein Weltbild prägt.

Wie also ein Christ sagen kann, daß er mit Christus lebe, so kann das der Moslem vom Koran sagen. Daher ist die heilige Schrift des Islam auch kein abstraktes Buch, das als Objekt für sich besteht. Der Koran existiert vielmehr als Anrede, die Antwort erwartet, die den Hörer miteinbezieht. Islam heißt ja auch Hingabe und Moslem, der sich Hingebende. *Der Koran sammelt also die islamische Gemeinde um sich und nicht der Prophet.* Sie – die Moslems – leben in und nach ihm und er – der Koran – lebt umgekehrt in, mit und unter der Rezitation und Antwort des Glaubens weiter. Der Koran ist also – um einen Vergleich zu wagen – der "Christus des Islam" und nicht der Prophet, durch dessen Mund er offenbart worden ist: Im Christentum wurde das Wort Fleisch – im Islam zu einem Buch, zum Koran (Vergl. hierzu 85:22-23; 43:5 – Urnorm –, 15:10; 4:83; 2:3; 17:89-90; 3:4-8 – Gott ist der Urheber –).

Für den Koran werden auch andere Bezeichnungen benutzt, die seinen Inhalt signalisieren: "al-kitab" (das "vollkommene" Buch), "al-nur" (das Licht), "al-hudā" (die Weisung), "al-dhikr" (die Ermahnung und Erinnerung) und "al-furqan" (die Unterscheidung). Er ist "al-shar' " (das göttliche und göttlich offenbarte Gesetz, das dem vernunftbegabten Geschöpf Pflichten auferlegt, die es erfüllen muß (taklif) und er ist "al-sirat al-mustaqim", der gerade Weg, die Richtschnur zum Heil. Der Koran legt die "arkan ad-Din", die Grundpflichten des Islam — Glaubenszeugnis, Gebet, Mildtätigkeit, Fasten und Pilgerfahrt — fest. Die "arkan ad-Din" tragen das weitverzweigte Rechts- und Verhaltenssystem, unter dessen Schutz die moslemische Gesellschaft handelt und wandelt. Sie schaffen eine Lebensordnung für den einzelnen und sind zugleich so etwas wie ein Entwurf für das Sozialgefüge der Gesamtgesellschaft.

Nochmals: *Der Koran will vornehmlich als Richtschnur, als Weg zum Heil aufgefaßt werden, der zur Vereinigung der gläubigen Menschen mit Gott führt, als dem eigentlichen Ziel des irdischen Daseins.*

2.2. Die Sunna

Nach dem Koran ist die *Sunna* die zweite Erkenntnisquelle des Islam. Das arabische Wort "sunna", gemeinhin mit Tradition übersetzt, heißt soviel wie: gewohnte Handlungsweise, Brauch, der Weg, den man beschreitet, Lebensführung.

In der islamischen Terminologie versteht man darunter primär die Handlungsweise, das Vorbild des Propheten, dem der gläubige Moslem nacheifern soll. Über die Verbindlichkeit der Sunna heißt es in Sura 3:32:

"Sprich: 'Liebt ihr Gott, so folget mir; (dann) wird Gott euch lieben und euch eure Fehler verzeihen; denn Gott ist allverzeihend, barmherzig";

Sura 4:81: "Wer dem Gesandten gehorcht, der gehorcht in der Tat Gott; und wer sich abkehrt — wohlan, Wir haben dich nicht gesandt zum Hüter über sie";

und schließlich Sura 59:8: "Und was euch der Gesandte gibt, nehmt es; und was er euch untersagt, enthaltet euch dessen. Und fürchtet Gott; wahrlich, Gott ist streng im Strafen".

Dennoch unterscheiden sich Koran und Sunna in ihrer Wertigkeit. Was als Überlieferung von Mohammad her gilt, wurde dem Propheten nicht wie beim Koran Wort für Wort, sondern dem Inhalt nach eingegeben, und es blieb ihm überlassen, die Gedanken so in Worte zu kleiden, wie es seiner Sprachgewohnheit entgegenkam. Die Rezitation des Koran ist, ob der Gläubige den Sinn erfaßt oder nicht, ein Stück Ritus. Das ist bei der schriftlich fixierten Sunna, dem Hadith, anders. Er dient lediglich als Hilfsmittel für den Fortschritt im religiösen Leben.

Der Koran ist zudem das Beglaubigungswunder des Propheten. Diese Auszeichnung kommt dem Hadith nicht zu: Der Hadith enthält nicht das Wort Gottes, sondern das Wort des Propheten.

2.3. Die weiteren Erkenntnisquellen

Die dritte und vierte Erkenntnisquelle sind der *Qiyas* (Analogieschluß) und der *Idschma* (die übereinstimmende Überzeugung der islamischen Gemeinschaft).

Wenn Fragen auftauchen, zu deren Lösung oder Beantwortung weder der Koran noch die Sunna herangezogen werden können, ist der Moslem verpflichtet, sich ein eigenes Urteil anhand von analogen Fällen im Koran bzw. in den Hadithen zu bilden. Dieses Verfahren nennt man *Idschtihad* (von "dschahada" = sich bemühen, sich anstrengen, allen Ernstes nach etwas streben). In der heutigen islamischen Theologie versteht man darunter folgerichtig das Bemühen um die Lösung theologischer Fragen, für die es weder im Koran noch in den Sunnatexten eine unmittelbare Auskunft gibt. Der Oberbegriff für dieses Verfahren, insbesondere bei der Rechtsfindung, ist *Qiyas*. Der Qiyas gilt allerdings nicht als unumstößliche Wahrheit. Er wird vielmehr lediglich als mehr oder weniger sichere Meinung, also als Theorie gewertet. Nur dann, wenn die gesamte Ulama (Schriftgelehrte) eine bestimmte theologische Frage in völliger Einhelligkeit beantwortet, ist die auf diesem Wege herbeigeführte Entscheidung "unfehlbar richtig". Diese Entscheidung nennt man dann *Idschma,* d.h. die Übereinstimmung der islamischen Weltgemeinschaft, wobei heute die Übereinstimmung der Ulama stellvertretend als Übereinstimmung aller Moslems gewertet und anerkannt wird. Dazu der Koran in Sura 4:116:

"Jener aber, der sich dem Gesandten widersetzt, nachdem ihm der rechte Weg klargeworden, und einen anderen Weg befolgt als den der Gläubigen, den werden wir verfolgen lassen, was er verfolgt, und werden ihn in die Hölle stürzen; und schlimm ist die Bestimmung".

Im Blick auf dieses Verfahren hat der Prophet Mohammad einmal gesagt, daß seine Gemeinschaft "nie in einem Irrtum übereinstimmen" werde und daß die Meinungsverschiedenheiten unter den Moslems "ein Zeichen göttlicher Barmherzigkeit" seien.

3. DIE LEHREN DES ISLAM

3.1. Das islamische Glaubensbekenntnis

Das islamische Glaubensbekenntnis besteht aus sechs Grundartikeln: Ich glaube (1) an Gott, (2) an seine Engel, (3) an seine Bücher, (4) an seine Gesandten, (5) an die Wiederauferstehung nach dem Tode und an den Jüngsten Tag und (6) an die göttliche Vorherbestimmung (2:178; 90:13-19; 107:2-8).

3.2. Die fünf Pfeiler des Islam (arkan ad-Din)

Der islamische Glaube (iman = sich anvertrauen) ist auf eine relativ einfache Formel zu bringen. Im Koran lesen wir dazu:
"Nicht darin besteht Tugend, daß ihr euer Antlitz nach Osten oder Westen kehrt, sondern wahrhaft gerecht ist der, welcher an *Gott glaubt* und an den *Jüngsten Tag* und an die *Engel* und an das *Buch* und die *Propheten* und der aus *Liebe zu Gott Geld aufwendet für die Unterstützung* der Angehörigen und für die Waise und den Bedürftigen und für den Pilger und die, um milde Gaben bitten, und für den Loskauf von Gegangenen, und der das *Gebet* verrichtet und die *Armenabgabe* zahlt; sowie jene, die ihr *Versprechen halten,* wenn sie eins gegeben haben, und die in Armut und Krankheit und Kriegszeit *standhalten;* die sind es, die sich redlich bewährt haben und sie sind die Gottesfürchtigen" (2:178).
Nach der Hadithsammlung des Imam Mohammad bin Ismail Al-Bukhari hat der Prophet Mohammad gesagt, daß der Glaube der Moslems auf fünf Pfeilern beruhe: dem *Glaubenszeugnis,* dem kanonischen, täglich fünfmal zu verrichtenden *Gebet* mit vorherge-

hender Waschung, dem *Fasten* im Monat Ramadan, der *Mildtätigkeit* und der *Pilgerfahrt* nach Mekka.

Die fünf Pfeiler sind das "Seil Allahs", an dem sich der Mensch festhalten muß, will er als rechtgläubiger Moslem gelten. Sie sind die symbolische *Identitätskarte* für die Zugehörigkeit zum Islam. Es muß jedoch angemerkt werden, daß sich mit den fünf Pfeilern der Islam keineswegs erschöpft. Sie symbolisieren vielmehr zunächst lediglich die äußere Zugehörigkeit. Die persönliche, individuelle Religiosität und Frömmigkeit bewegt sich innerhalb der Pfeiler, die für den Islam lebensnotwendig sind, da er über keine kirchliche oder kirchenähnliche Organisation verfügt. Durch ihre Praktizierung wird jedoch so etwas wie eine weltumspannende Gemeinschaft hergestellt. *Wer sich außerhalb der Pfeiler stellt, schließt sich aus der islamischen Gemeinschaft aus.*

3.2.1. Das Glaubenszeugnis (shahada)

Das islamische Glaubensbekenntnis oder -zeugnis lautet in deutscher Sprache: *"Ich bezeuge, daß keine Gottheit ist außer Gott; ich bezeuge, daß Mohammad Gottes Diener und Gesandter ist".*

Das Bekenntnis des Islam ist also nicht nur ein Ausdruck des Glaubens. Der Moslem bezeugt vielmehr gleichzeitig, daß es einen ewigen und unsichtbaren, lebendigen Gott gibt, der der Schöpfer allen Seins ist und der allein diese Welt regiert ("tauhid" = Glaube an die Einheit Gottes). Der Moslem ist also ein Gotteszeuge, ein Mensch, der sich und seine Mitmenschen an die Existenz Gottes erinnert.

Die Bezeugung der Einheit Gottes ist die erste und vornehmste Pflicht eines jeden Moslems — mit der Lehre von Gottes Einzigartigkeit steht und fällt der Islam als Religionsgemeinschaft. Man kann diese Lehre in einen einzigen dogmatischen Satz kleiden: "Niemand ist anbetungswürdig und es gibt keinen Gegenstand der Liebe und des Verlangens außer Gott".

In der Terminologie der späteren Theologen wird dieser Kernsatz "iman mudschmal" - kurzer, allgemeiner Ausdruck des Glaubens — genannt. Mit anderen Worten: Das Bekenntnis der Einheit Gottes ist der Eckstein des gesamten islamischen Glaubensgebäudes, islamischer Existenz schlechthin.

Der Begriff dieser Einheit umfaßt folgende Aspekte: Gott ist alleinig in seiner Person (dhat), in seinen Eigenschaften (sifat) und in seinen Taten und Werken (af'al). Das bedeutet, daß es neben ihm keine anderen Gottheiten geben kann. Kein anderes Wesen kann göttliche Attribute besitzen und niemand kann Werke tun, die Gott vollbracht hat oder noch vollbringen mag. Dazu nochmals Sura 112:

"Sprich: 'Er ist Gott, der Einzige; Gott, der Unabhängige und von allen Angeflehte. Er zeugt nicht und ward nicht gezeugt; und keiner ist Ihm gleich".

Über die Deutung des Gottesnamens gehen die Meinungen auseinander. Einige Forscher sagen, das Wort "allah" sei aus dem arabischen "al-ilah" (der Gott, die Gottheit) entstanden; andere Autoritäten neigen dazu, daß es sich bei der Bezeichnung "allah" um einen Eigennamen handelt, der nicht übersetzt werden könne. Dazu Lane im *"Arabisch-Englischen Lexikon":* "Allah ist ein Eigenname, der nur demjenigen Wesen zukommt, das unvermeidlich durch sich selbst existiert und alle Attribute der Vollkommenheit in sich vereinigt. Der Artikel "al" gehört unzertrennlich zum Wort".

Aber verweilen wir noch einen Augenblick bei der Sura 112, die den Namen "al-ikhlas" trägt. "Al-Ikhlas" bedeutet: Läuterung, Reinigung von Schlacken. Mit ihr grenzt sich der Islam gegen alle polytheistischen Glaubensformen ab. Beim Überdenken des Textes fällt zunächst das göttliche Attribut "ahad" — der Alleinige, der Einzige, auf.

Gott war von Anbeginn an einzig und alleinig und er wird es auch fürderhin sein; "Allah wahid wa ahad" (Gott ist der einzige und eine Gott) erinnert an das biblische "adonai ehad" (5. Mose 6:4). Im zweiten Vers begegnet Gott dem Menschen als "samad", als allerhöchstes Wesen, zu dem alle Geschöpfe, alle Schöpfung, Zuflucht nehmen müssen, um existieren zu können. Gott ist unabhängig von seiner Schöpfung, sie aber ist abhängig von ihm. Der erste Vers der Sura — "Er ist Gott, der Einzige" — verkündet also die Einzigartigkeit Gottes. Dieses erste Attribut wird vom zweiten Vers unterstrichen. Er ist "samad", alle Dinge und Wesen sind von ihm abhängig, er wird von allen angefleht.

Aus der Tatsache, daß Gott "samad" ist — der "Unabhängige und von allen Angeflehte" — ergibt sich zwangsläufig, daß er keines anderen Wesens und keines Gehilfen bedarf, um seine Herrschaft auszuüben. Das wird besonders vom Schlußsatz der Sura hervorgehoben mit der klaren Feststellung: "Und keiner ist Ihm gleich". Der Koran enthält nun zahlreiche Hinweise auf die unverrückbare Einheit Gottes. Etwa Sura 2:117-118:

"Und Sie sagen: Gott hat sich einen Sohn beigesellt. Heilig ist Er! Nein, alles in den Himmeln und auf der Erde ist sein. Ihm sind alle gehorsam. Der Erschaffer der Himmel und der Erde! Wenn Er eine Sache beschlossen hat, sagt Er zu ihr nur: Sei! – und sie ist".

"Subhanahu" heißt: "Heilig ist Er". Diese religiöse Formel darf nur für Gott gebraucht werden. Sie unterstreicht Gottes unendliche und absolute Distanz zu Unvollkommenheit und Vergleichbarkeit. Gott ist der Erschaffer des Universums. Er erschuf alles und jedes aus dem Nichts. Das deutsche Wort Schöpfer kann dieses Attribut auch nicht annähernd umreißen. Es gibt schöpferische Menschen, aber Gott ist unendlich viel mehr: Er ist der Erschaffer aus dem Nichts!

Gott ist der Allmächtige. Wenn er eine Sache beschließt, dann wird sie auch durch seinen Befehl und nach seinem Plan sein. Niemand ist imstande, seinen Willen zu durchkreuzen, seine Pläne zunichte zu machen.

Weiter sagt der Koran:

"Und doch halten sie die Dschinn für Gottes Nebenbuhler, obwohl Er sie erschaffen hat; und sie dichten Ihm fälschlich Söhne und Tochter an, ohne alles Wissen. Heilig ist Er und erhaben über das, was sie Ihm zuschreiben. Erschaffer der Himmel und der Erde! Wie sollte Er ein Kind haben, wo Er keine Gefährtin hat und wo Er alles erschuf und alle Dinge weiß? Das ist Gott, euer Herr. Es gibt keinen Gott außer Ihm, dem Erschaffer aller Dinge; so betet Ihn an. Und Er ist Hüter über alle Dinge" (6:101-103).

Der erste dieser drei Verse verwirft die Lehre der Magier, daß das Gute von Gott, das Böse und Schlechte aber vom Satan erschaffen worden sei. Gleichzeitig wendet sich der Abschnitt gegen einen altarabischen Aberglauben, demzufolge die Dschinn sich in die Handlungen und Unternehmungen der Menschen einschalten und auf diese Weise Glück und Mißgeschick zu beeinflussen vermögen. Die nachfolgenden Verse beschreiben die transzendentale Einheit des göttlichen Wesens. Ihm ein Kind zuzuschreiben würde bedeuten, ihm eine Gefährtin zuzumuten: es sei denn, man versteht beispielsweise das Wort "Sohn" lediglich im bildlich-biblischen (alttestamentarischen) Sinne.

Hier muß angemerkt werden, daß die Aussagen der bisher zitierten Abschnitte aus dem Koran auf das mekkanische Pantheon und die von den vorislamischen Arabern verehrten "Töchter Allahs" zielen und nicht etwa auf die zentralen Lehren des konziliaren Christentums. Erst viel später wurden diese und ähnlich lautende Koranstellen in die islamisch-christliche Kontroverse um den christlichen Glauben mit seinen Mysterien der Trinität und der Inkarnation eingebracht.

Für den Moslem ist die Einheit und Einzigartigkeit Gottes Ausdruck des Geheimnisses schlechthin; denn Gott ist Geheimnis (2:4) — und dieses nicht geoffenbarte, in seinem inneren Wesen nicht zu offenbarende Geheimnis, muß der Gläubige anbeten und Zeugnis ablegen: "Gott — es gibt keinen Gott außer Ihm, dem Lebendigen, dem Aus-sich-selbst-Seienden und Allerhaltenden", sagt der Koran (3:3). Aus dieser Schriftstelle treten uns zwei weitere Eigenschaften Gottes entgegen: Er ist lebendig-allgegenwärtig und er ist "qajjum", der Aus-sich-selbst-Seiende und Allerhaltende. Im 164. Vers der Sura 2 lesen wir:

"Und euer Gott ist ein einiger Gott; es gibt keinen Gott außer Ihm, dem Gnädigen, dem Barmherzigen" — und schließlich Sura 3:19:

"Gott bezeugt in Wahrung der Gerechtigkeit, daß es keinen Gott gibt außer Ihm — ebenso die Engel und jene, die Wissen besitzen; es gibt keinen Gott außer Ihm, dem Allmächtigen, dem Allwissenden". Gott selbst ist es, der seine Einheit in der Natur — die sein Werk ist — bezeugt. Er bezeugt sie aber auch durch sein Wort, das auf dem Wege der Offenbarung zu den Mesnchen gelangt. Die Einheit Gottes ist nach Auffassung des Islam die einzige zentrale und unbestreitbare Tatsache in der Schöpfung und der grundlegende Glaubenssatz jeder wahren Religion. Die Ordnung, von der das Universum — der Makrokosmos wie der Mikrokosmos — durchdrungen ist, trägt das Zeugnis dieser grundlegenden Wahrheit.

Die Engel als Übermittler der Wahrheitsbotschaft und die Propheten, die Gesandten Gottes, die diese Botschaft in der Welt verkündet haben — und die Menschen guten Willens, die sie angenommen und gelebt haben — sie alle fügen ihr Zeugnis dem Selbstzeugnis Gottes hinzu und erfüllen damit den Bund, den Gott von Anbeginn der Geschichte mit dem Menschengeschlecht geschlossen hat. Damit ist eine der vornehmsten Aufgaben des im Islam lebenden Menschen angesprochen: er ist Gotteszeuge. Das wird besonders deutlich in Sura 22:79, wo es unter anderem heißt:

"Er (Gott) ist es, der euch zuvor schon Moslems nannte und (nun) in diesem Buch, damit der Gesandte Zeuge sei über euch und damit ihr Zeugen seid über die Menschen".

Vor dem Hintergrund dieser Zeugenschaft ist der Zweck der Erschaffung des Menschen klar: er ist geschaffen, damit er ein Diener Gottes sei. In Sura 51:57 heißt es dazu:

"Und Ich habe die Dschinn und die Menschen nur deshalb erschaffen, damit sie Mir dienen";

Und in Sura 19:94 wird schließlich unterstrichen:

"Da ist keiner in den Himmeln und auf der Erde, der sich dem Gnadenreichen anders nähern dürfte denn als Diener".

Das hier verwendete arabische Wort " 'abd" kann auch mit Knecht oder Sklave übersetzt werden. Aber es bleibt ein positives Attribut, da es in Verbindung steht mit "allah" = 'abd allah: Diener, Knecht, Sklave Gottes und nicht eines Menschen. Der Mensch ist frei geboren.

In " 'abd" kommt die Bejahung Gottes zum Ausdruck; denn der " 'abd" ist ja nicht nur Zeuge Gottes unter den Menschen, er ist vielmehr auch sein "khalifa", sein "Statthalter auf Erden".

Gott bezeichnet sich in Sura 35:40 als der: "Der euch zu Statthaltern auf Erden gemacht hat". Er hat seine Diener dazu befähigt, indem er ihnen von seinem Wissen gegeben hat (7:12-14 ff.), bevor er sie in die Verantwortung entließ. Diese Verantwortung kann der Mensch nicht von sich abwälzen und er kann sie auch nicht delegieren. In Sura 33:73-74 werden die Dimensionen dieser Verantwortung aufgezeigt:

"Wir (Gott) boten den vollkommenen Vertrauenspfand den Himmeln und der Erde und den Bergen. Doch sie weigerten sich, es zu tragen und schreckten davor zurück. Aber der Mensch nahm es auf sich". Diese Verantwortung gilt der gesamten Umwelt, sie ist unteilbar, sie gilt auch für die Mitmenschen insgesamt.

Die zentrale Lehre

Wie bereits mehrfach erwähnt, ist das Zeugnis von der Einheit Gottes der Eckstein der Lehren des Koran. Dort heißt es in Sura

25:2-4:

"Segensreich ist der, der das Entscheidende hinabgesandt hat zu seinem Diener, daß er ein Warner sei für die Welten – Er, des das Königreich der Himmel und der Erde ist, der kein Kind erzeugte und der keinen Gefährten hat in der Herrschaft und der jegliches Ding erschaffen und ihm das rechte Maß gegeben hat. ... Dennoch haben sie sich Götter genommen neben Ihm, die nichts geschaffen haben, sondern selbst geschaffen sind, die für sich selbst keine Macht haben über Schaden und Nutzen, noch haben sie Macht über Leben, Tod und Erweckung".

Hier treten uns wieder eine Reihe von Eigenschaften entgegen, die nur Gott besitzt: Er ist der einzige und unbestrittene Herrscher und Meister all dessen, was in den Himmeln und auf der Erde ist; er bedarf keines Helfers bei der Erhaltung des Universums; niemand kann ihm diese allesumfassende Herrschaft streitig machen; er hat aller Schöpfung bestimmte Eigenschaften verliehen; im Gegensatz zu den "falschen Gottheiten" hält er allein die Macht in seinen Händen und er allein besitzt Gewalt über Leben, Tod und Auferstehung.

Und wieder der Koran:

"Gott – es gibt keinen Gott außer Ihm, dem Lebendigen, dem Aus-sich-selbst-Seienden und Allerhaltenden. Schlummer ergreift Ihn nicht noch Schlaf. Sein ist, was in den Himmeln und was auf Erden ist. Wer ist es, der bei Ihm fürbitten will, es sei denn mit Seiner Erlaubnis? Er weiß, was vor ihnen ist und was hinter ihnen; und sie begreifen nichts von Seinem Wissen, außer was Ihm gefällt. Sein Wissen umfaßt die Himmel und die Erde; und ihre Erhaltung beschwert Ihn nicht; und Er ist der Erhabene, der Große" (2:256). Dieser Abschnitt wird "ayat al-kursi" genannt. Eindringlich schildert er die Einheit Gottes und beschreibt seine Eigenschaften. Dennoch ist das Wort "kursi" – wörtlich: Thron oder Lehrstuhl – zu einer Zielscheibe der Polemik geworden. Die Kritiker des Islam verweisen darauf, daß ein Thron eine rein materielle Sache sei, die man Gott nicht zuordnen könne. Dagegen sagt Ibn Abbas, einer der Gefährten des Propheten, daß man das Wort "kursi" als "'ilm", als Wissen verstehen müsse und Imam Raghib gibt "kursi" die Bedeutung von Wissen und Königtum.

Die Allwissenheit Gottes wird von der heiligen Schrift des Islam immer wieder hervorgehoben und unterstrichen. So in Sura 27:66:

"Sprich: Niemand in den Himmeln und auf Erden kennt das Ungesehene, außer Gott; und sie wissen nicht, wann sie auferweckt werden".

Leitlinien bei der Erörterung der göttlichen Attribute

Bevor wir nun zur Erörterung der vier Hauptattribute des alleinigen Gottes kommen, soll ein Koranabschnitt als Leitlinie herangezogen werden (6:104). Er lautet:

"Blicke können Ihn (Gott) nicht erreichen, Er aber erreicht die Blicke. Und Er ist der Gütige, der Allkundige".

Aller Menschenverstand reicht nicht aus, Gott zu erreichen oder zu erkennen. Es ist vielmehr Gott, der sich dem Menschen durch sein Wort zu erkennen gibt. In jedem Menschen – gleich wie er zu Glaubensfragen steht – brennt ein inneres Licht, das ihn die Existenz eines "höheren Wesens" erahnen läßt. Diese Urahnung – Ali, der vierte Kalif, hat einmal gesagt, jeder Mensch werde mit einer Naturanlage geboren, die ihn zum Moslem mache – wird vom Koran in die Form einer Frage gekleidet, die als eine Art innerer Aufruf an den Menschen verstanden werden will:

"Sind sie wohl für nichts erschaffen worden oder sind sie gar selbst die Erschaffer"? (52:36).

Und die Antwort lautet:

"Und wenn du sie fragst: 'Wer schuf die Himmel und die Erde'?, werden sie sicherlich sagen: 'Der Allmächtige, der Allwissende hat sie geschaffen'" (43:10).

Mit anderen Worten: Die Sehnsucht nach dem Erschaffer ist jeder menschlichen Seele gegenwärtig – das Verlangen, Gott zu lieben, sich an ihn zu wenden, sich ihm anzuvertrauen. Der Koran fordert in Sura 3:36 die Menschen bekanntlich auf, "den Weg der Vereinigung mit Ihm" zu suchen und verbindet damit die Heilszusage:

"Und diejenigen, die in Unserer Sache bestrebt sind – Wir werden sie gewiß leiten auf Unseren Wegen. Wahrlich, Gott ist mit denen, die Gutes tun" (29:70).

Vier Haupteigenschaften Gottes

Die "Al-Fatiha", die eröffnende Sura des Koran – das Hochgebet des Islam –, wird auch "umm al-qur'an" = Mutter des Buches genannt, da sie in sich die Essenz des gesamten heiligen Buches des Islam enthält. Einer Nußschale gleich birgt dieses Kapitel in sich das ganze Wissen, das der Mensch für sein moralisches und geistig-seelisches Leben und Wohlergehen benötigt.

Die "Al-Fatiha" beginnt mit dem Eigennamen Gottes "Allah". Es folgt sodann mit "rabb al-'alamin" das wichtigste Attribut Gottes. "Rabb" bedeutet: der seine Sache derart hegt, pflegt und lenkt, daß sie durch ihn von Stufe zu Stufe höherentwickelt wird — bis zur Vollkommenheit.

Es ist schwer, dieses Wort in eine Fremdsprache zu übertragen. Die Bezeichnung "der Herr" kommt der Bedeutung des Begriffes nur unvollkommen nahe.

Den Eigennamen Gottes "Allah" finden wir im Koran übrigens insgesamt 2.800 Mal, das Attribut "rabb" etwa 960 Mal. Dann folgen als wichtigste Namen "rahman", "rahim" und "malik".

Die beiden Attribute "rahman" und "rahim" entstammen gemeinsam der Wurzel "rahama" mit der Bedeutung: Er zeigt Gnade, er war freundlich und gütig, er vergab und verzieh. "Rahman" ist das Maß von "fa'lan" und vermittelt den Begriff der Wiederholung und der großzügigen Belohnung derjenigen, die es verdienen. "Rahman" bedeutet also, daß der Liebe in der göttlichen Natur Priorität zukommt, daß Gott seine Gunst und seine Gnade sogar denen gewährt, die noch nichts getan haben, um sie zu verdienen.

"Rahman" ist eine Form der Intensität. Bei Gott gibt es keine Grenzen der Gnade und Barmherzigkeit. Er spendet sie unaufgefordert und ohne Verdienst des Empfängers. Er beschenkt jeden ohne Unterschied von Farbe und Rasse. Seine Sonne scheint über Gläubige und Nichtgläubige. Die Wolken spenden Regen für alle, ob sie es verdient haben oder nicht. Als "rahman" befriedigt Gott unsere Bedürfnisse, ohne daß wir ihn darum bitten. Ja, ohne daß wir wissen, was uns nottut. Er hat das All erschaffen, lange bevor wir existierten und hat es doch so ausgestaltet, daß wir Menschen in dieser Welt leben können. Der "rahman" hat für uns vorgesorgt.

Die zweite Form "rahim", spricht von der wiederholten Handlung: Gott ist immer wieder barmherzig, wenn diese Eigenschaft angerufen wird. Im Unterschied zur ersten Form stellt die zweite jene Barmherzigkeit Gottes dar, die wir durch unsere eigenen Anstrengungen auf uns lenken. Als "rahman" stellt uns Gott die Schätze der Natur zur Verfügung, als "rahim" erhört er unsere

Gebete und segnet unsere Arbeit.

Es folgt das vierte Hauptattribut: "maliku-jaum-id-Din" = der Herrscher des Gerichtstages.

Der Islam versteht Gott am Tage der Abrechnung – am Jüngsten Tage – nicht als Richter, sondern als souveränen Herrscher, als Meister.

Er übt nicht nur richterliche Gerechtigkeit, sondern insbesondere Barmherzigkeit aus. Er vergibt, ohne daß wir Menschen es verdient hätten. Ja, er spendet über das Maß menschlichen Verdienstes hinaus.

Ein Blick auf die vier Hauptattribute Gottes zeigt den weisen Zusammenhang zwischen den einzelnen Eigenschaften: Als "rahman" hat er uns alle Möglichkeiten und Fähigkeiten eingeräumt, die zur Entwicklung des Menschengeschlechtes erforderlich sind, und zwar ohne Verdienst und Verlangen. Als "rahim" läßt er uns die Früchte unserer Bemühungen ernten. Ein Gott der "rahman" ist, kann die Sünden vergeben und vergibt sie auch. Das Attribut "rahim" deutet an, daß Gott uns über das Maß unseres Verdienstes hinaus Gnade und Barmherzigkeit gewährt. Das vierte Hauptattribut schließlich erinnert uns an den Tag der Abrechnung. Stets sollen wir daran denken, daß unser geistiges und materielles Vermögen lediglich Leihgaben sind, über die wir Rechenschaft legen müssen. Diese Mahnung soll uns Menschen vor Überheblichkeit und Selbstzufriedenheit bewahren.

Aber Gott wird schließlich auch vor dem Hintergrund des Gerichtes als Herrscher und Meister dargestellt, dessen Barmherzigkeit keine Grenzen kennt. Mit anderen Worten: Der Gott des Islam ist der Gott der Gerechtigkeit – aber auch der Gott der Liebe, der Vergebung und der Barmherzigkeit.

Die göttliche Eigenschaft "malik" wird im Hauptteil des Korans auch als "al-ghaffar" dargestellt. Dieses Wort beinhaltet die Bedeutung von Nachsichtigkeit, Verzeihung: der nicht aufhören kann zu vergeben.

"Rahman" und "rahim" kommen im übrigen in der heiligen Schrift des Islam zusammen mit ihren Zeitwortformen etwa 560 Mal vor, dann folgt "ghafur": 230 Mal.

Es wird also deutlich, daß der Koran eindringlich die Bereitschaft Gottes verkündet, daß er gewillt ist, die Sünden seiner Diener zu verzeihen, daß er Reue annimmt. Immer wieder wird daran erinert, daß gute Taten reichlich belohnt werden, während Übeltaten entweder vergeben oder nur mit gleichem Gewicht vergolten werden. Gottes bedingungslose Gnade ist so groß, daß der Koran verkündet:

"O meine Diener, die ihr euch gegen eure eigenen Seelen vergangen habt, verzweifelt nicht an Gottes Barmherzigkeit, denn Gott vergibt alle Sünden; Er ist der Allverzeihende, der Barmherzige" (39:54).

Gott ist "al-walijj" = der Großmütige, der gütig Erhörende, der Freund, der Beschützer; er ist "al-ra'uf" = der Mitleidige, der zum Mitleid Bewegte; er ist "al-sabur" = der Geduldige; er ist "al-afuww" = der Auslöscher der Sünden.

Gottesliebe ist das Wesentlichste in jeder wahren Religion. Im Islam bildet sie den Mittelpunkt, den engsten Kreis, der auf das gesamte Lehrgebäude ausstrahlt. Diese hochgespannte Liebe im Herzen des Menschen für seinen Schöpfer kann sich jedoch nur dann auf das ganze Leben auswirken, wenn Gott das alleinige und einzige Ziel dieser Liebe ist. Der Prophet Mohammad war von dieser Liebe so durchdrungen, daß seine Zeitgenossen von ihm sagten, seine Liebe zu Gott sei um vieles größer und inniger als diejenige eines Liebhabers zu seiner Geliebten.

3.2.2. *Das Ritualgebet* (salat)

Der Islam als Religion des Friedens in Gott und der Erinnerung an den ewigen Bund, ist in besonderer Weise eine Religion des Gebetes. Durch das Gebet wird der Mensch zum Gehilfen Gottes in der Schöpfung. Gott selbst war es, der Adam — und damit uns allen — die Worte des Gebetes lehrte und der uns auf diese Weise fähig machte, die Freiheit, in die wir entlassen worden sind, auch dann zu ertragen, wenn wir rat- und mutlos geworden sind, wenn wir gestrauchelt sind. Das Gebet symbolisiert in besonderer Weise das Verständnis vom "Seil Allahs"; denn wer es verrichtet, ist Satan nicht zugänglich, verliert die Verbindung zu seinem Ausgangspunkt nicht, kann sicher sein. Es war nach islamischer Auffassung das Gebet, das die Menschwerdung besiegelte. Sura 2:35:

"Dann empfing Adam von seinem Herrn gewisse Worte (des Gebetes). So kehrte Er sich gnädig zu ihm; wahrlich, Er ist der oft gnädig sich Wendende, der Barmherzige".

Von dem Augenblick an, da das Kind den Mutterschoß verläßt und das Licht der Welt erblickt, wird es in den Islam eingebettet. Dem Neugeborenen werden nach der Trennung von der Nabelschnur von der Hebamme oder dem Arzt der "adhan" – der Ruf zum Gebet – und die "iqamah" – die Ankündigung, daß das Gebet begonnen hat – in das linke oder rechte Ohr gesprochen. Auf diese Weise vernimmt das Kind als erste Worte in seinem Erdendasein das Zeugnis des Glaubens und die Aufforderung zur Anbetung des Schöpfers.[4] Kurz: *Es wird an den Bund erinnert, den Gott von Anbeginn an mit dem Menschengeschlecht geschlossen hat:* "(Dies), damit ihr nicht am Tage der Auferstehung sprechen könnt: 'Siehe, wir waren dessen unkundig'. Oder sprächet: 'Es waren nur unsere Väter, die vordem Götzendiener waren, wir aber waren ein Geschlecht nach ihnen. Willst Du uns denn vernichten um dessentwillen, was die Verlogenen taten'? Also machen Wir die Zeichen klar, auf daß sie sich bekehren möchten" (7:171-174; s.a. S. 19).

Das rituelle Gebet ist für den Moslem die Mitte des Lebens. Es wird fünfmal am Tage verrichtet und gliedert damit den Tagesablauf der islamischen Gemeinschaft. Jeder Tag im Leben eines Moslems, im Leben der islamischen Gemeinschaft, wird von demselben Rhythmus und Ritus geprägt. Tag reiht sich an Tag, Jahr an Jahr. Das Gebet zieht sich wie ein "roter Faden" durch das Leben.

Ziel des Gebetes ist, wie bereits mehrfach erwähnt, die Vereinigung mit Gott. In Sura 5:36 heißt es dazu: "O die ihr glaubt, fürchtet Gott und suchet den Weg der Vereinigung mit Ihm und strebet auf Seinem Wege, auf daß ihr Heil habt" (s.a. S. 30 u. 39).

Und Gott verheißt:

"Und wenn Meine Diener dich nach Mir fragen (sprich): 'Ich bin nahe. Ich antworte dem Gebet des Bittenden, wenn er zu Mir betet. So sollten sie auf Mich hören und an Mich glauben, auf daß sie den rechten Weg wandeln mögen'" (2:182).

Nach dem großen islamischen Mystiker Dschelaluddin Ar-Rumi (gest. 1273) hat Moses gesagt: "Nicht Gott wird durch eure Gebete größer, sondern ihr selbst", und der Prophet Mohammad erklärte seinen Gefährten den Sinn des Gebetes einmal mit folgendem Gleichnis:

"Wenn an der Haustür eines eurer Gefährten ein Fluß vorbeiführen und er jeden Tag fünfmal in ihm baden würde, könntet ihr dann sagen, daß auf ihm (noch) Schmutz zurückgeblieben ist? (Die Leute) antworteten: Kein Schmutz würde auf ihm zurückbleiben. Darauf der Prophet: Und so verhält es sich auch mit den fünf Gebeten. Mit ihnen wäscht Gott die Sünden fort" (Bukhari).

Abdullah, ein anderer Gefährte, überliefert: "Ich fragte den Propheten, welche Tat Gott am meisten liebe. Er antwortete: Das Gebet zur rechten Zeit" (Bukhari).

Dazu noch zwei Zitate aus dem Koran:

" ... und lobpreise deinen Herrn vor Aufgang der Sonne und vor ihrem Untergang; und verherrliche (Ihn) in den Stunden der Nacht und an den Enden des Tages; auf daß du Glückseligkeit finden mögest ...;

Verlies, was dir von dem Buche offenbart ward, und verrichte das Gebet. Wahrlich, das Gebet hält ab von Schändlichkeiten und Unrecht; und an Gott denken ist gewiß die höchste (Tugend)" (20:130; 29:44).

Die Gebetsarten

Der Islam kennt drei Arten von Gebeten: *das Pflicht- oder Ritual*gebet (salat), das täglich fünfmal zu entrichten ist, *das persönliche, individuelle* Gebet (du'a) und *das mystische* Gebet (dhikr). Das Pflichtgebet geht auf den Propheten Mohammad zurück und besitzt eine einheitliche, unveränderbare Form. Wenngleich es von jedem Moslem verrichtet werden muß, ist es ein Ritus der Gemeinschaft; es bindet den Moslem fest in die Solidarität der Gemeinschaft ein. Daher wird dem gemeinschaftsprägenden und -fördernden Charakter dieses Gebetes auch Vorrang eingeräumt. Der Koran unterstreicht die Verpflichtung, das Gebet zu verrichten:

"Sprich zu Meinen Dienern, die gläubig sind, daß sie das Gebet verrichten ..." (14:32);

" ... denn das Gebet zu bestimmten Zeiten ist den Gläubigen eine Pflicht" (4:104).

Von dieser Vorschrift betroffen sind alle Erwachsenen, Männer und Frauen. Befreit sind unter anderem Kranke, Altersschwache, Geistesgestörte. Reisende sind entweder befreit oder sie dürfen in verkürztem Ritus beten:

"Und wenn ihr durch das Land zieht, dann soll es keine Sünde für euch sein, wenn ihr das Gebet verkürzt ...", heißt es in Sura 4:102.

Die Gebetszeiten

Der Tag beginnt mit dem *Gebet der Morgendämmerung* (fadschr). Mohammad hat gesagt: "Wer die beiden kühlen (Gebete) am Morgen und am Nachmittag verrichtet, der geht in den Paradiesgarten ein" (Abu Musa).

Es folgt das *Gebet zur Mittagszeit* (zuhr). Nach dem Traditionalisten Tirmidi hat der Prophet angemerkt: "Dies ist die Stunde, zu der die Tore des Himmels geöffent sind, und ich möchte, daß in ihr von mir eine gute Tat (zum Himmel) aufsteigen möge" (Abdullah bin Sa'ib).

Bukhari und Muslim überliefern zum *Nachmittagsgebet* ('asr): "Wer das Nachmittagsgebet unterläßt, ist wie einer, der (etwas) von seiner Familie und seinem Hab und Gut verliert" (überliefert von Ibn Umar).

Über das *Gebet zum Sonnenuntergang* (maghrib) existiert keine besondere Überlieferung. Hingegen heißt es zum *Abendgebet* ('ischa) nach Abu Huraira bei Bukhari und Muslim, daß der Prophet gesagt habe: "Kein Gebet ist schwerer für die Heuchler als das Morgengebet und das Nachtgebet. Aber wenn sie wüßten, was in ihnen (an Segen) ist, würden sie bestimmt zu ihnen kommen, selbst wenn sie kriechen müßten".

Das Ritualgebet ist anläßlich der *Himmelsreise des Propheten Mohammad* (mi'radsch) gestiftet worden. Unter Hinweis auf diese Stiftung hat der Prophet erklärt, daß dieses Gebet einer Himmelsreise gleichkomme. *Der Gläubige werde in die Gegenwart Gottes erhoben.* Das wird unter anderem dadurch deutlich, daß sich das Gebet durch *ganzheitliche Beteiligung* auszeichnet — Körper und Geist werden während des Ritus gleichzeitig und gleichermaßen in Anspruch genommen *Ohne äußerliche oder materielle Sinnbilder erlebt der Gläubige seine Himmelfahrt*, eine geistige Reise, die man ohne weiteres als *Kommunion* bezeichnen kann, denn nichts anderes will der Koran verdeutlichen, wenn er die Gläubigen auffordert, "den Weg der Vereinigung mit Gott zu suchen".[5]

Vorbereitung zum Gebet und Ritus

Dem Gebet gehen die vorgeschriebenen *Waschungen* voraus. Mohammad, der Prophet, hat einmal gesagt, daß *Reinheit der halbe Glaube* sei und nach Uthman bin Affan äußerte er: "Wer 'wudu' (die Waschung vor dem Gebet) in rechter Weise vollzieht, dessen Sünden verlassen den Körper ..." (Muslim).

Daher muß sich der Moslem, wenn er sich auf das Gebet vorbereitet, der *rituellen Reinigung* unterziehen.

Im allgemeinen genügt dabei die sogenannte einfache Waschung. Sie beginnt mit der Formel 'Bismillah' (Im Namen Gottes). Die Hände werden bis zum Handgelenk gewaschen, der Mund ausgespült. Dann werden die Nasenlöcher mit den nassen Fingern gesäubert, das Gesicht von der Stirn bis zum Kinn und von einem Ohr zum anderen gewaschen; dann folgen wieder die Hände, man fährt sich über den Kopf und die Ohren und wäscht schließlich den rechten und den linken Fuß bis zu den Knöcheln.

Aber nicht nur der Körper des Betenden muß rein sein. Auch die Kleider unterliegen den Reinigungsvorschriften: sie sollen sauber sein und den Regeln der Sittlichkeit entsprechen.

Wie man auch zu diesen Vorschriften stehen mag, es wäre fatal, wollte man die islamischen Reinigungsriten, die dem Gebet vorausgehen, als rein hygienischen Akt mißdeuten.

Die Waschungen sollen den Gläubigen auf das Gebet vorbereiten und einstimmen; sie sollen sein Herz beruhigen und seine Leidenschaften dämpfen. Der Prophet hat in diesem Zusammenhang einmal gesagt:

"Wie das Feuer durch Wasser gelöscht wird, so soll derjenige unter euch, der in Zorn verfällt, sich den Reinigungsvorschriften unterziehen" (Abu Dawud). Und Malik und Muslim überliefern die Aussage des Propheten: "Wenn Gottes Diener sich bei den Waschungen das Gesicht reinigt, entfernt sich mit dem Wasser jede Sünde, die er mit seinen Augen begangen hat. Und wenn er seine Hände wäscht, entfernt sich mit dem letzten Wassertropfen jede Sünde, die er mit den Händen gewalttätig verübt hat. Und wenn er seine Füße wäscht, so entfernt sich mit dem Wasser jede Sünde, zu der er gelaufen ist. So kommt er aus der Waschung rein und ohne Schuld hervor".

Nachdem der Gläubige die Waschung vollzogen hat, bedeckt er sein Haupt, entledigt sich der Schuhe und betritt den Gebetsteppich, der in Blickrichtung Mekka zeigt. Er formuliert sodann die Absicht, nun das rituelle Gebet verrichten zu wollen und tritt damit gewissermaßen aus dem Alltag in einen Weihezustand ein. Dann beginnt das Gebet, zu dem verschiedene Körperhaltungen vorgeschrieben sind: Stehen (qiyam), Verbeugen (ruku), Niederwerfen (sadschdah) und Sitzen (qaʻdah).

Neben dem Pflichtgebet schreibt der Koran auch das *Freitagsgebet* vor. *Es ist Pflicht der Gemeinschaft.* Im Koran steht dazu:

"O die ihr glaubt, wenn der Ruf zum Gebet am Freitag erschallt, dann eilet zum Gedenken Gottes und lasset den Handel ruhen. Das ist besser für euch, wenn ihr es nur wüßtet" (62:10).

Das Gemeinschaftsgebet (djumuʻah) wird unter der Leitung des Imam in der Zentralmoschee des Ortes verrichtet. Vor dem Gebet findet eine feierliche Rezitation des Koran statt, der eine Predigt folgt. Erinnern wir uns: Der Islam ist nicht allein Religion, er ist darüber hinaus eine umfassende Lebensordnung, die alle Bereiche des menschlichen Lebens und Zusammenlebens abdeckt: den persönlichen Bereich, das Leben in der Familie, der Gemeinschaft und der Gesamtgesellschaft. Folglich können von der Predigt alle Probleme angesprochen werden, seien sie nun religiöser, sozialer, ökonomischer oder politischer Natur.

Der Gläubige, der das Gebet verrichtet, ist der festen Zuversicht, daß sein Gebet Gott erreicht und von ihm beantwortet wird, heißt es doch im Koran:

"Darum gedenket Mein, Ich will eurer gedenken; und danket Mir und seid nicht undankbar gegen Mich" (2:153).

Nochmals: Wer das Gebet verrichtet, muß lauterer Absicht sein, er muß sein Gebet in Demut sprechen. Er muß spüren, daß sein Leben in Gottes Hand ist. Im Gebet erfährt der Gläubige den gütigen und barmherzigen Gott, dem demütige Ergebenheit gebührt.

Fromme Bräuche

Wie sehr das Leben des Moslems vom Gedenken Gottes durchdrungen ist, wird auch von einer Reihe frommer Bräuche unterstrichen. Der Prophet hat einmal gesagt: "Jedwede Angelegenheit, die nicht mit (den Worten) 'Im Namen Gottes, des Gnädigen, des Barmherzigen' beginnt, ist (von ihrem Segen) abgeschnitten".

Wenn der Moslem vom Schlaf erwacht, sich wäscht, ankleidet, Nahrung zu sich nimmt — und sei es auch nur einen Schluck Wasser —, mit seiner Arbeit beginnt: jedwede Handlung oder Hantierung beginnt mit dem Gedenken Gottes, mit dem vertrauten 'Bismillah' — im Namen Gottes. Kein Politiker, kein Gelehrter würde es unterlassen, seine Rede oder Vorlesung "im Namen Gottes" zu beginnen und mit dem Segenswunsch abzuschließen.

Ebenso häufig werden die Formeln "subhana llah" = Lob sei Gott oder "Allahu akbar" = Gott ist größer oder andere benutzt.

Mohammad's Morgengebet wird wie folgt überliefert:

"Es ist Morgen geworden für uns und für die Schöpfung. Die Schöpfung ist Gottes, das Lob ist Gottes, die Majestät ist Gottes, die Größe ist Gottes, sein ist Erschaffung und Befehl; Tag und Nacht und was darinnen ruht, ist Gottes.

O Gott, mache den Anfang dieses Tages heilsam, seine Mitte erfolgreich und sein Ende gedeihlich; o du Allerbarmherzigster".

Und sein Tischgebet lautete:

"Gelobt sei Gott, der uns gesättigt und getränkt hat und uns gnädig war und uns seine Huld erwiesen hat.

O Gott, segne die Menschen durch das, was du ihnen an Nahrung gegeben hast und vergib ihnen und sei ihnen gnädig".

Vor Beginn seiner täglichen Arbeit betete der Prophet:

"O Gott, ich suche bei dir das Gute in deinem Wissen und erflehe die Bewerkstelligung durch deine Allmacht und bitte dich um deine Gnadenfülle; denn du kannst es und ich kann es nicht, und du weißt, und ich weiß nicht — und du bist der Wisser der verborgenen Dinge.

O Gott, wenn diese Sache gut für mich ist, für meinen Geist und meinen Körper, für meine nahe und ferne Zukunft, dann bewerkstellige und erleichtere sie mir und darauf segne sie. Wenn aber die Sache schlecht für mich ist, für meinen Geist und meinen Körper, für meine nahe und für meine ferne Zukunft, dann wende sie ab von mir und bereite mir das Gute, wo immer es sein möge, und dann stelle mich damit zufrieden".

Das Abendgebet lautete:

"O Gott, durch dich erleben wir den Abend, und durch dich erleben wir den Morgen; durch dich leben und durch dich sterben wir, und zu dir werden wir auferstehen.

O Gott, dies ist das Eintreten deiner Nacht und das Vergehen deines Tages und die Zeit für die Stimmen derer, die dich anrufen — vergib mir".[6]

Das Geheimnis des Gebetes

Über das "Geheimnis des Gebetes" führt der Mystiker Walliullah al-Dihlawi aus, daß der Mensch durch das Gebet "wie ein Blitz hochgehoben wird in den Umkreis der Heiligkeit (der Gegenwart Gottes); er glaube dann, der Schwelle zu Gott unvorstellbar nahe zu sein. Dort senken sich göttliche Erscheinungen auf ihn nieder, die seine Seele beherrschen. Er sieht und fühlt Dinge, die zu beschreiben die menschliche Sprache unfähig ist".

Ist dann der Zustand der Erleuchtung "wie ein Blitz" vorüber, kehrt der Mensch in seine vorherige Verfassung zurück. Er empfindet Qualen über das plötzliche Ende der erlebten Verzückung. Die Folge ist, daß er versucht, das zurückzugewinnen, was ihm entglitten ist. So findet er zu dem irdischen Zustand zurück, der der Erkenntnis Gottes am nächsten kommt: gemeint ist die Haltung der Ehrfurcht, der Ergebung und des beinahe unmittelbaren Gesprächs mit Gott, eine Haltung, die von Bewegungen und passenden Worten begleitet ist.

Das Gebet setzt sich also im wesentlichen aus drei Faktoren zusammen: Dem Gefühl der Demut vor der majestätischen Gegenwart Gottes, der Anerkennung der göttlichen Überlegenheit und der menschlichen Niedrigkeit, die mit entsprechenden Formeln ausgedrückt wird, und schließlich aus einer gebührend ehrfürchtigen Haltung. Um dieser Ehrfurcht Ausdruck zu verleihen, erhebt sich der Beter und wendet sich dem Gegenstand seiner Anbetung und Verehrung zu. Noch ehrerbietiger ist es, wenn der Mensch sich selbst und sein Haupt zur Verehrung neigt. Der Gipfel und Höhepunkt menschlicher Demut ist schließlich das Senken des Hauptes – das in höchstem Grade das 'Ich' und das Selbstbewußtsein reflektiert – so tief, daß dabei der Boden vor dem Gegenstand der Verehrung berührt wird. *Auf diese Weise wird die Seele zu Gott erhoben.*

Dazu der Koran:

"Hast du nicht gesehen, daß sich vor Gott anbetend beugt, wer in den Himmeln und wer auf Erden ist, und die Sonne, und der Mond, und die Sterne, und die Berge, und die Bäume, und die Tiere, und viele der Menschen?" (22:18).

Das islamische Gebet vereint auf diese Weise in sich die Gebetsformen aller Geschöpfe: "Sonne, Mond und Sterne" wiederholen die Gebärde des Sicherhebens und Niederfallens; die Berge stehen aufrecht, die Tiere bleiben stets im Zustand der Verneigung, die Bäume neigen fortwährend ihre Kronen, indem sie die Nahrung aus ihren Wurzeln ziehen; und nach dem Koran "verherrlicht der Donner Gott mit seiner Lobpreisung" (13:13). Die "Vögel unter dem Himmel beten Gott in Schwärmen" an, wie es auch die Menschen im Gemeinschaftsgebet tun (24:41). Ganz wie der Schatten (13:15; 16:48) sich ausdehnt und verkürzt auf seiner täglichen Bahn. Kurz: Die islamische Gebetsordnung ist eine Zusammenfassung all dieser Formen der Anbetung Gottes.

Es sollte schließlich daran erinnert werden, daß das Gebet für den Menschen Zuflucht, Hilfe und Zuversicht, Trost und Gewißheit sein will. Es ist ein Geschenk Gottes, der Schlüssel zur Vereinigung mit ihm. Daher heißt es im Koran: "Gott belastet niemanden über sein Vermögen" (2:286).

In den Augen Gottes zählt die Absicht, der Wille, keineswegs aber der Umfang oder die Methode der Pflichterfüllung allein. Die Liebe zu Gott ist durch nichts zu übertreffen, sie ist ein besonderes Geschenk, eine besondere Gnade. Mohammad betete:

"O Gott, ich bitte dich um Liebe zu dir, und die Liebe zu denen, die dich lieben, und um solche Handlungen, die mich zu deiner Liebe führen. O Gott, laß deine Liebe mir lieber sein als mich selbst, mein Vermögen, meine Familie und als kühles Wasser".[7]

Es ist das Gebet zu dem Einen Gott, in dem sich die "Söhne Abrahams" finden, betet der Moslem doch fünfmal am Tage:

"O Gott, schütte deine Gnade über Mohammad und über die Anhänger Mohammad's aus, wie du über Abraham und über die Anhänger Abraham's Gnade ausgeschüttet hast. Wahrlich, du bist preiswürdig, erhaben. O Gott, gib Mohammad deinen Segen und den Anhängern Mohammad's, wie du Abraham und den Anhängern Abraham's Segen gabst. Wahrlich, du bist preiswürdig, erhaben".

Und die ganze Tiefe islamischer Gebetserfahrung spricht schließlich aus der Formulierung:

"O Gott, ich suche Zuflucht vor deinem Zorn bei deinem Wohlgefallen und vor deiner Strafe bei deiner Vergebung. Ich suche Zuflucht vor dir bei dir. Nicht kann ich dein Lob genug sagen — du bist so, wie du dich selbst gelobt hast".[8]

(Mohammad)

3.2.3. Das Fasten im Ramadan (sawm) [9]

Im islamischen Hidschrajahr nimmt der Ramadan eine Sonderstellung ein. Wenngleich nach der Zählung lediglich der neunte Monat, umschließt er doch die Mitte des religiösen Jahreszyklus, ist er der "Heilige Monat" des Islam. Selbst jene Moslems, die sich längst von der täglichen Glaubenspraxis entfernt haben, kehren im Ramadan gewöhnlich zur Quelle ihrer Identität, zum Koran zurück und reihen sich ein in den "Ewigen dhikr", in die Gemeinschaft derer, die sich und andere daran erinnern, daß es einen Gott gibt, den Einen, der das Leben gibt und nimmt und der es nach seinem Willen wiederkehren läßt.

Der Ramadan ist also mehr als nur ein Fastenmonat. Er ist die sich ständig wiederholende Wiedergeburt des Islam, das sich ständig wiederholende Angebot Gottes an den Menschen, sich ihm anzuvertrauen, sein ganzes Selbst ihm zu überantworten und damit den "rechten Weg des Heils" einzuschlagen.

"Im Ramadan sind die Nächte hell", sagt ein arabisches Sprichwort. Diese Helle – das Licht des Ramadan –, impliziert Wärme und Geborgenheit, Innigkeit, Traulichkeit, selbstlose Freundlichkeit, Versöhnung und Zusammengehörigkeit im Sinne religiöser Brüderlichkeit. *Im Ramadan ist Gott den Menschen in besonderer Weise nahe,* verkündet der ehrwürdige Koran in Sura 2:187:

"Und wenn Meine Diener dich nach Mir fragen (sprich): 'Ich bin nahe. Ich antworte dem Gebet des Bittenden, wenn er zu Mir betet'." Um die Tiefe zu begreifen, die in diesem Koranvers liegt, muß man in den Text hineinhören. Offenbart sich Gott im Koran nämlich üblicherweise in der dritten Person, so verwendet er hier das intim-vertrauliche "Ich": Ich bin nahe, Ich antworte, auf Mich sollen sie hören und an Mich sollen sie glauben.

Gott begibt sich seiner Herrscherwürde, er reißt selbst die Schranken nieder und hebt die Distanz auf, die zwischen ihm und seinen Geschöpfen liegt, um den Beter zu ermutigen, sich ihm ganz anzuvertrauen. Hier wird deutlich: der Gläubige ist nicht allein gelassen, wird deutlich, daß Gott die Menschen liebt, daß er für sie erreichbar ist, daß er Reue annimmt und sich des Sünders erbarmt.

"Friede sei mit euch! Euer Herr hat sich selbst Barmherzigkeit vorgeschrieben. ... Euer Herr ist von allesumfassender Barmherzigkeit. ... Verzweifelt nicht an (seiner) Barmherzigkeit, denn Gott vergibt alle Sünden, Er ist der Allverzeihende, der Barmherzige" (aus 6:55, 148; 39:54).

In Sura 2:186 ff. lesen wir:

"Der Monat Ramadan ist der, in welchem der Koran herabgesandt ward: eine Weisung für die Menschheit, deutliche Beweise der Führung und (göttliche) Zeichen". Und weiter:

"Wer also da ist von euch in diesem Monat, der möge ihn durchfasten. ... Gott wünscht euch erleichtert und wünscht euch nicht beschwert, und daß ihr die Zahl (der Tage) erfüllen und Gott preisen möchtet dafür, daß er euch richtig geführt hat, und daß ihr dankbar sein möchtet".

Fasten im Monat Ramadan ist also vordergründig ein Akt der Dankbarkeit. Es wird deutlich — um auf eine biblische Formulierung zurückzugreifen —, daß der Mensch in der Tat nicht vom Brot allein zu leben vermag, daß er des Wortes Gottes, der Rechtleitung bedarf. Daher fordert der Koran dazu auf, sich für eine bestimmte Zeit von profanen Bedürfnissen abzuwenden, den gewohnten Tagesrhythmus zu unterbrechen und sich stattdessen ausschließlich auf die Mitte des Lebens, auf Gottes Wort zu konzentrieren. In Sura 3:104 wird unterstrichen:

"Und gedenket der Huld Gottes gegen euch, als ihr Feinde ward. Alsdann fügte Er eure Herzen so in Liebe zusammen, daß ihr durch Seine Huld und Gnade Brüder wurdet; ihr befandet euch am Rande einer Feuergrube, und Er bewahrte euch davor. Also macht Gott euch Seine Zeichen klar, auf daß ihr rechtgeleitet seid".

Die Nacht des Schicksals (Nacht der Bestimmung)

Im Zentrum des Ramadan steht die "Nacht des Schicksals", die "Nacht der Bestimmung" — Lailat al-Qadr — die "Heilige Nacht des Islam". In Sura 97 lesen wir dazu:

"Wahrlich, Wir sandten ihn (den Koran) hernieder in der Nacht al-Qadr. Und was lehrt dich wissen, daß die Nacht al-Qadr ist? Die Nacht al-Qadr ist besser als tausend Monde. In ihr steigen die Engel herab und der Geist nach dem Gebot ihres Herrn — mit jeder Sache. Friede währt bis zum Anbruch der Morgenröte" (s.a. S. 24).

In einer moderneren Übersetzung wird das Geschehen jener Nacht im Jahre 610 n. Chr. noch deutlicher:

"Wir haben ihn in der Nacht der Bestimmung herabgesandt. Aber wie kannst du wissen, was die Nacht der Bestimmung ist? Die Nacht der Bestimmung ist besser als tausend Monde. Die Engel und der Geist kommen in ihr mit der Erlaubnis ihres Herrn herab, lauter Logoswesen. Sie ist voller Heil und Segen, bis die Morgenröte sichtbar ist".

Und Sura 44:1-5 erläutert:

"Bei der deutlichen Schrift! Wir haben sie in einer gesegneten Nacht hinabgesandt. Und haben die Menschen damit gewarnt. In dieser Nacht wird jede weise Angelegenheit entschieden. Wir haben die Schrift hinabgesandt als eine Sache, die von Uns kommt. Wir haben die Botschaft der Offenbarung gesandt".

Nach dem Exegeten Abu l-Qasim Maḥmūd Ibn 'Umar als-Zamakhshari (gest. 1144) zeichnet sich die gesegnete Nacht durch fünf Eigenschaften besonders aus:

— In ihr wird jede weise Angelegenheit und die Tugend der Anbetung ausgesondert. Mohammad hat gesagt: Wer in dieser Nacht hundert Rak'ats betet, dem schickt Gott hundert Engel: dreißig verkünden ihm das Paradies, dreißig schützen ihn vor dem Höllenfeuer, dreißig halten die irdischen Unglücksfälle und zehn die Anfechtungen des Satans von ihm fern;
— In dieser Nacht kommt die Barmherzigkeit Gottes herab. Dazu der Prophet: Gott erbarmt sich in dieser Nacht seiner Gemeinschaft in so mannigfacher Weise, wie die Schafe der Banu Kalb Haare haben;
— Diese Nacht ist die Nacht der Vergebung. Mohammad meinte dazu: In dieser Nacht vergibt Gott allen Gläubigen die Sünden;
— In dieser Nacht hat der Gesandte Gottes seine Fürbitte vollendet, d.h. Mohammad hat in dieser Nacht inbrünstig um Segen für seine Gemeinschaft zu Gott gefleht;
— In dieser Nacht vermehrt sich — aufgrund der Gewohnheit Gottes, die den Ablauf der Naturgesetze regelt — deutlich die Wassermenge des Brunnens "zamzam" im Bezirk der heiligen Moschee zu Mekka.

Gott näherte sich Mohammad

Über die Vorgänge in der "Heiligen Nacht" des Ramadan berichtet 120 Jahre nach dem Tode des Propheten der Biograph

Mohammad Ibn Ishaq in seinem Werk "Das Leben des Propheten" (siratun-nabi). Ibn Ishaq's Hauptquellen waren der Koran selbst und die Überlieferungen des Urwa Ibn Zubair (gest. 712), eines Großneffen der ersten Frau des Propheten. Er schreibt:

"Als Mohammad 40 Jahre alt geworden war, sandte ihn Gott aus Mitleid mit der Welt und als Verkünder für alle Menschen. Gott hatte mit jedem Propheten, den er vor ihm sandte, einen Bund geschlossen, der ihm auferlegte, an ihn zu glauben, Zeugnis für ihn abzulegen und ihm gegen seine Widersacher zu helfen. Er hatte sie verpflichtet, dieses alles weiterzugeben an die, die an ihre Botschaft glaubten. Sie taten, wie ihnen geheißen wurde. Zu Mohammad sprach Gott: 'Als Gott mit den Propheten den Bund schloß, sprach er: Wenn immer Ich euch eine Offenbarungsschrift oder Weisheit gebe und hierauf ein Gesandter zu euch kommt, der bestätigt, was euch an Offenbarungen bereits vorliegt, dann müßt ihr an ihn glauben und ihm helfen. Und Er fragte sie: Erkennt ihr dieses an und übernehmt Meinen Bund? Sie antworteten: Wir erkennen es an. Er aber sprach: So legt denn Zeugnis ab und Ich bin mit euch Zeuge' (3:81).

So schloß Gott mit allen Propheten den Bund, daß sie Zeugnis für ihn ablegten und ihm gegen seine Widersacher halfen. Sie aber gaben es an alle aus den beiden Schriftreligionen (Juden und Christen) weiter, die an sie glaubten.

Zuhri berichtet, daß Aisha dem Urwa Ibn Zubair folgendes überlieferte:

Als Gott Mohammad ehren und sich der Menschen durch ihn erbarmen wollte, zeigte sich dessen Prophetenschaft zuerst in seinen wahren Träumen, die im Schlaf stets wie der Anbruch des Morgens über ihn kamen. Auch ließ Gott ihn die Einsamkeit schätzen, und bald war ihm nichts mehr lieber, als allein zu sein.

Wahb erzählt mir von Ubaid:

Jedes Jahr zog sich der Prophet im Monat Ramadan in die Einsamkeit zurück, um zu beten und die Armen zu speisen, die zu ihm kamen. Immer wenn er am Ende des Monats nach Mekka zurückkehrte, begab er sich zuerst zur Ka'ba und umschritt sie siebenmal oder so oft es Gott eben wollte. Erst dann ging er nach Hause. Auch in jenem Ramadan, in dem Gott ihn ehren wollte, in jenem Jahr, in dem er ihn sandte, zog Mohammad mit seiner Familie wieder nach dem Berge Hira, um sich in der Einsamkeit dem Gebet zu widmen. Und in jener Nacht, in der Gott ihn durch die Sendung auszeichnete und sich damit der Menschen erbarmte, kam Gabriel zu ihm. Als ich schlief, so erzählte der Prophet später, trat der Engel Gabriel zu mir mit einem Tuch aus Seidenbrokat, worauf etwas geschrieben stand, und sprach: 'Lies!' Ich erwiderte darauf, daß ich nicht lesen könne. Da presste er das Tuch auf mich, daß ich dachte, es wäre mein Tod. Er ließ mich jedoch wieder los und forderte mich nochmals auf: 'Lies!' Und wieder antwortete ich, daß ich nicht lesen könne. Da würgte er mich mit dem Tuch bis ich fürchtete, daran zu sterben. Als er mich schließlich freigab, befahl er erneut: 'Lies!'. Und zum dritten Mal bedeutete ich ihm, daß ich nicht lesen könne. Als er mich dann nochmals fast zu Tode gewürgt hatte und mir wieder zu lesen befahl, fragte ich aus Angst, er könnte es nochmals tun: Was soll ich lesen? Da sprach er: 'Lies im Namen deines Herrn, der erschuf, der den Menschen erschuf aus geronnenem Blut. Lies! Denn dein Herr ist der Allgütige, der (den Menschen) lehrte durch die Feder, den Menschen lehrte, was er nicht wußte" (96:1-5; s.a. S. 24).

Ich wiederholte die Worte, und als ich geendet hatte, entfernte er sich von mir. Ich aber erwachte, und es war mir, als wären mir die Worte ins Herz geschrieben. Sodann machte ich mich auf, um auf den Berg zu steigen, doch auf halber Höhe vernahm ich eine Stimme vom Himmel:

'O Mohammad, du bist der Erwählte Gottes, und ich bin Gabriel!' Ich hob mein Haupt zum Himmel, und siehe, da war Gabriel in der Gestalt eines Mannes, und seine Füße berührten den Horizont des Himmels. Und wieder sprach er:

'O Mohammad, du bist der Erwählte Gottes, und ich bin Gabriel!' Ohne einen Schritt vorwärts oder rückwärts zu tun blieb ich stehen und blickte zu ihm. Dann begann ich, mein Gesicht von ihm abzuwenden und über den Horizont schweifen zu lassen, doch in welche Richtung ich auch blickte, immer sah ich ihn in der gleichen Weise. Den Blick auf ihn gerichtet, verharrte ich, ohne mich von der Stelle zu rühren. Chadidja sandte inzwischen ihre Boten aus, um nach mir zu suchen. Doch sie kehrten erfolglos zurück, nachdem sie bis oberhalb von Mekka gelangt waren. Schließlich wich die Erscheinung von mir und ich machte mich auf den Rückweg zu meiner Familie".[10]

Beim Lesen der 53 Sura des Koran wird etwas von der ungeheueren Dynamik deutlich, die das Geschehen vom Hira begleitet hat:

"Beim Siebengestirn, wenn es sinkt, euer Gefährte (Mohammad) ist weder verwirrt noch ist er im Unrecht, noch spricht er aus Begierde. Es ist eine Offenbarung nur, die offenbart wird. Der mit mächtigen Kräften Begabte hat ihn belehrt, dessen Macht sich wiederholt offenbart; Er sitzt nun fest (auf dem Thron); und er ist am obersten Horizont. Dann näherte er sich (Gott); dann stieg Er herab (zu dem Propheten), so daß er zur Sehne wurde von zwei Bogen oder noch näher. Und Er offenbarte seinem Diener, was Er offenbarte. Das Herz (des Propheten) hielt Wahrheit dem, was er sah. Wollt ihr da mit ihm streiten über das, was er sah? Und er sah es (auch) bei einem anderen Herabsteigen, beim fernsten Lotusbaum, neben dem der Garten der Wohnstatt ist. Als den Lotusbaum überflutete, was (ihn) überflutete, da wankte der Blick nicht, noch schweifte er ab. Wahrlich, er hatte eines der größten Zeichen seines Herrn gesehen" (53:2-10; s.a. S. 24).

Im Korankommentar von Sadr-ud-Din heißt es dazu, daß sich die Doppeleigenschaft des Propheten, seine Nähe zum göttlichen Wesen und seine menschennahe Freundlichkeit als Fingerzeig auffassen lassen, für eine in ihm vollzogene Vereinigung der übersinnlichen mit der sinnlichen Welt. Durch diese Vereinigung sei der Prophet befähigt worden, seiner Aufgabe, die Welt von Grund auf zu erneuern, gerecht zu werden. Die durch die beiden Bögen veranschaulichte Nähe zu Gott geht auf eine altarabische Sitte zurück. Verbündete pflegten einen Pfeil von ihren miteinander verbundenen Bögen zu verschießen — die Bögen waren dabei aufeinander gelegt —, um ihren Bund weithin bekannt zu machen. Gott macht hier deutlich, daß er Mohammad für sich erwählt hat. 'Sidrah', der Lotusbaum, der sich bei den Arabern seines Schattens wegen hoher Beliebtheit erfreute, versinnbildlicht einen erlesenen und besonders geeigneten Erdenfleck, auf dem der Prophet der göttlichen Gnadenbezeigung gewürdigt wurde. Das Beiwort "muntahā" (weitest erreichbar, Endziel) vor "sidrah" zeigt, daß die dem Propheten verliehene Kenntnis des göttlichen Willens, das höchste Wissen ist, das dem Menschen je gegeben wurde. Soweit der Kommentar von Sadr-ud-Din.

Die "heilige Zeit" und ihre Bräuche[11]

Mit "lailat al-Qadr" wird die Zeit des "i'tikaf" eingeleitet. Dieses Wort beinhaltet, daß der Gläubige sich für eine bestimmte Zeit von der Welt abwendet und in eine Moschee zurückzieht, um sich ganz der Anbetung Gottes und dem Studium von Koran und Hadith zu widmen. Dieser religiöse Brauch gilt als verdienstlich und gehört zu den guten Werken, deren Verrichtung während der letzten zehn Tage des Ramadan von der 'Sunna' empfohlen wird, um der Segnungen der "Heiligen Nacht" teilhaftig zu werden. Auch der Brauch von "i'tikaf" geht direkt auf den Propheten Mohammad zurück. Dieser verbrachte die letzten zehn Tage der Fastenzeit stets im Gebet in der Moschee von Medina.

Dem "i'tikaf" folgt *'Id al-Fitr, das Fest des Fastenbrechens* (auch 'Id al Sadaqa = Fest der Almosen oder türk. Ramazan Bayrami genannt). Das Fest beginnt mit dem Zeitpunkt, da das Erscheinen der Mondsichel den Ausgang des Monats Ramadan und den Beginn des Monats Shawwal anzeigt und dauert *vier Tage*.

Die tiefere Bedeutung des 'Id al-Fitr *wird durch Gebete um Sündenvergebung, Bewahrung der Gesundheit und Segnung der Arbeit unterstrichen, verbunden mit der Verteilung von Geld und Nahrungsmitteln an Bedürftige.*

An diesem Tage besuchen die Familien, insbesondere die Frauen, die Gräber von Verwandten und Freunden, die mit Myrtenzweigen und Palmblättern geschmückt werden.

Im übrigen herrscht allgemeine Feststimmung mit regem Leben und Volksbelustigungen in den Straßen, dem Austausch von Segenswünschen und konventionellen Besuchen, offiziellen Empfängen beim Staatsoberhaupt und den hohen Würdenträgern.

Die Moscheen und Minarette sind mit Lichtergirlanden illuminiert, Feuerwerk wird abgebrannt und die Kinder ziehen mit bunten Glaslaternen von Haus zu Haus, tragen Lieder vor und erhalten als Gegengabe Süßigkeiten und Backwerk.

Ein seit altersher üblicher Brauch will es, daß alle größeren Anschaffungen, seien es Kleider, Wäsche, Schuhe, seien es Haushaltsgegenstände oder Arbeitsgerät, in den einfachen wie in den wohlhabenden Kreisen, wenn irgend möglich, für dieses Fest aufgespart werden.

Die Masse des kauflustigen Publikums in den Straßen und Läden, die Vorbereitung des Handels auf den Ansturm, das alles gleicht in seinem sozialen und wirtschaftlichen Aspekt in vielerlei Hinsicht der christlichen Weihnachtszeit. Daher spricht man auch gerne vom "islamischen Weihnachtsfest" zum Ende der Fastenzeit.

Schlußbemerkungen

Mit Sura 93 wird der Prophet an die Segnungen erinnert, die in der "Nacht al-Qadr" im Jahre 610 n. Chr. auf ihn niederkamen. Eine Sura, die zu den beliebtesten Gebetstexten der Moslems gehört, weil sie das Leben des Propheten widerspiegelt:

"Beim Vormittage und bei der Nacht, wenn sie am stillsten ist, dein Herr hat dich nicht verlassen, noch ist er böse.
Wahrlich, jede (Stunde), die kommt, wird besser für dich sein, als die, die (ihr) vorausging. Und fürwahr, dein Herr wird dir geben und du wirst wohlzufrieden sein.
Fand er dich nicht als Waise und gab (dir) Obdach? Er fand dich irrend (in deiner Sehnsucht nach Ihm) und führte (dich) richtig. Und er fand dich in Armut und machte (dich) reich. Darum bedrücke nicht die Waise und schilt nicht den Bettler, und verkünde die Gnade deines Herrn".

In seinem Gedicht "Ramadankerzen" singt der südosteuropäische Moslem Musa Cazim Catić:

"Aus der Nacht, so dunkel und leer,
Blinken ruhelose Feueraugen zitternd
Wachstropfen, wie Tränen aus den Kerzen splitternd,
Weh'n wie Federn roten Mohn's im Winde her.

Was vermag die blut'ge Spur zu sehen?
Ewig ist die Nacht, da alle Winde wehen.
Weshalb weinen, wenn die Sternlein blinken,
Und die Erde will im Traum versinken?

Höret, was die rote Zunge spricht:
'Dichter, auch in mir glüht jenes Licht —
Lebenslicht der Weisen, wie der Toren —
Aus der Liebe des Allmächtigen geboren —
Flämmchen seines Feuers aus dem Dunkel gleißt,
Seine Mitleidsträne Finsternis zerreißt'."[12]

Der Prophet hat einem Hadith des Abu Huraira zufolge gesagt: "Wer nicht aufhört zu lügen oder Böses zu tun, von dem erwartet Gott auch nicht, daß er sich des Essens und Trinkens enthält. Der beste von euch ist derjenige, der sich als erster versöhnt".

3.2.4. Die Mildtätigkeit (zakat)

Der erwachsene Moslem ist verpflichtet, sein Gebet durch die *"zakat"* zu ergänzen, zu vervollständigen. "Zakat" wird gewöhnlich mit "Armensteuer" übersetzt, heißt aber soviel wie "Reinigung, Läuterung". Im übrigen ist der gerne gebrauchte Begriff "Almosen" im Zusammenhang mit "zakat" ebenfalls nicht korrekt; denn der Bedürftige hat ein vom Koran verbrieftes Recht auf die "Zakat". Praktisch handelt es sich hierbei um eine Abgabe in Höhe von 2 1/2 Prozent auf verschiedene Vermögens- und Gewinnarten: Landwirtschaft, Handel, Viehzucht, Gewerbe usw.

Über die Verwendung der auf diese Weise gewonnenen Mittel heißt es im Koran:

"Die Zakat ist für die Armen und Bedürftigen und für die mit ihrer Verwaltung Beauftragten und für die, deren Herzen versöhnt werden sollen, für die (Befreiung) von Sklaven und für die Schuldner, für die Sache Gottes und für den Pilger: Eine Vorschrift von Gott. Und Gott ist allwissend, allweise" (9:60).

Daneben kennt der Islam noch Abgaben, die an den beiden Hochfesten — zur Beendigung der Fastenzeit und zur Zeit der Pilgerfahrt — zu entrichten sind: am Ende des Fastenmonats soll einem Armen ein Betrag übergeben werden, der ausreichend ist, einen Erwachsenen einen Tag zu ernähren. Anläßlich des Opferfestes soll jeder Moslem, der dazu in der Lage ist, einen Hammel schlachten. Ein Teil des Opfertieres soll an die Armen verteilt werden, der andere steht der eigenen Familie und ihren Gästen zur Verfügung.

Der Koran hält die Gläubigen eindringlich dazu an, gegenüber der täglichen Not nicht die Augen zu verschließen, nicht gleichgültig zu sein. Er ermahnt sie, die "Hand nicht an den Nacken zu fesseln" (17:30) und neben der "zakat" zusätzlich noch *Almosen* (sadaqa) zu geben, um auf diese Weise dazu beizutragen, Not und Elend zu lindern. Das Almosen wird in diesem Zusammenhang gewöhnlich mit einem *Darlehen* verglichen, das der Mensch Gott selbst zur Verfügung stellt.

In Sura 2:178 heißt es unter anderem:

" ... wahrhaft gerecht ist der, ... der aus Liebe zu Gott Geld aufwendet für die Unterstützung der Angehörigen und für die Waise und für den Bedürftigen und für den Pilger und die, die um milde Gaben bitten und für den Loskauf von Gefangenen ..., die sind es, die sich redlich bewährt haben und sie sind die Gottesfürchtigen".

In Sura 47:39 macht Gott deutlich, *daß das Almosengeben ein unverzichtbares Identitätsmerkmal des wahren Gläubigen ist:*

"Siehe, ihr seid diejenigen, die berufen sind, in Gottes Weg zu spenden, doch unter euch sind manche, die geizig sind. Und wer geizig ist, der geizt nur gegen sich selbst, denn Gott ist der Unbedürftige, und ihr seid Bedürftige. Und wenn ihr den Rücken kehrt, so wird Er ein anderes Volk an eure Stelle setzen; und sie werden nicht gleich euch sein".

Das trefflichste Gleichnis zum Thema Mildtätigkeit findet sich in den Abschnitten 262-266, 268-269 und 272 der 2. Sura. Hier finden sich auch gewisse Verhaltensregeln für den Spender; es wird gewissermaßen die "Ethik islamischer Mildtätigkeit" beschrieben:

"Die ihr Gut hingeben für Gottes Sache, die gleichen einem Samenkorn, das sieben Ähren treibt, hundert Körner in jeder Ähre. Gott vermehrt (es) weiter, wem Er will; und Gott ist huldreich, allwissend. Die ihr Gut hingeben für Gottes Sache und dann ihrer Gabe nicht Vorhaltung und Anspruch folgen lassen, sie haben ihren Lohn bei ihrem Herrn; und keine Furcht soll über sie kommen, noch sollen sie betrübt sein. Ein gütiges Wort und Verzeihung sind besser als ein Almosen, gefolgt von Anspruch; und Gott ist Sich Selbst genügend, langmütig. O die ihr glaubt, machet eure Almosen nicht eitel durch Vorhaltung und Anspruch, dem gleich, der von seinem Reichtum spendet, um von den Leuten gesehen zu werden, und er glaubt nicht an Gott und an den Jüngsten Tag. Ihm ergeht es wie einem glatten Felsen, den Erdreich bedeckt: wenn ein Platzregen auf ihn fällt, legt er ihn bloß — glatt und hart. Sie haben nichts von ihrem Verdienst. Und Gott weist nicht dem ungläubigen Volk den Weg. Und jene, die ihr Gut hingeben im Trachten nach Gottes Wohlgefallen und zur Stärkung ihrer Seelen, sind gleich einem Garten auf erhöhtem Grund. Platzregen fällt darauf, und er bringt seine Frucht zwiefältig hervor. Fällt aber kein Platzregen auf ihn, so (genügt auch) leichter. Gott sieht euer Tun. ... O die ihr glaubt, spendet von dem Guten, das ihr erwarbt, und von dem, was Wir für euch aus der Erde hervorbringen; und sucht zum Almosenspenden nicht das Schlechte aus, das ihr ja selbst nicht nähmet, es sei denn, ihr drücktet dabei ein Auge zu; und wisset, daß Gott Sich Selbst genügend, preiswürdig ist. Satan warnt euch vor Armut und befiehlt euch Schändliches, während Gott euch Seine Vergebung und Huld verheißt; und Gott ist huldreich, allwissend. ... Gebt ihr öffentlich Almosen, so ist es schön und gut; haltet ihr sie aber geheim und gebt sie den Armen, so ist es noch besser für euch; und Er wird (viele) eurer Sünden von euch hinwegnehmen, denn Gott achtet wohl eures Tuns".

Gott erwartet von denen, denen er sich gnädig und in Barmherzigkeit zugkehrt hat, daß sie jene, die auf der Schattenseite des Lebens stehen, an dieser Barmherzigkeit teilhaben lassen. Armut und Elend sind für den gläubigen Menschen eine ständige Prüfung und Herausforderung, eine Bewährung im Diesseits für die andere Welt; denn Gott wird das ihm "gewährte" Darlehen zurückzahlen. Die Hochmütigen hingegen, die das Elend einfach ignorieren, gehen am "Zahltag" — dem Tag des Ewigen Gerichtes — leer aus. In Sura 57:19 heißt es:

"Fürwahr, die mildtätigen Männer und die mildtätigen Frauen und jene, die Gott ein stattliches Darlehen geben — es wird ihnen um ein Vielfaches gemehrt werden, und ihr Lohn wird ein würdiger sein";

und schließlich aus Sura 64:18:

"Wenn ihr Gott ein stattliches Darlehen gewährt, so wird Er es euch um ein Vielfaches vermehren und wird euch vergeben; denn Gott ist erkenntlich, langmütig".

Die Mildtätigkeit dient der Erhebung des Menschen. Das wird besonders in Sura 90:13-21 verdeutlicht:

"Was lehrt dich wissen, was menschliche Erhebung ist? Das ist die Befreiung eines Sklaven, den Hungrigen, die nächste Waise und den hilflosen Elenden zu sättigen und dabei einer von denjenigen zu sein, die da glauben und sich gegenseitig in Geduld und Barmherzigkeit unterstützen. Sie werden zur Rechten (Gottes) sein".

Alternativ dazu in Sura 107:2-8 der Ungläubige:

"Siehst du vielleicht den Leugner des Glaubens nicht? Das ist jener, der die Waise zurückweist und der nicht zur Speisung der

Armen antreibt. Wehe denen, die zwar Gott anbeten, doch den Sinn ihrer Frömmigkeit vergessen, denen die heucheln und den Notleidenden Hilfe versagen".

Wer sich einmal ernsthaft mit dem Koran und den Traditionen beschäftigt hat, dem wird sehr bald aufgefallen sein, daß er es ständig mit einem "Du" zu tun hatte. Dieses "Du" ist aber nicht nur auf Gott bezogen, dessen Anwesenheit in seinem Wort zur Ehrfurcht zwingt, es ist immer wieder auch die Schöpfung und vor allem eben der Mitmensch, der uns in den einzelnen Suren zu unserem eigenen Spiegelbild wird.

"Der barmherzige Gott zeigt barmherzigen Menschen seine Barmherzigkeit. Also zeigt Barmherzigkeit den Bewohnern der Erde, so daß der Herr im Himmel euch seine Barmherzigkeit zeige", mahnt der Prophet Mohammad seine Gemeinde und er fährt fort: "Keiner von euch wird wirklich den Glauben haben, wenn er für seinen Nächsten nicht das wünscht, was er für sich selbst wünscht".

Wer Gottes Liebe erringen will, der muß fähig sein, die Grenzen seines "Ichs" zu sprengen. Das und nichts anderes sagen die geheiligten Traditionen, wenn sie überliefern:

"Wenn ihr euren Schöpfer liebt, liebt zunächst die Mitmenschen"; denn am Tage der Abrechnung wird Gott fragen:

"Wo sind die Menschen, die sich um meinetwillen liebten? Heute will ich sie unter meinen Schatten nehmen, da es keinen Schatten gibt, außer dem meinen".

Mohammad hat das in einem Gespräch mit seinen Gefährten einmal so verdeutlicht:

"Woran denkt ihr, wird Gott euch erkennen, wenn ihr in seine Gegenwart tretet? An eurer Liebe wird er euch erkennen, an eurer Liebe zu euren Kindern, eurer Familie, zu euren Nachbarn und zu euren Mitmenschen. ... Ins Paradies werden viele Menschen eingehen, die Herzen haben wie die Vögel: ihre Herzen sind frei von Neid, Eifersucht, Böswilligkeit und Arglist".

3.2.5. *Die Pilgerfahrt* (hadsch)

Der Besuch des Hauses Gottes, der Großen Moschee zu Mekka mit der *Ka'ba,* ist allen Gläubigen zur Pflicht gemacht. Voraussetzung ist, daß derjenige, der sich auf die Reise begibt, gesund und in der Lage ist, für die Zeit seiner Abwesenheit seine Familie oder

Angehörigen ausreichend zu versorgen.

Der Islam kennt zwei Formen der Wallfahrt nach Mekka:
— die kleine Pilgerfahrt (hadsch asghar oder 'umra); sie kann zu jeder Jahreszeit unternommen werden;
— die große Pilgerfahrt (hadsch akbar) im Pilgermonat des islamischen Kalenderjahres.

Der Reise nach Mekka und dem Besuch des Heiligtums geht eine Weihe (arab. "ihram") voraus. Von diesem Augenblick an muß sich der Pilger aller weltlichen Genüsse, vor allem des geschlechtlichen Umgangs, enthalten. Die Jagd ist verboten. Es darf kein Blut vergossen, kein Leben vernichtet werden. Alle Kulthandlungen sollen in äußerster Ruhe und Frieden, ohne jeglichen Streit oder Hader durchlebt werden. Die Männer legen zwei ungenähte weiße Tücher an; die Frauen tragen während der Pilgerfahrt ihre normale Kleidung, die allerdings von einfacher Ausführung sein soll. Es darf weder Lippenstift noch Parfüm benutzt werden.

Wie bereits erwähnt, *findet die islamische Gemeinde ihre Einheit in ihrer Universalität, in dem Bewußtsein eines geographischen Mittelpunktes: in der Wallfahrt zur Ka'ba.*

Die Pilgerfahrt führt die Moslems an den Stätten zusammen, an denen die Propheten Abraham und Ismael lebten und Gott dienten, von denen Mohammad ausging, um den Islam aller Welt zu verkünden. *Sie vermittelt das große und einschneidende Erlebnis der Bruderschaft des Islam,* einer Bruderschaft, die weder Rassen- noch Sprachschranken und keinerlei Nationalitätenunterschiede akzeptiert; die den Gegensatz von Arm und Reich im Angesicht Gottes aufhebt.

Höhepunkt der Pilgerfahrt ist das *islamische Opferfest* ('id al-Adha oder türk. Kurban Bayrami). Es wird gefeiert zum Gedenken an den Gehorsam Abrahams, der bereit war, seiner Gottesliebe sein irdisches Liebstes — seinen erstgeborenen Sohn mit dessen Wissen und Einverständnis — zu opfern, und der erlöst wurde durch die antwortende Liebe Gottes. Daran erinnert in jedem Jahr in *Mina* die Schlachtung der Opfertiere. Jedoch sagt der Koran in Sura 22:38:

"Ihr Fleisch (das der Opfertiere) erreicht Gott nicht, noch tut es ihr Blut, sondern eure Ehrfurcht ist es, die Ihn erreicht".

Der Moslem erlebt in Mekka die Erfüllung des Koranwortes: "Alle Gläubigen sind Brüder" (49:11).

zu dessen Bestätigung das *Kußritual* gehört.

Mohammad hatte in jungen Jahren den in die Mauer der Ka'ba eingelassenen "schwarzen Stein" einmal in Ehrfurcht geküßt. Nun berühren ihn die Pilger mit ihren Lippen und empfangen auf diese Weise von ihm symbolisch den Bruderkuß des Propheten.

Der Islam, das demonstriert das Ereignis von Mekka jedes Jahr erneut, *kennt keinen wie auch immer gearteten Rassismus.* In Sura 30:23 werden die Sprach- und Rassenunterschiede gar als *Wunderzeichen Gottes* hervorgehoben, wenn es dort heißt:

"Und unter Seinen Zeichen ist die Schöpfung der Himmel und der Erde und die Verschiedenheit eurer Sprachen und Farben. Hierin sind wahrlich Zeichen für die Wissenden".

Und ein Hadith des Propheten verkündet, daß ein Araber einen Fremden und ein Weißer einen Schwarzen nur durch den Grad seiner Frömmigkeit zu überragen vermag, daß Gott seine Gnade und Offenbarung allen Völkern und Rassen geschickt hat.

Im Koran offenbart Gott über die Pilgerfahrt:

"Und bedenke wie Wir für Abraham die Stätte des Hauses bestimmten (und sprachen): 'Setze Mir nichts zur Seite, und halte Mein Haus rein für diejenigen, die den Umgang vollziehen und die stehen und sich beugen und niederfallen (im Gebet); und verkünde den Menschen die Pilgerfahrt: Sie werden zu dir kommen zu Fuß und auf jedem hageren Kamel, auf allen fernen Wegen, auf daß sie ihre Vorteile wahrnehmen und des Namens Gottes gedenken während der bestimmten Tage für das, was Er ihnen gegeben hat an Vieh. Darum esset davon und speiset den Notleidenden, den Bedürftigen. Dann sollen sie ihrer persönlichen Reinigung obliegen und ihre Eide erfüllen und um das Ehrwürdige Haus wandeln" (22:27-30).

In Sura 2:126-130 schließlich wird das Gebet Abrahams und Ismaels überliefert. Zunächst der Vorspruch in Vers 126:

"Und (gedenket der Zeit) da Wir das Haus zu einem Versammlungsort für die Menschheit machten und zu einer Sicherheit: 'Nehmt die Stätte Abrahams als Bethaus an'. Und Wir geboten Abraham und Ismael: 'Reinigt Mein Haus für die, die (es) umwandeln, und die in Andacht verweilen und die sich beugen und niederfallen (im Gebet)'."

Es folgen die Abschnitte, in denen das Gebet enthalten ist:

"Und (denket daran) als Abraham sprach: 'Mein Herr, mache

dies zu einer Stadt des Friedens und versorge mit Früchten die unter ihren Bewohnern, die an Gott und an den Jüngsten Tag glauben'. Da sprach Er: 'Und auch dem, der nicht glaubt, will Ich einstweilen Wohltaten erweisen; dann will Ich ihn in die Pein des Feuers treiben und das ist eine üble Bestimmung'.

Und (gedenket der Zeit) da Abraham und Ismael die Grundmauern des Hauses errichteten (indem sie beteten): 'Unser Herr, nimm (dies) von uns an; denn Du bist der Allhörende, der Allwissende. Unser Herr, mache uns beide Dir ergeben und (mache) aus unserer Nachkommenschaft eine Schar, die Dir ergeben ist. Und weise uns unsere Wege der Verehrung, und kehre Dich gnädig zu uns; denn Du bist der oft gnädig Sich Wendende, der Barmherzige. Unser Herr, erwecke unter ihnen einen Gesandten aus ihrer Mitte, der ihnen Deine Zeichen verkünde und sie das Buch und die Weisheit lehre und sie reinige; gewiß, Du bist der Allmächtige, der Allweise'."

3.2.6. Koran und Tradition über die Charaktereigenschaften eines Moslems

Mit seinem Glaubensbekenntnis bezeugt der Moslem täglich, daß es den Einen Gott gibt, an den er glaubt, der diese Welt geschaffen hat und erhält, der am Jüngsten Tag von den Menschen Rechenschaft für ihr Tun in der Schöpfung fordern wird, also für sein *Verhalten*. Er bezeugt weiter, daß er an die Offenbarung Gottes glaubt, die durch den Mund des Propheten Mohammad die Menschheit erreicht hat oder anders ausgedrückt, daß er glaubt und bezeugt, daß Mohammad der Diener und Sendbote Gottes ist.

Gleichzeitig beinhaltet das Glaubensbekenntnis aber auch, daß der Moslem an die *Sendung der anderen Propheten Gottes glaubt, daß er keinen Unterschied zwischen ihnen macht*. Das islamische Glaubenszeugnis schließt eben auch Sura 42:14 ein, wo es heißt:

"Er verordnet für euch eine Glaubenslehre, die Er Noah anbefahl und die Wir dir offenbart haben und die Wir Abraham und Moses und Jesus auf die Seele banden. ...".

Das Glaubenszeugnis impliziert eine der vornehmsten Grundhaltungen des Islam − die Toleranz, d.h. *der Moslem soll sich durch eine tolerante Verhaltensweise auszeichnen.* Dazu Sura 2:257: "Es soll kein Zwang sein in Glaubensdingen".

Das Wort "islam" bezeichnet gleichzeitig *einen Zustand des Friedens*. Daraus folgert, daß der Moslem sich durch eine *friedensstiftende Verhaltensweise* auszuzeichnen hat.

Dazu Sura 7:57:

"Und stiftet nicht Unfrieden auf Erden nach ihrer Befriedung und rufet Ihn an in Furcht und Hoffnung. Wahrlich, Gottes Barmherzigkeit ist nahe denen, die Gutes tun";

Sura 49:11, 13:

"Die Gläubigen sind Brüder. Stiftet darum Frieden zwischen euren Brüdern und nehmt Gott zu eurem Beschützer, auf daß euch Barmherzigkeit erwiesen werde. ... O ihr Gläubigen! Vermeidet häufigen Argwohn; denn mancher Argwohn ist Sünde. Und belauert euch nicht und führt nicht üble Nachrede übereinander".

Als nächste Grundeinstellung wäre die *dialogische Verhaltensweise* zu nennen. Dazu Sura 3:65:

"O Volk der Schrift (Bibel) kommt herbei zu einem Wort, das gleich ist zwischen uns und euch: das wir keinen anbeten denn Gott allein und daß wir Ihm keinen Nebenbuhler zur Seite stellen und daß nicht die einen von uns die anderen zu Herren nehmen an der Stelle Gottes".

Hier wird deutlich, daß die Moslems einen unaufgebbaren und ewiggültigen Auftrag zum Gespräch mit den Schriftbesitzern – Juden und Christen – haben. Bezeichnenderweise steht im Koran vor dem zitierten Abschnitt das Wort "Sprich", also eine direkte Aufforderung Gottes. Der Abschnitt enthält bei genauer Betrachtung eine präzise Regieanweisung für den Dialog der Schriftbesitzer. Haben Christen und Moslems über Jahrhunderte nur von dem gesprochen, was sie voneinander trennt – und die Auswirkungen dieses Verhaltens liegen ja auf der Hand, ziehen sich wie eine blutige Spur durch die Geschichte –, so fordert der Koran sie dazu auf, zunächst und zu allererst über das ihnen Gemeinsame zu reden, über ihren Glauben an den einen Gott, dem ihre ganze Liebe und Treue, ihre Hoffnung und Zuversicht gilt, in dem sie ihr Heil, ihren Frieden gefunden haben, jeder aus seiner individuellen Erfahrung heraus. Es ist das Bewußtsein des gemeinsamen Glaubenserbes, das die Möglichkeit eröffnet, das Trennende weniger schmerzlich zu empfinden, über das Trennende hinweg einander in Frieden und Zuneigung zu begegnen. Aber es wird in dem Koranabschnitt auch davon gesprochen, daß die Gleichheit und

Gleichberechtigung der Partner eine der wichtigsten Grundvoraussetzungen für den Dialog ist. Keiner darf den anderen missionieren oder vereinnahmen wollen, ihm die Heiligkeit seines Zeugnisses absprechen: die einen sollen nicht Herren der anderen sein; Gott allein ist der Herr. Er allein stiftet Überzeugungen und Heil, er allein befähigt zum Zeugnis, niemand kann sein Ratgeber sein. Der Koran ermahnt die Menschen unterschiedlichster Glaubensweise, das Lob Gottes nicht gegeneinander, sondern miteinander zu singen.

Die Begegnung der Schriftbesitzer soll ein "Wettkampf im Guten" sein, wie Sura 5:49 überliefert:

"Einem jeden von euch haben Wir eine klare Satzung und einen deutlichen Weg vorgeschrieben. Und hätte Gott es gewollt, Er hätte euch alle in einer einzigen Gemeinschaft zusammengeführt. Doch Er wünscht euch auf die Probe zu stellen durch das, was Er euch anvertraut hat. Wetteifert daher miteinander in guten Werken".

In Sura 29:47 mahnt Gott ausdrücklich zum Frieden unter den Völkern der Schrift:

"Und streitet nicht mit dem Volk der Schrift, es sei denn in der besten Art";

oder Sura 16:126:

"Rufe auf zum Wege deines Herrn mit Weisheit und schöner Ermahnung und streite mit ihnen in der besten Art".

Daraus kann gefolgert werden: *Ein Moslem, der diese Verhaltensweisen ablehnt, lehnt den Auftrag Gottes ab und verrät damit den historischen Auftrag des Islam in dieser Welt: nämlich alle Menschen immer wieder daran zu erinnern, daß es einen Gott gibt — den Einen, für den alle Propheten Zeugnis abgelegt haben, vor dem wir alle einmal versammelt werden, um Rechenschaft abzulegen für unser Verhalten auf Erden.*

Die allgemeinen Gebote

Der Islam bestätigt im wesentlichen die in der Thora fixierten Zehn Gebote. Daraus ergeben sich für das Verhalten des Gläubigen folgende grundsätzliche Forderungen:

1. "Dein Herr hat geboten: 'Verehre keinen denn Ihn und (erweist) Güte den Eltern. Wenn eines von ihnen oder beide bei

dir ein hohes Alter erreichen, sage nie Pfui zu ihnen, und stoße sie nicht zurück, sondern sprich zu ihnen ein ehrerbietiges Wort. Und neige gütig gegen sie den Fitich der Demut und sprich: Mein Herr, erbarme Dich ihrer, so wie sie mich als Kind betreuten'. Euer Herr weiß am besten, was in euren Seelen ist: Wenn ihr rechtgesinnt seid, dann ist Er gewiß nachsichtig gegenüber den sich Bekehrenden.

2. Gib dem Verwandten, was ihm gebührt, und ebenso dem Armen und dem Pilger, aber vergeude nicht in Verschwendung. Die Verschwender sind Brüder der Teufel, und der Teufel ist undankbar gegen seinen Herrn.

   Und wenn du dich von ihnen abkehrst im Trachten nach Barmherzigkeit von deinem Herrn, auf die du hoffst, so sprich zu ihnen ein hilfreiches Wort.

3. Und laß deine Hand nicht an deinen Nacken gefesselt sein, aber strecke sie auch nicht zu weit geöffnet aus, damit du nicht getadelt (und) zerschlagen niedersitzen mußt. Wahrlich, dein Herr erweitert und beschränkt die Mittel zum Unterhalt, wem Er will, denn er kennt und sieht seine Diener wohl.

4. Tötet eure Kinder nicht aus Furcht vor Armut; Wir sorgen für sie und für euch. Fürwahr, sie zu töten ist große Sünde.

5. Und naht euch nicht dem Ehebruch; siehe, das ist eine Schändlichkeit und ein übler Weg.

6. Und tötet nicht das Leben, das Gott unverletzlich gemacht hat, es sei denn nach dem Recht. Und wer da freventlich getötet wird, dessen Erben haben Wir gewiß Ermächtigung gegeben (Sühne zu fordern); doch soll er bei der Tötung die (vorgeschriebenen) Grenzen nicht überschreiten, denn er findet Hilfe (im Gesetz).

7. Und naht nicht dem Gut der Waise, es sei denn zum Besten, bis sie ihre Reife erreicht hat. Und haltet die Verpflichtung, denn über die Verpflichtung muß Rechenschaft abgelegt werden.

8. Und gebt volles Maß, wenn ihr meßt, und benutzt eine richtige Waage; das ist durchaus vorteilhaft und letzten Endes das beste.

9. Und verfolge nicht das, wovon du keine Kenntnis hast. Wahrlich, das Ohr und das Auge und das Herz — sie alle sollen zur Rechenschaft gezogen werden.

10. Und wandle nicht hochmütig auf Erden, denn du kannst die Erde nicht spalten, noch kannst du der Berge Höhe erreichen.

Das Üble alles dessen ist hassenswert vor deinem Herrn.
Dies ist ein Teil von der Weisheit, die dir dein Herr offenbart hat. Und setze nicht neben Gott einen anderen Gott, auf daß du nicht in die Hölle geworfen wirst, verdammt und verstoßen' " (Sura 17:24-40).

Verhalten zur Arbeit

Mohammad ermahnte seine Gefährten, *für diese Welt zu arbeiten,* als sollten sie ewig in ihr leben und *für die zukünftige,* als sollten sie anderntags sterben. Hier offenbart sich das Spannungsfeld, in das das Handeln des Menschen vor Gott gestellt ist. Der Aufruf: "Arbeitet f ü r diese Welt", ist eine klare Absage an die mancherorts zu beobachtende Weltflucht. Die Welt, der Lebensraum des Menschen kann nicht dadurch verbessert werden, daß man sich von ihr abwendet, sich in ein selbstgewähltes Getto zurückzieht. Gottesdienst geschieht nicht in der Verneinung, sondern in der Bejahung, in der Hinwendung zur Welt und ihren Problemen, geschieht, indem sich der gläubige Mensch seiner Verantwortung für die Schöpfung stellt. Sura 28:78 mahnt:

"Und vernachlässige deinen Teil an der Welt nicht, und tue Gutes, wie Gott Gutes getan hat, und begehe nicht Unheil auf Erden, denn Gott liebt die Unheilstifter nicht".

Sayyid Qutub schrieb 1965 in "Zukunft für diese Religion" unter anderem: "Es gehört nicht zum Wesen der Religion, einen Weg zum Jenseits zu bahnen, der nicht durch das Diesseits führt! Einen Weg, an dessen Ende die Menschen das paradiesische Jenseits erwartet, ohne den Weg über die Arbeit auf der Erde, ihrer Bebauung und der Vertretung Gottes in dieser Welt entsprechend der Ordnung, die er gutheißt".

Die verantwortliche Hinwendung zur Welt — im Koran steht: "Wenn das Gebet beendet ist, dann zerstreut euch im Lande und arbeitet. Nützt die Wohltaten Gottes" und: "Gewiß Gott ändert die Lage eines Volkes nicht, ehe sie nicht selbst das ändern, was in ihren Herzen ist" — *widerspricht dem Fatalismus und dem sprichwörtlichen Kismet. Daraus folgert, daß die kreative und zielgerechte Arbeit unabdingbar zu den vornehmsten Verhaltensweisen eines gläubigen Moslems gehören.*

Der Prophet Mohammad hat die Charaktereigenschaften des den

Islam bekennenden Menschen einmal auf eine kurze Formel gebracht. Sie lautet: *"Der wahre Moslem ist derjenige, vor dessen Hand oder Zunge sich kein anderer zu fürchten braucht",* und auf die Frage, was das Beste im Islam sei, antwortete er:

"Hungerleidenden zu essen geben; das Heil denen bringen, die man kennt und auch denen, die man nicht kennt". Abu Huraira überliefert uns das folgende Lehrgespräch zwischen Mohammad und seinen Gefährten:

"Der Prophet fragte: 'Wißt ihr, was üble Nachrede ist?' Sie antworteten: 'Gott und sein Gesandter wissen es am besten'. Darauf erwiderte der Prophet: 'Daß du über einen Mitmenschen etwas sagst, was ihm nicht gefallen würde'. Darauf die Gefährten: 'Wie aber, wenn das, was ich über meinen Mitmenschen sage, in der Tat stimmt?' Der Prophet antwortete: 'Wenn das, was du sagst, stimmt, dann ist es üble Nachrede; wenn es nicht stimmt, dann ist es Verleumdung'." Auch sagte Mohammad: "Hütet euch vor dem Neid, denn der Neid verzehrt die guten Taten wie das Feuer den Brennstoff" und ein anderes Mal sagte er: "Wahrlich, Gott hat mir befohlen, demütig und bescheiden und nicht hochmütig zu sein, und daß niemand den anderen bedrücken soll. Der beste Gläubige ist derjenige, der die beste Gesittung besitzt und der Beste unter euch ist derjenige, der am gütigsten zu seiner Frau ist".

Abdullah bin Masud erzählt, daß der Prophet gelehrt habe: "Haltet fest an der Wahrheit, denn Wahrheit führt zu guten Taten, und gute Taten sind es, die zum Himmel führen. Wer immer die Wahrheit redet und nur die Wahrheit sucht, für den kommt der Augenblick, in dem er bei Gott als der Wahrheitsliebende gilt. Und meidet die Lüge, denn Lüge führt zur Sünde, und Sünde ist es, die zur Hölle führt. Wer immer nur lügt und nur Lüge sucht, für den kommt der Augenblick, in dem er bei Gott als Lügner gilt" (nach Tirmidi).

Und über das Verhältnis Vorgesetzter/Untergebener sagte er:

"Sie (die Untergebenen) sind eure Brüder, die Gott euch unterstellt hat. Wem also Gott seinen Bruder unterstellt hat, der soll ihm zu essen geben von dem, was er selbst ißt, und die Bekleidung geben, wie er sie selbst trägt, und ihm nicht eine Arbeit aufbürden, die über seine Kräfte geht. Wenn er ihm aber eine Arbeit überantwortet, die über sein Vermögen geht, dann soll er ihm dabei Hilfe leisten".

4. SCHULD – BUSSE – VERGEBUNG

Im Koran sagt Gott:
"Gott gebietet Gerechtigkeit und uneigennützig Gutes zu tun und zu spenden wie den Verwandten; und Er verbietet das Schändliche, das offenbar Schlechte und die Übertretung. Er ermahnt euch, auf daß ihr es beherzigt" (16:91).

Der Islam definiert *Sünde* als eine Tat oder Unterlassung einer Tat gegen den Befehl Gottes. Unter den Begriff *Tat* fallen dabei auch Gedanken und Worte. Kurz: *Sünde ist Ungehorsam, Auflehnung gegen Gott.* Der Prophet Mohammad hat einmal formuliert: "Sünde ist alles, was im Herzen wurmt".

Die moralisch relevanten Werte des Menschen werden zumeist nach *zwei* überschaubaren Prinzipien beurteilt:
– *Verdienstvolle Handlungen* (die, falls sie vom Koran, von der Sunna (Hadith) oder vom Konsensus der Gemeinschaft der Gläubigen vorgeschrieben sein sollten, *verpflichtend* sind). Falls sie zu den empfohlenen guten Taten gehören, können solche Handlungen auch *löblich und empfehlenswert* sein.
– *Strafbare Handlungen,* die sich in *tadelnswertes oder verbotenes* Verhalten unterteilen.

Zwischen diesen beiden Prinzipien sind als *dritte* Gruppe die zulässigen, erlaubten oder neutralen Handlungen angesiedelt, die an sich weder Lohn noch Strafe nach sich ziehen.

Nach dem Koran stehen also auf der einen Seite die *guten Werke,* die gleichermaßen empfehlenswert und verpflichtend sind und auf der anderen die *Verfehlungen oder Sünden.*

Die islamische Auffassung von Sünde wird von dem Wort "masija" umschlossen. Dieses Wort wiederum signalisiert, daß es sich bei Sünde um einen Ungehorsam handelt, der Gott selbst weder zu berühren noch zu beleidigen vermag. Aber sie kann von ihm vergeben oder gerecht bestraft werden. "Wer Böses tut, dem soll nur mit Gleichem vergolten werden", steht im 41. Abschnitt der Sura 40. Wichtig dabei ist, daß die Sünde keineswegs von Gott ausschließt. Hier kommt die islamische Terminologie in der Tat der christlichen Vorstellung von der "Gnadenwahl Gottes" sehr nahe, vom "im Stande der Gnade sein". Sünde ist in diesem Verständnis die Nichteinhaltung des Bundes, den Gott mit dem Menschengeschlecht geschlossen hat. Dieser Bundesbruch kann Gott zwar nichts anhaben, er verletzt aber jene Rechte Gottes und der Menschen, die die Gemeinschaft des Propheten Mohammad auf Erden achten und durchsetzen soll. Louis Gardet liefert uns eine sehr zutreffende Definition: "Wie das Moralgesetz ein rein positiv göttliches Recht und Gesetz ist, so betrifft die moralisch gute oder böse Handlung nicht Gott selbst, sondern seinen Willen bezüglich der Menschen".[13] Dazu der Koran in Sura 4:80: "Was dich Gutes trifft, kommt von Gott und was dich Schlimmes trifft, kommt von dir selbst ...".

Der Islam teilt die Sünden in *zwei Hauptkategorien* ein:
— Sünden, die gegen die Rechte Gottes begangen werden und das Heil des Menschen beeinträchtigen;
— Sünden, die die Rechte der Menschen verletzen, die das Leben beeinträchtigen oder vernichten.

Mohammad Hamidullah[14] schreibt, daß es an sich nicht Gottes Sache sei, das Unrecht, das ein Mensch gegen seinesgleichen begehe, zu verzeihen. Das stehe ausschließlich dem Geschädigten zu. Wer jedoch einem anderen Wesen — sei es nun Mensch oder Tier — Böses zufüge, der begehe in Wirklichkeit ein doppeltes Verbrechen: nicht nur gegen den, der das unmittelbare Opfer solcher Handlungen sei, sondern gleichzeitig auch gegen Gott, denn die jeweilige Handlung stelle auch eine Verletzung der göttlichen Vorschriften dar. Der Prophet hat einmal in einer Predigt darauf verwiesen, daß ein gewisser Mann am Jüngsten Tag in die Hölle geworfen werde, der eine Katze angebunden, ihr weder genügend zu essen und zu trinken gegeben noch ihr erlaubt habe, sich ihre Nahrung selbst zu suchen, so daß das arme Tier elend und qualvoll umgekommen sei.

Nach einer weiteren Überlieferung hat Mohammad denen göttliche Strafen angedroht, die ihre Pflichten gegenüber den Tieren nicht erfüllen, indem sie ihnen entweder nicht genügend Futter geben oder sie zu schwer belasten. Der Prophet hat in diesem Zusammenhang sogar verboten, über das unbedingt notwendige Maß hinaus, Bäume zu fällen. *Auch das sei Sünde.*

Weiter wird im Islam zwischen den sogenannten *großen und kleinen Sünden* unterschieden. Eine genaue Katalogisierung existiert indessen trotz landläufiger Meinung nicht. *Dennoch gehen die Ulama davon aus, daß unter großen Sünden all jene Handlungen* des Menschen zu verstehen sind, die gegen die von Gott zur Pflicht gemachten Gebote gerichtet sind, die also zunächst auf Erden und später im Jenseits Bestrafung nach sich ziehen, zumindestens aber bestraft werden können.

Folgt man dieser Definition, so würden unter den Begriff "große Sünden" folgende Handlungen fallen:

Beigesellung, beleidigende oder lügenhafte Äußerungen über den Propheten, Mord, Totschlag, Hurerei, Ehebruch, widernatürliche Schändlichkeiten, Mißhandlung der Eltern, Zauberei, Verleumdung, Wucher, Diebstahl, Bereicherung am Gut der Waisen, Meineid u.a. Dennoch muß hier nochmals festgehalten werden, daß es keinen verbindlichen Katalog gibt.

Auf die Frage, weshalb Gott die Zahl und die Bezeichnung der "großen Sünden" nicht mitgeteilt habe, antwortet der Reformator Ghazzali (gest. 1111): "Der Prophet hat gesagt, daß durch die Verrichtung der rituellen Gebete die kleinen Sünden getilgt werden. Wenn nun die Menschen die kleinen Sünden ganz sicher als solche zu erkennen vermöchten, könnten sie versucht sein, in der Hoffnung auf Vergebung durch die Verrichtung der Ritualgebete zu sündigen und dadurch schweren Schaden in ihrem sittlichen Leben erleiden. Wenn sie aber nicht sicher sein können, werden sie sich vor jeder Sünde hüten. Es könnte sich ja möglicherweise um eine schwere Sünde handeln, die durch die Erfüllung der Gebetspflicht nicht erlassen wird".

In den Hadithen werden zwei Aussagen des Propheten Mohammad überliefert:

— "Tugendhaftigkeit ist Schönheit des Charakters und Sünde ist, was in deiner Seele webt, und du möchtest verhindern, daß die Mitmenschen etwas davon erfahren";
— Wahisa Ibn Ma'bad berichtet: "Ich kam zu dem Gesandten Gottes und er sagte: 'Du bist gekommen, um nach der Tugendhaftigkeit zu fragen'? Ich antwortete ihm: 'Ja'. Darauf der Prophet: 'Befrage dein Herz. Rechtschaffenheit ist das, worüber die Seele besänftigt und das Herz beruhigt wird. Und Sünde ist, was in der Seele webt und in der Brust widerhallt, selbst wenn deine Mitmenschen dir wieder und wieder einen guten Bescheid darüber geben'."

Schließlich bleibt festzuhalten, *daß der Islam die Lehre von der*

Erbsünde des Menschen nicht kennt. Nicht der Mensch wird nach dem sogenannten Sündenfall verflucht, sondern der Verführer (7:12-26; 2:31-40; 15:29-45; 17:62-66; 20:116-124; 38:72-86).

4.1. Ursprung und Ursache von Sünde und Schuld

Ungehorsam und Auflehnung gegen Gott — Sünde — sind nach islamischer Auffassung *ein Ausfluß der Wirkungsgeschichte des Teufels.*

Der Eigenname des Teufels ist nach islamischer Tradition "Iblis". Die Mehrheitstheologie führt diesen Namen auf die Wurzel "b-l-s" zurück, die als Passivum der vierten Form des Zeitwortes "balasa" ("jeder Hoffnung beraubt sein") gedeutet wird. Iblis kann in der Tat keinerlei Hoffnung auf Gottes Barmherzigkeit hegen; er ist "al-shaitan", der Satan, der "aduww allah", der Feind Gottes und damit der Feind auch des Menschen. Gott mahnt daher im Koran: "Wahrlich, Satan ist euch ein Feind; so haltet ihn für einen Feind. Er ruft seine Anhänger nur herbei, damit sie Bewohner des flammenden Feuers werden" (35:7) oder: ... und folget nicht den Fußstapfen Satans; wahrlich, er ist euch ein offenkundiger Feind" (2:169).

Es war Iblis, der sich in der Vorewigkeit weigerte, den Menschen als Statthalter Gottes auf Erden anzuerkennen. Der Koran überliefert: "Und als Wir zu den Engeln sprachen: 'Bezeugt Adam Ehrerbietung', da bezeugten sie (ihm) Ehrerbietung. Nur Iblis nicht. Er weigerte sich. Darum sprachen Wir: 'O Adam, dieser ist dir ein Feind und deinem Weibe; daß er euch nicht beide aus dem Garten treibe. Sonst würdest du elend" (20:117-118).

Wegen dieses Aufbegehrens und Ungehorsams wurde Iblis von Gott verbannt und verflucht: "(Gott) sprach: 'Hinaus denn von hier, denn wahrlich, du bist verworfen. Fluch soll auf dir sein bis zum Tage des Gerichtes'" (15:35-36).

Die stolz-verstockte Antwort des Iblis auf seine Verfluchung gipfelt in einem gegen die Menschen und Gottes Heilswillen gerichteten Schwur: "Mein Herr, da du mich als verloren erklärt hast, will ich ihnen wahrlich (das Böse) auf Erden herausschmücken, und wahrlich, ich will sie alle irreleiten, bis auf deine erwählten Diener unter ihnen" (15:40-41).

Der Koran beschreibt in sehr anschaulicher und lebendiger Weise die Verführungskünste des Bösen. So etwa in Sura 7:17-18: "Wohlan, da du mich als verloren verurteilt hast, will ich ihnen gewißlich auflauern auf deinem geraden Wege. Dann will ich über sie kommen von vorne und von hinten, von ihrer Rechten und von ihrer Linken, und du wirst die Mehrzahl von ihnen nicht dankbar finden".

Gottes Antwort auf diesen Schwur finden wir in Sura 17:64-65: "Fort mit dir! Und wer von ihnen dir folgt, fürwahr, die Hölle soll euer Lohn sein, ein ausgiebiger Lohn. Und betöre von ihnen, wen du vermagst, mit deiner Stimme und treibe gegen sie dein Ross und deinen Fuß und sei ihr Teilhaber an Vermögen und Kindern und mache ihnen Versprechungen – und Satan verspricht ihnen nur Trug". Diese Feindschaft ist dem gläubigen Moslem stets gegenwärtig. Er erinnert sich immer wieder des Koranverses: "Und wenn dich ein Anreiz von Satan berührt, dann nimm deine Zuflucht bei Gott ..." (41:37). Folglich betet er fünfmal am Tage die Formel: "A'usu billâhi minaschâitâni r-radschim" ("Ich nehme meine Zuflucht bei Gott vor dem verfluchten Satan"); ein Gebet, das der Gläubige vor jeder Unternehmung wiederholt, beispielsweise auch vor Beginn einer Autofahrt. Und Gott verheißt: "Fürwahr, du sollst keine Macht haben über Meine Diener, bis auf jene der Verführten, die dir folgen" (15:43).

Aber Iblis steht in seiner Auflehnung gegen seinen Schöpfer nicht allein. Der Mensch steht ihm keinesfalls nach. Zwar hat Gott ihn nach islamischem Verständnis grundsätzlich als Moslem erschaffen – also mit allen Bindungen an Gott und mit allen guten Eigenschaften bedacht –, aber das darf nicht darüber hinwegtäuschen, daß sein Leben unter anderem als Folge der Freiheit, in die er entlassen worden ist, im Spannungsfeld guter und schlechter Eigenschaften verläuft. Im Koran lesen wir: "Und wenn Wir die Menschen Barmherzigkeit kosten lassen, freuen sie sich ihrer; doch wenn sie ein Übel befällt um dessentwillen, was ihre eigenen Hände vorausgesandt, siehe, dann verzweifeln sie" (30:37).

Diese Unbeständigkeit des Menschen geht eng einher mit weiteren Negativeigenschaften wie Unzuverlässigkeit; denn der Mensch neigt dazu, sich vornehmlich in Zeiten der Not an Gott zu erinnern, um in derartigen Situationen etwa abgegebene Versprechen alsbald wieder zu verdrängen und zu vergessen, wenn die Not ein

Ende genommen hat: "Was ihr Gutes habt, ist von Gott; und wenn euch ein Unheil heimsucht, dann fleht ihr Ihn um Hilfe an. Doch wenn Er dann das Unheil von euch hinwegnimmt, siehe, da (beginnt) ein Teil von euch ihrem Herrn Götter zur Seite zu stellen (mit dem Ergebnis), daß sie verleugnen, was Wir ihnen beschert haben ..." (16:54-56). Der Mensch ist "ausgesprochen streitsüchtig und rechthaberisch": "Und siehe da, er ist ein offenkundiger Widersacher", heißt es bezeichnenderweise in Sura 16:5.

Der Koran geht in der Tat recht schonungslos mit uns Menschen um; er demaskiert uns immer wieder in für uns peinlicher Weise. So etwa in Sura 12:54: "... denn die Seele gebietet oft Böses" oder 50:17: "Wahrlich, Wir erschufen den Menschen, und Wir wissen alles, was sein Fleisch ihm zuflüstert; denn Wir sind ihm näher als die Halsader".

Der Mensch neigt dazu, sich selbst und andere ins Unheil zu stürzen. Daran wird der Leser des Korans immer wieder eindringlich und variantenreich erinnert. Etwa in Sura 22:46: "Wie so manche Stadt haben Wir zerstört, weil sie voll des Frevels war, daß ihre Dächer mit ihr eingestürzt sind, und manch verlassenen Brunnen und manch hochragendes Schloß".

Eindringlich ruft Gott die Menschen auf, von ihren Sünden abzulassen und umzukehren: "Verderbnis ist gekommen über Land und Meer um dessentwillen, was die Hände der Menschen gewirkt, auf daß Er sie kosten lasse die (Früchte) so mancher ihrer Handlungen, damit sie umkehren" (30:42). Die gesellschaftliche Dimension des von den Menschen angerichteten Unheils wird vom Koran überdeutlich angesprochen, so in Sura 26:152-153: "Und gehorchet nicht dem Geheiß der Überspannten, die Unordnung auf Erden stiften und nichts bessern".

4.2. Das islamische Leidensverständnis

Abu Hamit Al-Ghazzali überliefert: "Der Prophet Mohammad trat eines Tages bei einer Gruppe seiner Gefährten ein und fragte: 'Seid ihr gläubig'? Sie schwiegen. Schließlich sagte Omar: 'Ja, o Gesandter Gottes'. Mohammad fragte: 'Was ist das Zeichen eures Glaubens'? Sie antworteten: 'Wir danken im Wohlergehen, wir sind geduldig in der Prüfung, und wir sind mit der Bestimmung (Gottes) zufrieden'. Darauf sagte der Prophet: 'Ihr seid Gläubige, beim Herrn der Ka'ba'."

In der Brockhaus Enzyklopädie, Ausgabe 1971, heißt es zum Leidensverständnis des Islam lapidar: "Im Islam gilt Allah auch als Urheber des Leides, ohne daß hier eine einsehbare Absicht Allahs erkennbar wäre, so daß man sich in sein Schicksal nur 'ergeben' (Islam: Ergebung) kann".

Und in der Tat hat sich in der Kirche, aus welchen Gründen auch immer, schon sehr früh die Auffassung durchgesetzt, die Leidenstheologie des Koran und der frühislamischen Tradition sei gegenüber der christlichen eher defizitär. Richtig ist sicherlich, daß der Islam eine ausgesprochene Leidenstheologie nicht kennt, zumal für ihn Erbsünde und Erlösungstod unbekannte Kategorien sind. Allerdings bedeutet das nicht, daß die islamische Theologie das Vorhandensein von Leid schlichtweg leugnen würde bzw. es in den Bereich der Unentrinnbarkeit verbannt hätte, in dem der Mensch gewissermaßen zum Spielball eines für ihn undurchdringlichen Schicksals wird.

Wenn der Eindruck einer defizitären Leidenstheologie im Blick auf den Islam überhaupt entstehen konnte, dann wohl nur deshalb, weil der Islam bestimmten theologischen Kategorien einen anderen Stellenwert beimißt, als dieses im Christentum, insbesondere der westlichen Ausprägung, üblich ist. Die islamische Leidenstheologie ist eben keine selbständige Kategorie, sie ist vielmehr eingebettet in den Beziehungsrahmen von Sünde, Warnung, Verletzung der Rechte Gottes, Reue, Buße und Umkehr.

Diese Einordnung hatte nun allerdings zur Folge, daß sich moslemische Autoren nur sehr selten in systematischer Weise mit dem Problem befaßt haben. Im allgemeinen findet man daher im Islam kaum eine ausdrückliche Behandlung dieses Themas. Gleichwohl bieten sich anhand des Koran und der Sunna (Hadith) *zwei Verständnisebenen* an:

— Leiden als von Gott auferlegte Prüfung und
— als verdiente Strafe für begangene Sünden und Frevelhaftigkeit.

4.2.1. Leiden als Prüfung

Nach islamischer Lehre ist die Welt für den Menchen der Ort seiner Bewährung. Gott hat die Menschen nicht "in Sinnlosigkeit geschaffen", verkündet Sura 28:116, sondern zum "Wetteifern miteinander in guten Taten", um auf diese Weise Ihm zu dienen. Das ist der Maßstab, den Gott am Tage der Verantwortung an uns und unser mitmenschliches Verhalten anlegen wird (5:49). Gott sagt im Koran: "Meinen die Menschen, sie würden in Ruhe gelassen werden; nur weil sie sagen: 'Wir glauben', und sie würden nicht auf die Probe gestellt werden? Wir stellten doch auch die auf die Probe, die vor ihnen waren. Also wird Gott gewiß die bezeichnen, die wahrhaftig sind, und gewiß wird Er die Lügner bezeichnen" (29:3-4).

Leiden und Krankheit werden den Menschen von Gott bestimmt und auch der Tod ist eine Prüfung von Ihm, wenn es in Sura 67:3 heißt: "Der den Tod geschaffen hat und das Leben, daß Er euch prüfe, wer von euch der Beste ist im Handeln; und Er ist der Allmächtige, der Allverzeihende". Und in Sura 21:36 wird schließlich unterstrichen: "Jedes Lebewesen soll den Tod kosten, und Wir stellen euch auf die Probe mit Bösem und Gutem, als eine Prüfung und zu Ihm (Gott) sollt ihr zurückgebracht werden".

Nun bedeutet das keineswegs, daß Gott seine Entscheidungen über den Menschen auf den Tag des Jüngsten Gerichtes verschoben hätte. Im Gegenteil: schon in diesem Leben sind das Gute und das Böse Prüfungen, denen der Mensch im Alltag ausgesetzt ist. So mahnt Gottes Wort: "Und Wir haben sie auf Erden verteilt in Volksstämme. Unter ihnen sind Rechtschaffene, und unter ihnen sind andere. Und Wir prüfen sie durch Gutes und durch Böses, auf daß sie sich bekehren möchten" (7:169).

Der Traditionalist Al-Bukhari hat einmal gesagt, daß die Geduld die Hälfte des Glaubens sei. Und in der Tat: Geduld ist eine der Kardinaltugenden des Islam. Dafür mögen folgende vier Belegstellen aus dem Koran stehen:
— "Wahrlich, Wir werden euch prüfen mit ein wenig Furcht und Hunger und Verlust an Gut und Leben und Früchten; doch gib frohe Botschaft den Geduldigen, die sagen, wenn ein Unglück sie trifft: 'Wahrlich, Gottes sind wir und zu Ihm kehren wir heim'. Sie sind es, auf die Segen und Gnade ausfließen von ihrem Herrn und die rechtgeleitet sind" (2:156-158);
— "O ihr Gläubigen, seid standhaft und wetteifert in Standhaftigkeit und seid auf der Hut und fürchtet Gott, auf daß ihr Heil habt" (3:201);

— "Gut und Böse sind nicht gleich. Wehre (das Böse) mit dem ab, was das Beste ist. Und siehe, der, zwischen dem und dir Feindschaft war, wird wie ein warmer Freund werden. Aber dies wird nur denen gewährt, die standhaft sind; und keinem wird es gewährt als dem Besitzer großen Seelenadels" (41:35-36) und schließlich:
— "... wahrhaft gerecht (sind die,) ... die in Armut und Krankheit und Kriegszeit (standhalten); sie sind es, die sich als redlich bewährt haben, und sie sind die Gottesfürchtigen" (aus Sura 2:178).

4.2.2. Leiden als Strafe

Im Koran finden sich zahlreiche Belege dafür, wie Gott mit Menschen und Völkern in der Geschichte verfahren ist, die sich gegen ihn und seine Rechte aufgelehnt und daher der Frevelhaftigkeit schuldig gemacht hatten. Immer wieder führt der Koran seiner Gemeinde eindringlich die Bußpredigten der Propheten Noah, Hud, Salih, Schoaib, Lot und Moses vor Augen und das furchtbare Schicksal der Völker Ad, Thamud, Midian und des Pharao.

Zu diesem Thema ist bereits aus Sura 22:46 zitiert worden. Hier seien noch drei weitere Beispiele aus dem Koran angeführt, da sie in einem direkten Zusammenhang mit dem Schicksal der obengenannten Völker stehen:

— "... und die Strafe erfaßte die, die gefrevelt hatten, so daß sie auf ihrer Brust hingestreckt in ihren Häusern lagen, als hätten sie niemals darin gewohnt" (11:95-96);
— "Das ist die Kunde von den (zerstörten) Städten, die Wir dir erzählen. Manche von ihnen stehen noch aufrecht da, und (manche) sind niedergemacht worden. Nicht Wir taten ihnen Unrecht, sondern sie selbst haben sich Unrecht getan" (11:101-102);
— "Wir haben bereits Städte rings um euch zerstört, und Wir haben die Zeichen von allen Seiten gezeigt, damit sie sich bekehren" (46:28).

Das Buch Gottes befaßt sich aber auch immer wieder mit jenen Menschen, die sich in der Heimsuchung verzweifelt wieder der

Sünde zuneigen und auf diese Weise schließlich der göttlichen Gnade verlustig gehen. Sura 22:9-14: "Und unter den Menschen ist manch einer, der über Gott streitet ohne Wissen oder Führung oder ein erleuchtendes Buch, sich hochmütig abwendend, daß er wegführe von Gottes Weg. Ihm ist Schande bestimmt hienieden; und am Tage der Auferstehung werden Wir ihn die Strafe des Verbrennens kosten lassen. Das geschieht um dessentwillen, was seine Hände vorausgeschickt haben; denn Gott ist nicht ungerecht gegen die Diener. Und unter den Menschen ist manch einer, der Gott (sozusagen) am Rande dient. Wenn ihn Gutes trifft, so ist er damit zufrieden; trifft ihn aber eine Prüfung, dann kehrt er zu seinem (früheren) Weg zurück. Er verliert diese Welt so gut wie die zukünftige. Das ist ein offenbarer Verlust. Er ruft statt Gott das an, was ihm weder zu schaden noch zu nützen vermag. Das heißt zu weit irregehen! Er ruft den an, dessen Schaden näher ist als sein Nutzen. Übel ist fürwahr der Beschützer und übel fürwahr der Freund".[15]

4.3. Buße – Reue – Vergebung

Die islamische Theologie geht davon aus, daß Gott alle Sünden verzeiht, auch die schwersten, auch den Unglauben, wenn der Mensch seine Schuld ehrlich bereut und sich von ihr abwendet. Dazu der Koran in Sura 6:55 und 3:30: "Friede sei mit euch: Euer Herr hat sich selbst Barmherzigkeit vorgeschrieben; wenn einer von euch unwissentlich Sünde begeht und hernach bereut und sich bessert, so ist Er allvergebend, barmherzig"; "Liebt ihr Gott, so folgt mir, dann wird Gott euch lieben und euch eure Fehler verzeihen; denn Gott ist allverzeihend, barmherzig".

Grundsätzlich gilt, daß jeder Mensch, ohne Ausnahme, das ganze Leben hindurch Buße üben muß. Er ist nach islamischer Auffassung nie ganz frei von Tatsünden.

Das arabische Wort für Buße ist "tawba". Es ist abgeleitet von "taba" und bedeutet soviel wie "Umkehr", zurückkehren, wieder zurückkommen. Das Wort kennzeichnet den sündigen Menschen, der reuig zu Gott zurückkehrt, nachdem er vom Wege des Heils, für den er bestimmt war, abgewichen war und sich auf diese Weise von Gott entfernt hatte. "Tawba" wird aber auch auf Gottes

Heilstun angewendet. Gott wendet sich in seiner Barmherzigkeit dem Menschen wieder zu, der sich in Sünde von ihm vorübergehend entfernt hatte. So sagt der Koran: "Doch die bereuen und sich bessern und offen (die Wahrheit) bekennen, zu denen kehre Ich mich mit Verzeihen, denn Ich bin der Allvergebende, der Barmherzige" (2:161).

In den Hadithen lesen wir zudem: "Gott streckt die Hände seiner Gnade in der Nacht aus, damit diejenigen, die am Tage sündigen, bei Nacht bereuen und sich ihm zuwenden mögen; und er streckt die Hände seiner Gnade am Tage aus, damit diejenigen, die in der Nacht gesündigt haben, bei Tag bereuen und sich ihm zuwenden mögen. ... Der Mensch, der ernsthaft seine Sünden bereut, ist wie einer, der niemals eine Sünde begangen hat".

Der Traditionalist Tirmidi überliefert einen Hadith des Prophetengefährten Anas, der exemplarisch ist. Danach hat der Prophet Mohammad erklärt: "Gott sagt dem Menschen: O Sohn Adams, solange du auf Meine Barmherzigkeit baust und dafür betest, werde Ich dir alle Sünden vergeben, mögen sie auch die ganze Erde und die Himmel umfassen"; und Ibn Abbas erzählt nach Abu Daud, daß der Prophet sagte: "Wer ständig zu Gott um die Vergebung seiner Sünden betet, dem räumt Gott die Schwierigkeiten aus dem Wege, lindert seine Trübsal und spendet ihm aus unbekannten Quellen".

Wichtig ist, daß die Reue mit dem Vorsatz verbunden ist, nicht mehr zu dieser Sünde zurückzukehren, auch wenn sich dazu eine Möglichkeit bietet.

Nach Ghazzali beginnt "tawba" mit dem Wissen um die Sünde, mit der Erkenntnis, daß sie von Gott trennt. Dieser Zustand wird "nadam" (Reueschmerz) genannt, der zu einem auf die Gegenwart, Zukunft und Vergangenheit gerichteten Vorsatz führt:

— der Mensch will sofort mit der Sünde brechen;
— er will die Sünde künftig meiden;
— er will wiedergutmachen und sein früheres Verhältnis zu Gott wiederherstellen.

Mit anderen Worten: *Für die Gültigkeit und Annahme der Buße sind drei Kriterien zu erfüllen, wobei zu beachten ist, daß der gute Vorsatz um "Gottes Angesicht willen" gefaßt wird und nicht aus knechtischer Angst.*

Zur Untermauerung dieser Ausführungen nochmals einige Texte

aus dem Koran:

"Wer Böses tut oder sich wider seine Seele versündigt und dann bei Gott Vergebung sucht, der wird Gott allvergebend barmherzig finden. Und wer eine Sünde begeht, der begeht sie nur gegen seine eigene Seele. Und Gott ist allwissend, allweise" (4:111-112); "Sprich: O meine Diener, die ihr euch gegen eure eigenen Seelen vergangen habt, verzweifelt nicht an Gottes Barmherzigkeit, denn Gott vergibt alle Sünden. Er ist der Allverzeihende, der Barmherzige. Kehrt euch zu eurem Herrn, und ergebt euch Ihm, bevor die Strafe über euch kommt; (denn) dann werdet ihr keine Hilfe finden" (39:54-55).

Iblis sagte zu Gott:

"Mein Herr, ich werde nicht aufhören, die Menschen irrezuleiten, solange ihre Seelen in ihren Körpern sind. Gott der Hohe und Große sagte: Ich werde nicht aufhören, ihnen zu vergeben, solange sie um Meine Verzeihung bitten".

5. TOD – AUFERSTEHUNG – GERICHT – EWIGES LEBEN

Wer über den Tod spricht, muß wissen, daß er das nicht als außen- oder abseitsstehender Betrachter tun kann, daß er über dieses Thema nicht theoretisieren kann. Der Tod ist eine der wenigen unausweichlichen Realitäten, mit denen sich der Mensch konfrontiert sieht von dem Augenblick an, da er in diese Welt geboren wird. Daher erfordert ein Gespräch über den Tod ein Höchstmaß an Wahrhaftigkeit und die innere Bereitschaft, sich selbst, sein eigenes Leben mit in die Diskussion einzubeziehen; denn vom Tod reden, heißt letztlich vom Leben sprechen und von dem Sinn, den wir dem Leben zu geben vermögen.

Gläubige Menschen wissen aber auch, daß über der Realität und Unausweichlichkeit des Todes Gott steht, der, der uns das Leben geschenkt und ermöglicht hat, der uns zum Leben bestimmt, es uns als Pfand anvertraut hat. Dieser Gott wird von der biblischen Tradition und vom Koran als der "Lebendige Gott" (4:65) und "Beständige Gott" (2:256; 3:3) beschrieben. Das Wissen um ihn impliziert die Hoffnung, daß das Leben über den Tod triumphieren wird, daß der Gott, der das Leben gibt, den Tod zu überwinden vermag.

Dieses mag für Christenmenschen in Tod und Auferstehung Jesu von Nazareth manifest geworden sein und für Moslems im festen Vertrauen darauf, daß allein die Existenz des lebendigen Gottes garantiert, daß er, der Herrscher über alle Dinge, auch Herr ist über Tod und Vergänglichkeit. Es ist ja Gottlob nicht nur christliches Glaubensgut, daß der Tod "im Angesichte Gottes des Ewigen, Aussichselbst Seienden" den Schrecken verloren hat. Dieses Wissen erfüllt ebenso die Moslems und das geschieht in einer ungewöhnlich einfachen Weise. In Gottes Heil eintreten, den Islam zur Mitte des Lebens machen, heißt von Anfang an zu bekennen: "Sprich: 'Mein Gebet, mein Opfer, mein Leben und mein Sterben gehören Gott, dem Herrn der Welten, der keinen Gesellen hat. Das ist meine Sendung und ich bin der erste der Gottergebenen'. Sprich: 'Sollte ich einen anderen Herrn suchen denn Gott, da Er aller Dinge Herr ist? Jede Seele ist für sich verantwortlich und niemand wird des anderen Last tragen. Die Rückkehr zu eurem Herrn ist gewiß'" (6:163-165).

5.1. Der Tod aus islamischer Sicht

Der Moslem soll den Tod nicht aus seinem Leben verdrängen. Er wird im Gegenteil dazu angehalten, mit dem Tod zu leben. Der Tod ist der tägliche Begleiter des Menschen. Dessen soll sich der Mensch bewußt werden, um des Lebens willen. Im Koran steht geschrieben: "Wo ihr auch sein mögt, der Tod ereilt euch doch, und wäret ihr in hohen Burgen" (4:79) oder: "Der Tod, vor dem ihr flieht, wird euch sicherlich ereilen" (62:9) und schließlich: "Wir haben bei euch den Tod verordnet, und Wir können nicht daran gehindert werden, daß Wir an eure Stelle andere bringen, gleich euch und daß Wir euch in einen Zustand entwickeln, den ihr nicht kennt" (56:61-62).

Fünfmal am Tage spricht der Moslem die Formel: "Bei der

flüchtigen Zeit! Wahrlich, der Mensch ist verloren, außer jenen, die glauben und Gutes tun und sich gegenseitig zur Wahrheitsliebe anspornen und einander zum Ausharren mahnen".

Der Islam ist vor diesem Hintergrund die bedingungslose und vertrauensvolle Hingabe der eigenen Person an den unerforschlichen Willen Gottes in der eschatologischen Erwartung des Gerichtstages. Er ist das im Hinblick auf diesen Tag Gottes als dem Ewigen, der dauert, dargebrachte nahtlose Zeugnis.

Der Tod ist im Glaubensleben des Moslems, der islamischen Gemeinschaft, also nicht überdeckt oder beiseitegeschoben. Wohl aber wird ihm eine besondere Bedeutung beigemessen oder besser gesagt, der eigentliche Sinn gegeben. Gott ruft in seinem Wort — Koran — den Menschen ins Gedächtnis, daß der Tod eben nicht ausschließlich und primär der "Sünde Sold" ist, sondern vor allem "Heimkehr" und nicht Ende. Das, was wir als Tod ansehen, als exitus — Ausgang, Schluß, Ende, Untergang oder gar als Katastrophe, ist in der religiösen Wirklichkeit die Rückkehr des Lebens zu seinem Ursprung — die "Vereinigung mit Gott" (5:36).

Tod als Grenze des Lebens? Zumindestens macht Gott im Koran deutlich, daß er den Tod so nicht verstanden wissen möchte, wie immer auch der Mensch darüber denken mag.

Kurz vor seinem Tode, im April 1938, hat der islamische Reformator Mohammad Iqbal formuliert: "Tod ist ein Reh, ein Löwe Gottes Diener — ihm ist der Tod von hundert Stufen eine".

Aus seiner umfangreichen literarischen Hinterlassenschaft wissen wir, daß Mohammad Iqbal den Tod nicht gefürchtet hat. Er hat uns Moslems vorgelebt, daß der Tod für den gläubigen, nach Vollkommenheit strebenden Menschen nur ein Tor zu neuen Möglichkeiten der Höherentwicklung in einem geistigen Raum ist.

Das irdische Leben, die sogenannte reale Wirklichkeit unseres Daseins, wird von Gott im Koran — wie bereits im vorausgegangenen Kapitel erwähnt — immer wieder als "Prüfung" hingestellt. Das wird in Sura 57:21 nochmals verdeutlicht, wenn es dort heißt: "Wisset, daß das Leben in dieser Welt nur ein Spiel und ein Tand ist und ein Gepränge und Geprahle unter euch, und ein Wettrennen um Mehrung nach Gut und Kindern. Es gleicht dem Regen (der Pflanzen hervorbringt), deren Wachstum den Bebauern erfreut. Dann verdorren sie, und du siehst sie vergilben; dann zerbröckeln sie in Staub. Und im Jenseits ist strenge Strafe und Vergebung und Wohlgefallen Gottes. Und das Leben in dieser Welt ist nur ein eingebildeter Schatz".

Der Mensch soll seiner Bestimmung nach im diesseitigen Leben Gottes Diener, Statthalter und Gehilfe sein (51:57; 19:94; 35:40; 7:12-14 ff.; 33:73-74) und seinem Willen folgen; denn Gott hat ihn geschaffen und ihm aus seiner Barmherzigkeit Leben gegeben. Mit dem Augenblick des Todes ist grundsätzlich über das diesseitige Leben entschieden. Diejenigen nun, die das zeitliche Leben als Gottes Diener verbracht haben, werden das wahre Leben gewinnen; denn sie haben in der Zeit der Prüfung ihr Leben auf Gott und das Jenseits ausgerichtet und nicht auf das diesseitige Leben allein. Jaques Waardenburg schreibt in seinem Aufsatz "Leben verlieren oder Leben gewinnen als Alternative in prophetischen Religionen"[16], daß in koranischer Sicht das menschliche Leben vergegenwärtigt wird als ein Geschehen, das schließlich mehr als "natürlich" ist: es reicht von dem Schöpfungstropfen bis hin zum Himmel oder zur Hölle, je nachdem, ob es Gott ergeben ist oder nicht und wie Gott darüber urteilt. Das Gott nicht ergebene Leben ist wesentlich zum Tode und wird im Koran als verwirrt und töricht beschrieben, wahrscheinlich, weil es nur einen beschränkten und daher irregeleiteten Blick auf das Besondere des Menschenlebens zuläßt. Für den gottergebenen Glaubenden sind Tod und Leben zwar im Diesseits eine Alternative, aber nicht mehr im Hinblick auf das Jenseits, wo Gott in seiner Allmacht den Menschen aus dem Tode zum Leben erweckt, und der Tod vor dem allmächtigen Gott seine Bedeutung verliert. Leben und Tod sind ja von Anfang an Instrumente der Vorsehung Gottes.

Nochmals: Der Islam lehrt, daß die erschaffene Welt in zwei voneinander abgegrenzte Teile zerfällt: die wahrnehmbare Welt, in der wir leben, und eine Wirklichkeit, die des Menschen nach dem Tode harrt. Wohlgemerkt, hier ist von einer Wirklichkeit die Rede und nicht etwa nur von einer Hoffnung, die etwa von Menschen oder Theologien bzw. Philosophien konstruiert worden wäre.

Aus der Überlieferung erfahren wir, daß der Mensch erst im Tod "frei" ist; und sie fordert daher: "Nimm den Tod vorweg und lebe. Wer an die Quelle will, muß gegen den Strom".

5.2. Die Überlieferung

Will man die allgegenwärtige Gewißheit des Moslems verstehen, die auf den Tag der Auferstehung und ein Ewiges Leben in der Nähe Gottes gerichtet ist, so muß man etwas von der Lebendigkeit der Überlieferung in sich aufnehmen.

Im Zusammenhang mit den eschatologischen Ereignissen spielt der Engel des Todes (die Überlieferung gibt ihm den Namen "Izra'il") eine dominierende Rolle. Von ihm ist in Sura 32:12 die Rede: "Sprich: 'Der Engel des Todes — malak al-Mawt — der über euch eingesetzt wird, wird eure Seelen hinnehmen; zu eurem Herrn dann werdet ihr gebracht'."

Wennzwar der Koran nicht ausführlich auf das Geschehen zwischen Tod und Auferstehung eingeht, hat sich die Überlieferung dieses Themas sehr breit angenommen. Demnach hat der Todesengel die Aufgabe, die Seele ('nafs' oder 'ruh') vom Körper des Verstorbenen zu trennen. Gehört sie zu den Geretteten, so wird sie vor Gott geführt, wo sie erfährt, daß ihr alle Sünden vergeben worden sind. Dann kehrt die Seele zur Erde zurück und läßt sich zu Häupten des noch nicht bestatteten Leichnams nieder. Die Seele eines Verlorenen wird hingegen bereits am untersten Himmelstor zurückgewiesen. Darauf hin zieht der Todesengel seine schützende Hand von ihr ab und sie stürzt zur Erde zurück. Dort bemächtigen sich ihrer die Zabaniya, die Höllenwärterengel, und bringen sie an den Versammlungsort der Verdammten.

Eine zweite wichtige Station ist die Befragung im Grabe. Wenn der Körper des Verstorbenen bestattet worden ist, erscheinen die Engel Munkar (Verwerflich) und Nakir (Gräßlich), um den Toten nach seinem Glauben und seinem Glaubensleben zu befragen. Diese Überlieferung hat eine sehr ergreifende Tradition hervorgerufen, die bei der Bestattung eine wesentliche Rolle spielt. Die Trauergemeinde versucht nämlich, dem Verstorbenen zu helfen, ihn auf die Befragung durch die Engel vorzubereiten. Die Formel, die ihm nachgerufen wird, lautet: "O Diener Gottes! Erinnere dich an die Verpflichtung, die du vor Verlassen dieser Erde auf dich genommen hast: das Wissen darum, daß es keine Gottheit gibt außer dem Einen Gott und daß Mohammad des Einen Gottes Sendbote ist; daß der Glaube an das Paradies Wahrheit ist, und daß die Hölle Wahrheit ist, und daß die Befragung im Grabe Wahrheit ist und es gibt keinen Zweifel, daß der Jüngste Tag kommen wird, an dem Gott diejenigen, die in den Gräbern sind, auferwecken wird; daß du erkannt hast, daß Gott dein Herr ist, der Koran dein Führer, die Ka'ba die Richtung, nach der du das Gebet sprichst und daß alle Gläubigen deine Geschwister sind. Gott stärke dich in dieser Prüfung; denn der Koran sagt: 'Gott stärkt die Gläubigen mit dem Wort, das fest gegründet ist, in diesem Leben und in dem zukünftigen; und Gott läßt die Frevler irregehen; denn Gott tut was Er will'." (14:28)

Fällt die Antwort so aus, nehmen sich des Toten die Engel Mubashar und Bashir (Frohe Botschaft und Verkünder froher Botschaft) an. Sie öffnen das Grab ein wenig, so daß auf den Befragten das hereinströmende Licht fällt, als Zeichen verheißener Auferstehung. Dann sagen sie: Schlaf, so wie der Bräutigam schläft, den nur seine Liebste zu wecken vermag. Schlaf, bis Gott dich von deinem Lager auferweckt.

Fällt die Antwort hingegen negativ aus, empfängt der Leichnam die Grabesstrafe, d.h. er wird von Munkar und Nakir geschlagen und gedemütigt.

Dann folgt die lange Nacht, die Wartezeit zum Endgericht. Die Seelen führen ein Leben wie im trunkenen Schlaf. Wenn schließlich der Jüngste Tag anbricht, wird es ihnen scheinen, "als ob sie nur eine Stunde des Tages (im Grabe) verweilt hätten" (10:46) oder "nur einen Abend und den darauffolgenden Morgen" (79:47).

Die Überlieferung über die Befragung im Grabe wird im wesentlichen auf zwei Koranabschnitte abgestützt:

— "Unter den Wüstenarabern, die um euch wohnen, gibt es auch Heuchler, wie unter dem Volk von Medina. Sie sind verstockt in der Heuchelei. Du kennst sie nicht; Wir aber kennen sie. Wir werden sie zweifach bestrafen, dann sollen sie einer schweren Pein überantwortet werden" (9:101);
— "Sie werden sprechen: 'Unser Herr, du hast uns zweimal sterben lassen und uns zweimal lebendig gemacht, und wir bereuen unsere Sünden. Ist da nun ein Weg zum Entkommen'?"

Natürlich ist diese außerkoranische Überlieferung in der Theologie schon immer umstritten gewesen, wenngleich sie ein fester Bestandteil der Volksfrömmigkeit ist. Vor allem die in der ersten

Hälfte des 8. Jahrhunderts entstandene vernunftsorientierte theologische Denkrichtung der Mutaziliten, der auch der Reformator Mohammad Abduh nahestand, lehnt die Befragung im Grabe und damit auch die Grabesstrafe ab. Die Mutaziliten argumentieren: An den Toten läßt sich von einer Wiederbelebung, von einem etwa erfolgten Verhör, nichts erkennen oder nachweisen. Das aber spricht gegen die wörtliche Deutung der angezogenen Koranstellen; die von der Strafe im Grabe zu handeln scheinen. Denn den wörtlichen Sinn eines Korantextes darf man nur dann annehmen, wenn er der Erfahrung und der Vernunft nicht widerspricht. Im anderen Fall muß man ihn im übertragenen Sinn verstehen. Pflicht ist dagegen zu glauben, daß jeder Mensch über sein Tun vor Gott Rechenschaft ablegen muß, und daß er aufgrund des Rechenschaftsbefundes im Jenseits entweder belohnt oder bestraft werden wird.[17]

Auch über den Aufenthaltsort der Seele zwischen Tod und Auferstehung existieren unterschiedliche Überlieferungen. Einem dieser Texte zufolge, wird sich die Seele bis zur Auferstehung beim Grabe aufhalten: Das ist dein Platz bis zum Tage der Auferstehung, da dich Gott auferwecken wird. Sie empfängt hier je nach Verdienst Lohn oder Strafe als Vorgeschmack dessen, was sie nach der Auferstehung im Gericht erwartet.

Ein anderer Text berichtet, daß alle Gläubigen bereits vor dem Gericht ins Paradies kommen: Die Seele des Gläubigen ist wie ein Vogel, der sich in den Bäumen des Paradieses aufhält, bis Gott am Tage der Auferstehung seinen Leib wiedererweckt.

Angesichts des ehrwürdigen Alters der Überlieferungen setzen viele Theologen auf das "bila kaifa", d.h.: "Wir glauben daran, aber wir verzichten darauf zu fragen, wie das möglich ist".

Die Mutaziliten verweisen dagegen auf die Lehrmeinung einiger Gefährten des Propheten Mohammad und deren Nachfolger, die sich bei der Diskussion über eschatologische Fragen mit der Feststellung begnügten: "Die Seelen der Gläubigen sind bei Gott", ohne etwas hinzuzufügen. Soweit die Überlieferung.

5.3. Der Koran zur Überwindung der Todesgrenze

Wie immer man auch zu der frommen Überlieferung stehen mag, festzuhalten bleibt, daß aus den vorliegenden Texten ein Höchstmaß an Gewißheit spricht, daß der Mensch Gott begegnen wird, daß die sogenannte Todesgrenze für Gott nicht gilt, daß der Tod nicht das Ende, sondern ein neuer Anfang ist.

Trotz farbiger Paradiesvorstellungen, die eben nur als Gleichnis verstanden werden möchten, so Sura 47:16, ist der Koran, was die Begegnung mit Gott angeht, eher spröde und nüchtern, ja wortkarg, so als wolle er demonstrieren, daß die Überwindung des Todes durch Gottes Kraft und Barmherzigkeit keines Wortes oder besonderen Hinweises bedürfe.

Und in der Tat ist ja der Glaube an die Auferstehung zum Ewigen Leben, an das "Jüngste Gericht", an Belohnung oder Bestrafung für den Islam essentiell. Der Reformator Mohammad Abduh (1849-1905) schreibt in seinem Werk von der Einheit Gottes (Tawhid) ausdrücklich:

"Wer an das heilige Buch und seine Gebote glaubt, darf die darin enthaltenen Offenbarungen über Jenseits und Jenseitsgeschehen in seinem Sinne verstehen, wenn ihm die wörtliche Deutung schwerfällt. Aber er muß seine Erklärung der Texte auf gediegene Beweise stützen, wenn sie vom Wortsinn abweicht und dabei an der Lehre vom Leben nach dem Tode festhalten. Seine Erklärung darf auch nicht den Glauben an Lohn und Strafe für die irdischen Werke und die Verheißungen und Drohungen, die nach der Lehre des Koran im künftigen Leben in Erfüllung gehen werden, tangieren. Endlich darf die Deutung nichts enthalten, wodurch sittliche Verpflichtungen, welche die Religion auferlegt, infrage gestellt würden".

Abduh geht hier auf Artikel 5 des islamischen Glaubensbekenntnisses ein, der die "Wiederauferstehung nach dem Tode und den Jüngsten Tag" verkündet. Dieser Artikel ist koranisch gestützt auf die Rechtgläubigkeitsformel in Sura 2:178: "... wahrhaft gerecht ist der, welcher an Gott glaubt und an den Jünsten Tag" bzw. auf Sura 30:51: "Drum schau hin auf die Spuren von Gottes Barmherzigkeit: wie Er die Erde belebt nach ihrem Tode. Wahrlich, derselbe Gott wird auch die Toten beleben, denn Er vermag alle Dinge zu tun".

Es bedarf nach islamischer Auffassung nicht unbedingt einer gewissen Umwelt als Stätte des Jenseits, um den Sinn der Heilserwartung zu verstehen: Der Koran und die Traditionen geben keine Beschreibung des Paradieses und der Hölle, sie wollen lediglich mit den ausdrücklich als Gleichnisse gekennzeichneten Aussagen über die "Gärten der Ewigkeit" und über das "Feuer" die Intensität — wohlgemerkt: nicht die Qualität — der Freude oder des Leids als unmittelbare Folgen der menschlichen Handlungen unterstreichen, die Gottes Gerechtigkeit den Menschen verheißen und bestimmt hat. Wenn überhaupt etwas über die Qualität der paradiesischen Belohnung erwähnt worden ist, findet es sich in folgender koranischer Auffassung: "Keine Seele weiß, wieviel Schönes vor ihren Augen verborgen ist als Lohn für ihre Taten" (32:18) und ein Hadith erläutert: "Ich habe für meine rechtschaffenen Diener etwas vorbereitet, was kein Auge gesehen hat, kein Ohr gehört hat und was sich das Herz eines Menschen nicht einmal vorzustellen vermag" (Abu Huraira nach Imam Bukhari und Muslim).

Der bereits zitierte Philosoph und Reformtheologe Mohammad Iqbal lehrt:

"Himmel und Hölle sind keine Lokalitäten. Die Beschreibungen im Koran sind vielmehr visuelle Darstellungen eines inneren Faktums. Die Hölle ist in den Worten des Korans demnach "Gottes entzündetes Feuer, das über die Herzen steigt", — die qualvolle Verwirklichung der Tatsache, daß man als Mensch ein Fehlschlag war. Himmel dagegen ist die Freude des Triumphs über die Kräfte des Verfalls".[18]

5.4. Paradiesvorstellungen und ihr Ziel

Der Mensch kann sich Freude und Leid nur im Zusammenhang mit seinen persönlichen Lebenserfahrungen und mit den Gegebenheiten seiner konkreten Umwelt vorstellen. Mohammad Hamidullah schreibt dazu, daß die Form und die Inhalte der Aussagen über Paradies und Hölle natürlich auf den Erwartungshorizont und die Vorstellungskraft der Zeitgenossen des Propheten Mohammad abgestimmt gewesen seien, daß sie sich auf Situationen der damaligen Zeit und Umwelt bezogen hätten. Im Gegenständlichen erinnern sie zudem an das, was uns hier im irdischen Leben umgibt: Gärten und Bäche, schöne junge Frauen, Teppiche, kostbare Kleider, Perlen, wertvolle Steine, Früchte, Wein und all das, was der Mensch sich wünschen kann. Desgleichen gibt es in der Hölle Feuer, Schlangen, kochendes Wasser und andere Folterungen; auch Eiswüsten – und dennoch (!!) keinen Tod.[19]

Selbst wenn uns diese Bilder in der heutigen Zeit nicht mehr nahe genug sind, spürt man aus ihnen die überspannte Intensität, die etwas vermitteln will, was nicht für den Verstand, für eine logische und kühle Verarbeitung, sondern für die Gefühlswelt bestimmt ist. Dennoch bleibt das Ziel deutlich: Wir haben es mit einem in Bilder gegossenen Hilfsmittel zur Festigung unseres moralisch-sittlichen und sozial-mitmenschlichen Verhaltens zu tun. Zum Beispiel sagt der Prophet:

"Wenn der Tod zu einem Gläubigen kommt, bedeutet das für ihn eine gute Nachricht von Gottes Wohlgefallen und von seiner Gnade. Nichts ist ihm lieber als das, was ihm bevorsteht. Er sehnt sich nach der Begegnung mit Gott und Gott sehnt sich nach der Begegnung mit ihm.

Ein Ungläubiger hingegen sieht in dieser Nachricht einen Bescheid, der vom Unwillen Gottes kündet und von bevorstehender Bestrafung. Nichts ist ihm widerwärtiger als das, was auf ihn zukommt. Der Gedanke an die Begegnung mit Gott ist ihm peinlich und auch Gott ist die Erwartung dieser Begegnung peinlich.

Die Bewohner der Hölle werden dort so groß werden, daß die Entfernung zwischen Ohrläppchen und Schultern wie eine siebenhundertjährige Reise sein wird, ihre Haut wird siebzig Ellen dick und ihre Backenzähne werden wie der Berg Uhud sein" (Ibn Omar nach Musnad Ahmad).

Wenn man nun bedenkt, daß der menschliche Körper, insbesondere die Haut und die Kopfpartien besonders schmerzempfindlich sind, kann man sich eine ungefähre Vorstellung davon machen, wie diese Aussagen auf die Zeitgenossen des Propheten wirken mußten.

Der Traditionalist Tirmidi überliefert: "Das Feuer der Hölle wurde tausend Jahre geschürt, bis es rot wurde; dann weitere tausend Jahre, bis es weiß wurde; dann weitere tausend Jahre, bis es schwarz wurde und es ist schwarz und finster" (nach Abu Huraira).

"Habt Ehrfurcht vor Gott, wie es sich gehört und sterbet nur als Moslems (3:103) sagte der Prophet und fügte hinzu: Wenn ein Tropfen von As-Zaqqum (37:63-67; 44:44-45) auf die Erde fallen würde, wären davon die ganzen Vorräte der Menschheit verseucht. Was werden dann die Leute fühlen, die es als Nahrung haben werden" (Ibn Abbas)? Und Abd'allah bin Al-Haris bin Dschaz überliefert: "In der Hölle gibt es Schlangen wie Kamele aus Baktria. Jede von ihnen kann ihrem Biß eine Wirkung geben, die vierzig Jahre lang gespürt wird. Und in der Hölle gibt es Skorpione wie gesattelte Maultiere. Jeder von ihnen kann seinem Stich eine Wirkung geben, die vierzig Jahre lang gespürt wird".

Schließlich heißt es in den Traditionen von den Bewohnern des Paradieses: "Die bescheidenste Lage eines von euch im Paradies wird die sein, daß Gott ihm sagen wird, er möge sich etwas wünschen. Und er wird viele Wünsche aussprechen. ... Schließlich wird Gott ihm sagen, daß ihm alle seine Wünsche erfüllt werden. Er werde alles erhalten und noch eine gleiche Menge hinzu" (Abu Huraira nach Muslim).

5.5. Die Anschauung Gottes

Der Schlüssel zum Verständnis dessen, was die Frommen am Ende des Weges als Heil erwartet, bietet sich in Sura 10:26 an. Dort heißt es: "Denen, die Gutes tun, wird das Beste werden und noch mehr". Die Traditionalisten Imam Muslim (gest. 875) und Mohammad Abu Isa al-Tirmidi überliefern, daß sich der Prophet Mohammad auf diese Koranstelle berufen habe, wenn er die "Anschauung Gottes" als höchste Belohnung für die Gläubigen bezeichnete. Ein Hadith überliefert, daß Gott allen Versammelten am "Ort des Aufenthaltes" erscheinen wird und alle würden ihn sehen, "wie man den Mond in der Nacht sieht, wenn er in vollem Glanz erstrahlt".

Das Endziel, dem der Moslem entgegenstrebt, ist die "Vereinigung mit Gott", die "Anschauung Gottes". Im Koran heißt es dazu: "Manche Gesichter werden an jenem Tage leuchtend sein und zu ihrem Herrn schauen" (75:23). Das ist nach Sura 9:72 "die höchste Glückseligkeit", die Stätte ewigen Friedens, der Zustand Islam, als Endpunkt des geraden Weges (10:26). Und Gott verheißt in Überwindung des Todes:

„Doch du, o beruhigte Seele, kehre zurück zu deinem Herrn, befriedigt in (seiner) Zufriedenheit. So tritt denn ein unter meine Diener und tritt ein in meinen Garten" (Sura 89: 28–31).

Von den Verdammten heißt es hingegen in Sura 2: 175, daß „Gott sie nicht anreden wird am Tage der Auferstehung" bzw. in Sura 3: 78: „Gott wird weder zu ihnen sprechen noch auf sie blicken am Tage der Auferstehung"; sie werden „an jenem Tage von ihrem Herrn getrennt sein" (83: 16). Aber diese Ausstoßung ist nicht ewig. Mohammad hat gesagt: „Über die Hölle wird ein Tag kommen, an dem ihre Tore gegeneinander (im Wind) klappern werden und es wird niemand mehr in ihr sein" (Abd-allah bin Amr Ibn al-As nach Musnad Ahmad).

Über allen Traditionen und Verheißungen steht der große Aufruf Gottes, das wahre Leben zu ergreifen:

„O ihr Gläubigen, antwortet Gott und dem Gesandten, wenn Er euch ruft, auf daß Er euch Leben gebe und wisset, daß Gott zwischen einen Menschen und sein Herz tritt, und daß zu Ihm ihr werdet alle versammelt werden" (8: 25).

6. ISLAMISCHE BESTATTUNGSRITEN UND FRIEDHOFSKULTUR

6.1. Umgang mit dem Sterbenden

Das Leben eines gläubigen Moslems kann mit dem folgenden Koranvers umschrieben werden:

„Gewiß, mein Gebet, mein Opfer, mein Leben und mein Sterben gehören Gott, dem Herrn der Welten" (6: 163–164).

Das war von Anfang an auch sein Gelöbnis: „Ich bezeuge, daß niemand anbetungswürdig ist außer Gott, und daß es keinen Gegenstand der Liebe und des Verlangens gibt außer Gott".

Folglich versucht der Moslem auch angesichts des Todes an sich die rituelle Waschung vorzunehmen und die Worte des Glaubensbekenntnisses zu sprechen.

Es ist üblich, daß der Sterbende in der Stunde des herannahenden Todes nicht allein gelassen wird. Am Sterbebett sollen sich rechtschaf-

fene Gläubige einfinden, die dem Sterbenden durch Gebet und Anrufungen Gottes zu einem guten, hoffnungsvollen Tod verhelfen sollen.
Der Prophet Mohammad hat der Überlieferung zufolge einmal gesagt:
„Wenn ihr bei einem Sterbenden zugegen seid, dann sprecht Gutes, denn den Engeln wird das anvertraut, was ihr sagt".

Die bei dem Sterbenden anwesenden Angehörigen und Freunde sollen mit sanfter aber hörbarer Stimme das islamische Glaubensbekenntnis sprechen, um auf diese Weise den Sterbenden anzuregen, dieses Zeugnis des Glaubens als letzte Worte vor seinem Dahinscheiden auszusprechen.

Kann der Sterbende nicht mehr reden, soll ihm einer der Anwesenden das Glaubensbekenntnis vorsprechen; er selbst weist dann als Bestätigung mit dem Zeigefinger seiner rechten Hand nach oben. Jedoch gilt auch in der Stunde des Todes, daß kein Zwang sein soll in Glaubensdingen (2: 256).

Verbindlicher Brauch ist sodann die Rezitation der Sura Yasin (36 = offenbart zu Mekka). Dazu wird von Mohammad überliefert: „Yasin ist das Herzstück des Koran. Kein Mensch liest diese Sura um Gottes willen und um das Jenseits zu gewinnen, ohne das ihm dafür Vergebung zuteil wird. Lest sie daher einem Sterbenden vor. ... Kein Sterbender, über den Yasin rezitiert wird, stirbt, ohne daß Gott ihm sein Los leichtgemacht hat. ... Es gibt keinen Kranken, bei dem Yasin rezitiert wird, der nicht mit gelöschtem Durst stirbt, mit gelöschtem Durst das Grab belegt und mit gelöschtem Durst am Tag der Auferstehung mit den anderen versammelt wird".

Hier nun einige Abschnitte dieser Sura, um ihren Stellenwert im Ritus der Gemeinschaft zu verdeutlichen:
– „Wahrlich, Wir selbst beleben die Toten, und Wir schreiben das auf, was sie vor sich hersenden, zugleich mit dem, was sie zurücklassen; und alle Dinge haben Wir verzeichnet in einem deutlichen Buch" (12);
– „Wahrlich, die Bewohner des Himmels (des Paradieses) sollen an jenem Tage Freude finden an einer Beschäftigung. Sie und ihre Gattinnen befinden sich im Schatten und lehnen auf Liegen. Sie haben darin Früchte, und sie haben, was sie für sich wünschen. Frieden, als Anrede von einem barmherzigen Herrn" (55–58);
– „Preis sei dem, in dessen Hand die Herrschaft über alle Dinge ist und zu dem ihr zurückgebracht werdet" (83).
Und der Prophet hat schließlich gesagt:

„Keiner soll sterben, ohne eine gute Meinung von Gott zu haben, daß er sich seiner erbarmt und ihm vergibt".

6.2. Die Waschung des Verstorbenen

Nach dem Ableben wird der Körper einer vollkommenen Waschung unterzogen. Dabei wird von einem der Anwesenden zumeist die Sura Al-Anam (6 = Das Vieh) des Korans rezitiert.

Die Waschung geht wie folgt vor sich:
- Der Körper des Verstorbenen wird seiner Alltagskleidung vollständig entledigt;
- Der Leichnam wird auf einen Tisch gelegt und mit einem Tuch zugedeckt, um die Schamteile zu verhüllen;
- Der Leichenwäscher versucht sodann mit sanftem Druck die Leiche zu entleeren;
- Dann werden die verschmutzten Körperteile des Leichnams gründlich gesäubert;
- Daran anschließend folgt die eigentliche rituelle Waschung des Leichnams wie vor dem Gebet;
- Dann wird der ganze Körper gewaschen: erst die rechte Seite, dann die linke, damit das verwendete Seifenwasser den gesamten Körper erreicht und reinigt;
- Die Waschung wird zumeist dreimal vorgenommen. Am Ende wird der Leichnam mit einer Kampferlösung übergossen.

Dann wird der Tote in ein weißes, ungenähtes Tuch (oder drei Stoffbahnen) gehüllt, in eine offene Lade gelegt und zumeist noch am selben Tage in die Moschee gebracht, wobei darauf aufmerksam gemacht werden muß, daß die Leiche bei den Hanifiten vor der Moschee aufgebahrt wird. 96 Prozent der in der Bundesrepublik Deutschland lebenden Moslems bekennen sich zum hanifitischen Ritus des sunnitischen Islam.

Angemerkt sei noch, daß in den arabischen Ländern die Totenklage und eine Art Totentanz durch sogenannte Klageweiber eine große Rolle spielen. Die Totenklage besteht aus einer Aufzählung der Tugenden und Verdienste des Verstorbenen. Streng genommen lehnt der Islam diesen Brauch jedoch ab. Die Klage um die Verstorbenen soll still und verinnerlicht sein und nicht offen zur Schau getragen werden.

Allgemein gilt zudem, daß die Nachlaßangelegenheiten bereits erledigt werden, bevor der Leichnam zur Moschee getragen wird.

6.3. Die Totenfeier

Die Totenfeier ist im Islam Gemeinschaftspflicht. Alle Gläubigen sollen an ihr teilnehmen. In der im September 1981 verabschiedeten „Allgemeinen Islamischen Menschenrechtserklärung" heißt es dazu:
„Wie im Leben, so ist der Körper des Menschen auch im Tode unantastbar. Der Moslem ist verpflichtet, dafür zu sorgen, daß der Körper eines Verstorbenen würdig bestattet wird".

Der Vorbeter (Imam) steht bei den Männern am Kopf- und bei Frauen am Fußende. Wie später im Grabe, so liegt der Tote während der Feier auf der rechten Seite, mit dem Gesicht zur Ka'ba in Mekka.

Die Durchführung der Totenfeier unterscheidet sich vom allgemeinen Gottesdienst: Man nimmt die rituelle Waschung vor, wendet sich zur Qibla, erhebt die Hände und formuliert die Gebetsabsicht. Dann folgt wie üblich das ‚Allahu akbar', der Lobspruch, die ‚Al-Fatiha' und ein anderer Koranvers – wie beim Gottesdienst üblich –; aber die Rukus (= Verneigungen) und die Sadschdah (= Niederwerfungen) entfallen.

Nach der Koranrezitation bleibt man stehen, spricht das ‚Allahu akbar' und richtet dann sein Gebet an Gott, in dem Vergebung für alle lebenden und toten Moslems erfleht wird.

Dann folgt der Segenswunsch für den Propheten Mohammad und ein drittes ‚Allahu akbar' leitet das Gebet für den Verstorbenen ein.

Das bekannteste dieser Gebete wird Mohammad zugesprochen. Es lautet:

„O Gott, vergib ihm und erbarme Dich seiner. Verzeihe ihm und bewahre ihn, bereite ihm eine ehrenvolle Aufnahme und ebne ihm einen breiten Zugang. Wasche ihn mit Wasser und Schnee und Hagel und reinige ihn von den Sünden, wie das weiße Kleid von Schmutz gereinigt wird. Gib ihm zum Tausch eine Wohnung, die besser ist als seine irdische Wohnung, Angehörige, die besser sind als seine Angehörigen, eine Gattin, die besser ist als seine Gattin.

Bewahre ihn vor der Verführung des Grabes und vor der Pein des Höllenfeuers".

Es folgt sodann ein viertes Mal die Lobpreisung der Größe Gottes und dann die zweimalige Grußformel „Assalamo alaikum wa rahmat'ullah wa barakatuh" (= Friede sei mit euch und Gottes Barmherzigkeit und seine Segnungen).

6.4. Die Bestattung

Während des Trauerzuges zur Moschee bzw. zum Friedhof wechseln sich die Träger der Totenlade ab. Auch für Straßenpassanten ist es verdienstlich, den Leichnam einige Schritte mitzutragen. Am Grabe selbst wird oftmals noch einmal die Sura Yasin rezitiert. Sie wird in diesem Zusammenhang als das große Tor für die Toten bezeichnet. Die Macht der Sura ist zweifacher Art: Sie unterweist die Trauernden über das wahre Wesen des menschlichen Lebens und gibt ihnen tröstende Kraft. Dem Toten dagegen ist sie eine Bestätigung dafür, daß er tatsächlich gestorben ist und sie übermittelt ihm gleichzeitig Kraft ihrer Rezitation die Barmherzigkeit Gottes.

Während des Begräbnisses ist die Rezitation des Glaubensbekenntnisses durch die Trauernden eine Erinnerung des Verstorbenen an die Antworten, die sie dem Befragungsengel im Grabe zu geben haben. Darauf wurde eingangs ausführlich verwiesen.

Zum Grabe selbst ist folgendes zu sagen:
- Es wird so ausgehoben, daß es parallel zu Mekka liegt;
- Das Haupt des Toten wird leicht zur rechten Seite hin geneigt, so daß das Antlitz wie bei der Aufbahrung, sich der Ka'ba gegenüber befindet (von der Bundesrepublik aus in südöstlicher Richtung);
- Der Kopf des Toten weist nach Westen, die Füße nach dem Osten;
- Die Tiefe des Grabes sollte bei Männern 1.50 Meter und bei Frauen 1.60 bis 1.70 Meter betragen;
- Das Grab wird von der Trauergemeinde selbst geschlossen;
- Der Bestatter beginnt die Grablegung mit der Formel: „Im Namen Gottes und entsprechend der Glaubensrichtung des Gesandten Gottes".

Darauf werfen die Anwesenden drei Handvoll Erde in das Grab. Dabei wird zumeist jeweils die Formel gesprochen:

„Daraus haben wir euch erschaffen" – „Dazu lassen wir euch zurückkehren" – „Und daraus werden wir euch ein zweitesmal hervorbringen".

Nach islamischem Brauch werden die Toten an sich ohne Sarg in ihren Leichentüchern bestattet. Die in Europa übliche Sargbestattung ist allerdings in den letzten Jahren durch eine Fatwa (= religiöses Dekret) sanktioniert worden und bietet daher keinen Hinderungsgrund mehr für islamische Bestattungen auch in der Bundesrepublik. Wobei einschränkend darauf verwiesen werden muß, daß die Fatwa von Holzsärgen ausgeht. Es sei hier noch angemerkt, daß in den ersten vierzig Tagen nach der Bestattung Armenspeisungen, Trauersitzungen und Koranlesungen durchgeführt werden.

6.5. Weitere technische Daten

Das islamische Grab darf zwar eingefriedigt werden, *nicht aber zubetoniert*. Diese Vorschrift gilt auch angesichts von Grabmoscheen und Mausoleen.

Die *Grabsteine* (Türben) stehen grundsätzlich im Westen, also am Kopfende des Toten. Das Aufstellen von Stelen auch im Osten ist in das Ermessen der Hinterbliebenen gestellt.

Die Überlieferung wendet sich *gegen Grabbauten* und *Grabinschriften*; allenfalls ist ein Koranvers zugelassen oder der Name des Verstorbenen. Das Zeichen des Halbmondes ist als politisches Symbol verpönt; an seine Stelle tritt das eigentliche Symbol des Islam: Das Glaubensbekenntnis.

Im übrigen sind die Stelen kein gemeinislamisches Gut. Diese Bestattungssitte wurde von den nomadischen Türken aus Mittelasien mitgebracht. Bei männlichen Verstorbenen werden die Stelen seit der islamischen Zeit mit einem Turban versehen.

Trotz des Verbots der architektonischen Ausgestaltung von Gräbern nimmt bereits das erste große Baudenkmal des Islam, der Felsendom in Jerusalem (691) ein Hauptthema des islamischen Grabbaus vorweg, das des Memorialbaus, der auf einen oder mehrere Heilige bezogenen Gedenkstätte, des Heiligengrabes. Das früheste bekannte moslemische Mausoleum datiert aus dem Jahre 862, aber erst im 10. Jahrhundert setzt eine Zunahme der Grabbauten ein und seit der Mitte des 12. Jahrhunderts kann von einer allgemeinen Verbreitung von Grabarchitekturen in der islamischen Welt gesprochen werden.

Mohammad soll nach einem Bericht über eine mit Bildern ausgestattete Kirche in Äthiopien gesagt haben: „Wenn unter denen ein frommer Mann stirbt, bauen sie über seinem Grab eine Gebetsstätte und bringen darin diese Bilder an. Solche Leute sind vor Gott am Tage der Auferstehung die schlechtesten Geschöpfe".

Heute werden auch moslemische Gräber mit Strauchwerk und Blumen geschmückt. An den islamischen Feiertagen, insbesondere nach Beendigung der Fastenzeit, bringen die Frauen Palmenzweige und grünes Gezweig auf die Friedhöfe, um die Gräber ihrer Angehörigen damit zu bedecken. Oft besuchen islamische Familien die Gräber, um an ihnen ein Dua-Gebet für die Verstorbenen zu verrichten.

6.6. Der Friedhof im Leben der islamischen Gemeinde

Nach islamischer Tradition sollte der Friedhof außerhalb der Städte und Ortschaften liegen und keine Statuen oder Ornamente aus Schmiedeeisen enthalten.

Der Friedhof ist für die islamische Gemeinde aber nicht nur Bestattungsplatz, sondern auch der Ort, an dem die Toten angesichts der Ka'ba zu Mekka der Auferstehung harren. Die Qibla, nach der die Toten ausgerichtet sind, ist auch die Qibla der Lebenden. Sie hält die Gemeinschaft zusammen und erweist sich als das einigende Band, das sowohl die umschließt, die dahingegangen sind, als auch die, die zurückblieben.

Die Qibla symbolisiert jedoch noch ein weiteres. Sie ist das Merkmal der Eigenständigkeit des Islam innerhalb der biblischen Tradition. Erst durch die Abwendung der Gläubigen von Jerusalem und die Erwählung Mekkas zur neuen Gebetsrichtung, wurde der Islam eine eigenständige Glaubensweise neben dem Juden- und dem Christentum. Mekka wurde so zur geographischen Mitte des Islam, die den Nichtmoslems verboten wurde.

Auf unser Thema bezogen bedeutet das, daß Moslems nicht unter Nichtmoslems bestattet werden dürfen. Und die logische Konsequenz aus dieser Feststellung lautet: wir benötigen islamische Friedhöfe bzw. für Moslems reservierte geschlossene Sektionen oder Gräberfelder auf den Friedhöfen in der Bundesrepublik. Nur dann lassen sich nämlich die Grablegungsvorschriften einhalten, wie sie hier angerissen worden sind.

Bislang lassen viele ausländische Arbeitnehmer islamischen Glaubens ihre verstorbenen Familienangehörigen in die Türkei ausfliegen, um sie dort nach islamischem Ritus auf islamischen Friedhöfen bestatten zu lassen. Es wurden eigens Bestattungsunternehmen gegründet, die sich auf diese „Luftbrücke der Toten" spezialisiert haben. Aber das kann nur eine vorübergehende Lösung sein und taugt nicht als Dauereinrichtung, von der finanziellen Belastung, die den Angehörigen daraus entsteht, einmal abgesehen. Immer mehr islamische Familien richten sich auf einen Daueraufenthalt in der Bundesrepublik ein. Sie wollen hier seßhaft werden. Das gilt insbesondere für die heranwachsende Generation. Die türkischen Moslems beginnen zunehmend damit, ihre Wahlheimat auch innerlich anzunehmen und das bedeutet, daß sie auch ihre verstorbenen Angehörigen hier behalten und bestatten möchten. Angesichts der Tatsache, daß die islamische Minderheit bereits heute drei Prozent der Wohnbevölkerung der Bundesrepublik ausmacht, wird die Frage nach der Einrichtung islamischer Gräberfelder auf deutschen Friedhöfen wie etwa in München, Neu-Ulm und Forchheim immer dringlicher.

Abgesehen davon, daß durch die Anwesenheit der Verstorbenen die neue Heimat an Fremdheit verlieren würde, ist bei der Einrichtung islamischer Friedhöfe von vornherein zu klären, ob man damit nicht gleichzeitig den Bau von Friedhofsmoscheen für die Verrichtung der Totengebete verbinden könnte. Diese Friedhofsmoscheen – der türkische Friedhof am Columbiadamm in Berlin könnte als Vorbild dienen – brauchen keine kostspieligen Bauten zu sein. Zweckbauten aus Holz tun es auch. Außerdem würden die Moslems jederzeit bereit sein, die Finanzierung derartiger Baumaßnahmen selbst zu übernehmen, wenn sie nur Gelegenheit dazu hätten.

Eine solche Friedhofsmoschee müßte zwei Räume umfassen: einen, um die Toten ordnungsgemäß waschen zu können (dieser Raum muß einen Tisch aus Holz oder Stein enthalten, auf dem die Waschung vorgenommen werden kann. Außerdem muß fließend Warm- und Kaltwasser vorhanden sein, ein entsprechender Abfluß sowie Waschbekken für die Leichenwäscher selbst), und einen zweiten, in dem die Leiche hernach aufgebahrt werden kann und die Totengebete gesprochen werden können.

Natürlich tut es die kommunale allgemeine Leichenhalle vorübergehend auch, falls darin eine entsprechende Waschgelegenheit vorhanden ist und die Möglichkeit besteht, die islamischen Bestattungsriten würdig und ungestört zu vollziehen.

6.7. Schlußbemerkungen

Aus diesen Ausführungen ist sicherlich deutlich geworden, daß die Schaffung islamischer Friedhöfe in der Bundesrepublik ein Teilaspekt des Integrationsprozesses ist. Auch für Moslems gilt, daß Heimat nur dort ist, wo man tiefe Wurzeln geschlagen hat – und dazu gehört unzweifelhaft, daß die Toten in dieser Erde ruhen, dort, wo die Lebenden wohnen, arbeiten und ihre Zukunft suchen. Die Toten sind es, die diese Bindung erzeugen. Solange sie noch ausgeflogen werden, bleibt die islamische Minderheit in der Ungewißheit, die Fremdheit und auf die Dauer auch Heimatlosigkeit erzeugt; denn eine Massenrückkehr ist inzwischen zur Illusion geworden, da die Türkei selbst inzwischen für eine Integration ihrer Auswanderer in die deutsche Gesellschaft plädiert. Fremdheit und Heimatlosigkeit eines großen Teils ihrer Wohnbevölkerung kann sich unsere Gesellschaft jedoch nicht leisten und das ist nicht nur eine Frage humanitärer Verhaltensweisen der Mehrheit gegenüber der Minderheit, sondern schlicht auch ein Problem der inneren Solidarität, der jedes Gemeinwesen bedarf und der sozialen Sicherheit.

Es gilt also recht bald den bereits vorhandenen Beispielen einiger Kommunen zu folgen und das Problem der Schaffung islamischer Friedhöfe anzugehen. Spätere Generationen werden es den heutigen danken. Daß wir Moslems auf diesem Wege der Hilfe der Christen bedürfen, steht allerdings außer Frage.

7. GRUNDZÜGE DES ISLAMISCHEN EHEVERSTÄNDNISSES

Die Ehe ist im Islam sowohl ein göttlicher Auftrag und damit ein „geheiligter Brauch" als auch eine Lebensform, die kraft zivilrechtlichen Vertrages organisiert und damit gesellschaftsrelevant wird.

Dem Charakter des „geheiligten Brauches" kommt jedoch Primärfunktion zu, da die Ehe der Bestimmung des Menschen als ‚khalifa' – als Stellvertreter und Gehilfen Gottes auf Erden –, implizit ist. Der Koran spricht in diesem Zusammenhang von der Ehe als „Zeichen (oder Wunderzeichen) Gottes" (30: 22).

In diesem Spannungsfeld ist das Rollenverständnis der Geschlechter – von Mann und Frau – angesiedelt, sind die Widersprüche von Theorie und Praxis islamischen Eheverständnisses ebenso zu suchen wie die von außen an dieses Verständnis herangetragenen Mißdeutungen und Vorurteile, die bis zur Diskriminierung islamischen Eheverhaltens, islamischer Moral- und Sittenlehre schlechthin reichen.

Viele dieser Mißdeutungen sind auf die Phantasieüberreizung vormoderner Orienttouristen zurückzuführen, die so lange tradiert worden sind, bis man sie für Wahrheiten hielt. Und es ist eigentlich müßig, sich damit zu beschäftigen.

Hier ist ohnehin nicht die Aufgabe gestellt worden, den Islam zu verteidigen. Gott allein ist Hüter des Islam (15:10). Es geht vielmehr ausschließlich darum, darzustellen, auf welchen theologischen Grundlagen das Eheverständnis des Islam entstanden ist.

Und noch ein klärender Hinweis: dem Islam ist der Begriff "Mischehe" für konfessions- oder religionsverschiedene Ehen unbekannt. Ehen zwischen Moslems und Christinnen bzw. Jüdinnen sind mit rein moslemischen Ehen gleichgestellt (5:6). Ein Hadith überliefert:

"Hütet euch vor den Verwünschungen des Betrübten. Jener Mensch ist der beste, der anderen nützt. Der Moslem ist verpflichtet, die Rechte seiner christlichen Frau zu achten und sie in ihren religiösen Übungen niemals zu stören. Er ist verpflichtet, bei Einrichtung und Reparatur ihrer Kirche oder frommen Stiftungen zu helfen und dazu beizutragen".

Grundsätzlich gilt, daß bei der Betrachtung des islamischen Eheverständnisses streng zu unterscheiden ist zwischen dem, was von der Religion und Sittenlehre her bestimmt, gesagt und beeinflußt ist und dem, was neben ihr aus vorislamischer Zeit und vom Islam absorbierter Traditionen gewachsen und später als islamisches Gedankengut deklariert worden ist.

7.1. Das Ehegebot

Der Koran verwendet im Schöpfungsbericht für Mann und Frau die Begriffe "Gatte" bzw. "Gattin", um zu verdeutlichen, daß Gott Mann und Frau im Hinblick auf die Ehe von Anfang an einander zugeordnet hat. Die Ehe entspricht nach islamischem Verständnis der Schöpfungsordnung. Als Beispiel sei hier auf Sura 39:7 verwiesen:

"Er schuf euch aus einem einzigen Wesen, dann machte Er aus diesem seine Gattin ...".

Die Ehe wird im Koran als "feste Verpflichtung" bezeichnet (4:22). Dieser Terminus technicus darf nicht außer acht gelassen werden, will man die islamische Ehe einordnen. Er findet nämlich ansonsten nur Anwendung bei der Charakterisierung des zwischen Gott und Mohammad bestehenden Bündnisses sowie für den mit den Vertretern der Schriftbesitzer (Juden und Christen) geschlossenen Bund. Die Theologen leiten aus dieser Zuordnung den sakralen Charakter der Ehe ab.

Die Eheschließung ist indessen nicht nur ein selbstverständliches Recht, sondern auch eine Verpflichtung für den Moslem. In Sura 24:23 heißt es entsprechend:

"Und verheiratet die Ledigen unter euch und die heiratsfähigen von euren Sklaven und Sklavinnen".

Und ein Traditionsspruch überliefert: "Ihr jungen Leute! Wer von euch imstande ist, einen Hausstand zu gründen, der soll heiraten ..." (Ibn Masud nach Bukhari und Muslim).

An anderer Stelle heißt es zudem: "Wer Gott zuliebe heiratet und Gott zuliebe jemanden verheiratet, der ist seiner Freundschaft würdig".

Übrigens soll Armut nicht von einer Eheschließung abhalten: "Wenn sie arm sind, so wird Gott sie aus seiner Fülle reich machen, denn Gott ist freigebig, allwissend.

Und diejenigen, die keine (Gelegenheit) zur Ehe haben, sollen sich keusch halten, bis Gott sie aus seiner Fülle reich macht. Und jene, die eure Rechte besitzt — wenn welche von ihnen eine Freilassungsurkunde begehren, stellt sie ihnen aus, falls ihr in ihnen Gutes wisset; und gebt ihnen von Gottes Reichtum, den Er euch gegeben hat. Und zwingt eure Mägde nicht zur Unzucht (indem ihr sie nicht verheiratet), wenn sie keusch zu bleiben wünschen, nur damit ihr die Güter des irdischen Lebens erlangt. Zwingt sie aber einer, dann wird Gott allverzeihend und barmherzig (zu ihnen) sein, nachdem sie gezwungen wurden" (24:33-34).

Wer sich eine Ehe mit einer freigeborenen gläubigen Frau nicht leisten kann, dem empfiehlt der Koran, eine gläubige Sklavin zu heiraten (4:26).

So sehr der Koran auf der einen Seite für die Ehe plädiert, so vehement wendet er sich auf der anderen gegen den Geschlechtsverkehr außerhalb der gesetzlich legitimierten Beziehungen (4:25). Das gilt im übrigen auch für die Beziehungen von moslemischen Männern zu Christinnen oder Jüdinnen (5:6).

Die strikte Ablehnung der Ehelosigkeit durch Mohammad wird angesichts der positiven Einstellung des Koran zur Ehe und Geschlechtlichkeit verständlich. Nach einer Tradition von Bukhari lehnte er es ab, daß Uthman Ibn Madhun im Zölibat lebte und Sa'd merkt dazu an, "wenn er es ihm erlaubt hätte, hätten wir uns entmannt". Mohammad soll gesagt haben: "Unsere Sunna aber ist das eheliche Leben".

Der Koran und später auch das islamische Mehrheitsrecht anerkennen lediglich die auf Dauer geschlossene Ehe (ba'l-Ehe), wenngleich die Scheidung ermöglicht wird. Trotzdem wurde im frühen Islam zunächst noch die vorislamische Form der "Ehe auf Zeit" (mut'a) geduldet. Später wurde die 'mut'a-Ehe' eine der heftigsten Streitfragen in der sunnitisch-schiitischen Kontroverse.

In Sura 4:25 heißt es unter anderem:
"Und erlaubt sind euch alle anderen, daß ihr sie sucht mit den Mitteln eures Vermögens, nur in richtiger Ehe und nicht in Unzucht. Und für den Genuß, den ihr von ihnen empfangen habt, gebt ihnen ihre Morgengabe, wie festgesetzt. Und es soll keine Sünde für euch liegen in irgend etwas, worüber ihr euch gegenseitig einigt nach der Festsetzung (der Morgengabe)". Das hier verwendete Wort Genuß leitet sich aus der Wurzel 'mut'a' ab.

Die sunnitische Theologie bezieht diese Koranstellen nun entweder auf die reguläre ba'l-Ehe oder auf die frühislamische Übergangspraxis, die vom Propheten selbst abgeschafft worden ist.

Die Schiiten halten jedoch an der mut'a-Ehe fest. Sie argumentieren, daß die Satzkonstruktion des Koranabschnittes die Erlaubnis testiere. Während nämlich bei der ba'l-Ehe die Zahlung der Morgengabe vor der Hochzeit fällig sei, sei hier die Rede von einer Morgengabe, die nach dem ehelichen Verkehr entrichtet werden müsse. Außerdem — so die Schiiten — habe nicht etwa der Prophet die mut'a-Ehe verboten, sondern der zweite Kalif Omar. Omar aber wird von den Schiiten nicht als Nachfolger Mohammad's anerkannt.

Letzteres scheint allerdings eine typisch männliche Schutzbehauptung zu sein, denn nach dem vierten Kalifen, Ali, (den die Schiiten für sich als Gründer ihrer Schule in Anspruch nehmen) und nach dem von Sunniten und Schiiten anerkannten Traditionalisten Bukhari, hat Mohammad am Tage von Chaiba "die Zeitehe und das Essen von zahmen Eseln" verboten.

7.2. Die Polygamie

Der Koran reagiert gegen die unbeschränkte Vielweiberei Altarabiens und beschränkt sie. In Sura 4:4 steht:
"Und wenn ihr fürchtet, in Sachen der (eurer Obhut anvertrauten weiblichen) Waisen nicht recht zu tun, dann heiratet, was euch an Frauen gutdünkt (ein jeder) zwei, drei oder vier. Und wenn ihr fürchtet (so viele) nicht gerecht behandeln zu können, dann (nur eine) ... So könnt ihr am ehesten vermeiden, daß ihr unrecht handelt".

Diese in Europa vieldiskutierte Erlaubnis der Mehrehe wird vom Koran selbst interpretiert:
"Und ihr könnt kein Gleichgewicht zwischen (euren) Frauen halten, so sehr ihr es euch auch wünschen möget. Aber neigt euch nicht gänzlich (einer) zu, also daß ihr die anderen gleichsam in der Schwebe laßt, und wenn ihr wiedergutmacht und recht handelt, dann ist Gott allverzeihend, barmherzig" (4:130).

Die Zulässigkeit der Polygamie war also zu keiner Zeit ein Freilos. Der Koran macht vielmehr deutlich, daß eine polygame Ehe die Ausnahme zu sein hat.

Die Polygamieerlaubnis muß zudem im Kontext von Regelungen gesehen werden, die dem Schutz der Waisen dienen. Die Sicherung des Vermögens der Waisen auch gegen den Zugriff des eigenen Vormunds, ist eindeutig das Hauptanliegen des Polygamietextes im Koran.

7.3. Ehehindernisse

Der Gläubige ist bei der Wahl seiner Frauen nicht völlig frei. Die nahe Verwandtschaft ist dabei das Haupthindernis. Nicht geheiratet werden dürfen: Mütter, Töchter, Schwestern, Tanten, Nichten, Nährmütter, die Mütter der eigenen Frauen, die Stieftöchter von solchen Frauen, mit denen der Geschlechtsverkehr schon vollzogen wurde, die Ehefrauen der eigenen Söhne, die Schwestern der eigenen Frauen (Sura 4:23-25).

Verboten ist auch die Heirat mit einer Götzendienerin bzw. mit einem Götzendiener, weil Götzendienst oder Unglaube mit dem Glauben der Moslems in keiner Weise vereinbar ist. In Sura 2:222 heißt es dazu:

"Und heiratet nicht Götzendienerinnen, ehe sie nicht gläubig geworden, selbst eine gläubige Sklavin ist besser als eine Götzendienerin, so sehr diese euch gefallen mag. Und verheiratet (keine gläubigen Frauen) mit Götzendienern, ehe sie nicht gläubig geworden; selbst ein gläubiger Sklave ist besser als ein Götzendiener, so sehr dieser euch gefallen mag. Jene rufen zum Feuer, Gott aber ruft zum Paradies und zur Vergebung durch sein Gebot"; und in Sura 60:11:

"O ihr Gläubigen! Wenn gläubige Frauen als Flüchtlinge zu euch kommen, so prüft sie. Gott weiß am besten, wie es um ihren Glauben bestellt ist. Wenn ihr sie dann gläubig findet, so schickt sie nicht zu den Ungläubigen zurück. Diese Frauen sind ihnen nicht erlaubt, noch sind sie diesen Frauen erlaubt. ... Und haltet nicht am Ehebund mit ungläubigen Frauen fest".

Dagegen ist – wie bereits angedeutet – eine Heirat zwischen einem Moslem und einer jüdischen oder christlichen Frau gestattet. Judentum und Christentum sind für den Moslem Wege zu Gott, Teil der einen Offenbarungsreligion, die Gott für die Menschheit gestiftet hat. Diese Nähe der drei Glaubensweisen zueinander wird zusätzlich noch dadurch unterstrichen, daß den Moslems erlaubt wird, mit Juden und Christen Tischgemeinschaft zu pflegen.

Wer sich mit semitischen Denkweisen auch nur einigermaßen auskennt, weiß um die Tiefe dieses Symbols. Dazu Sura 5:6:

"Heute sind euch alle guten-Dinge erlaubt. Und die Speise derer, denen die Schrift gegeben wurde, ist euch erlaubt, wie auch eure Speise ihnen erlaubt ist. Und keusche Frauen der Gläubigen und keusche Frauen derer, denen vor euch die Schrift gegeben wurde, wenn ihr ihnen ihre Morgengabe gebt, nur in richtiger Ehe und nicht in Unzucht, noch daß ihr heimlich Buhlweiber nehmt".

Es fällt bei der Betrachtung gerade dieses Koranverses im übrigen auf, daß die Anforderungen, die an den ehrbaren oder keuschen Ehemann gestellt werden, völlig mit denjenigen übereinstimmen, die in Sura 4:26 an die ehrbaren oder keuschen Ehefrauen gestellt werden. Eine Doppelmoral, die dem Mann irgendwelche außerehelichen Sonderrechte geben würde, wird vom Koran — und damit vom Islam — deutlich abgelehnt.

7.4. Scheidungsrecht

Die Ehe ist im Islam ein geheiligter Bund, der hohe moralische Anforderungen an die jeweiligen Partner stellt. Zwar ist die Scheidung zulässig, aber nach Ibn Umar hat Mohammad darauf aufmerksam gemacht, daß von allen erlaubten Dingen die Scheidung bei Gott am meisten verabscheut sei.
Eine Beendigung der Ehe tritt ein:
— durch Tod oder Abfall eines Ehegatten vom Islam;
— bei fehlerhaften Ehen durch einfache Lossagung oder durch richterliche Aufhebung;
— durch richterliche Aufhebung auf Antrag der Frau, wenn der Mann jahrelang unbekannt ausbleibt, seine Unterhaltspflicht verletzt, zu einer langjährigen Freiheitsstrafe verurteilt wurde, impotent, geisteskrank oder von Aussatz oder einer schweren Geschlechtskrankheit befallen ist oder wenn er grausam zu seiner Frau ist (4:129).

Zwar ist die Frau in der Praxis des Scheidugnsverfahrens gegenüber dem Mann fraglos benachteiligt — so etwa, wenn dem Mann einseitig das Recht der Lossagung zugestanden wird —, um jedoch der Leichtfertigkeit und der Willkür unüberlegter und zorniger Ehemänner entgegenzutreten, hat der Koran der Frau das Recht auf finanzielle Sicherheit zuerkannt, was ihre relative Unabhängigkeit den anderen Frauen gegenüber garantiert und ihre Lage nach einer eventuellen Scheidung mildern soll (2:242).

Die Form und die Bedingungen, die mit der Scheidung verknüpft sind, stellen auch einen Appell an das Ehrgefühl des Mannes dar. Die Entlassung muß dreimal — bei Einhaltung bestimmter Fristen — ausgesprochen werden, bevor sie endgültig in Kraft treten kann (2:230-234). Die rechtlich entlassene Frau darf aber nicht sofort aus dem Haus ihres geschiedenen Mannes ausgewiesen werden, es sei denn, sie betriebe Unzucht:

"O Prophet! Wenn ihr euch von euren Frauen trennt, so trennt euch von ihnen für ihre vorgeschriebene Frist und berechnet die Frist und fürchtet Gott, euren Herrn. Vertreibt sie nicht aus ihren Häusern, noch sollen sie (selbst) fortgehen, es sei denn, sie begehen offenkundige Unsittlichkeit. Das sind die Schranken Gottes; und wer Gottes Schranken übertritt, der sündigt wider sich selbst. Du weißt nicht, vielleicht wird Gott späterhin etwas Neues geschehen lassen.

Dann, wenn ihre Frist um ist, nehmt sie in Güte zurück oder trennt euch in Güte von ihnen und ruft zwei rechtliche Leute aus eurer Mitte zu Zeugen; und laßt es ein wahrhaftiges Zeugnis vor Gott sein ..." (65:2-3).

Die hier erwähnte Frist dient der Feststellung einer eventuellen Schwangerschaft und beträgt drei volle Monate (2:229). Ist die Frau schwanger, so hat der Mann für ihren Unterhalt voll aufzukommen. Das gilt auch für die Zeit der Stillung, die vom Koran auf zwei Jahre festgelegt wird. Erst dann kann eine vorher ausgesprochene Scheidung rechtskräftig werden.

Die heute noch in einigen moslemischen Ländern übliche Verstoßungsformel "talaq, talaq, talaq" ist nach dem Verständnis des Koran unwirksam und nicht im Willen Gottes und der Sunna des Propheten begründet.

Abgesehen davon, daß diese Art der "Scheidung" für eine Frau zutiefst diskriminierend ist, hat der Prophet sich in dieser Frage eigentlich eindeutig festgelegt. Mahmud Ibn Labid überliefert:

"Gottes Gesandtem wurde von einem Mann berichtet, der dreimal hintereinander die Scheidung von seiner Frau aussprach (ohne die Wartefrist zu beachten). Da stand er (der Prophet) verärgert auf und sagte: Wird mit dem Buche Gottes bereits gespielt, während ich noch unter euch bin"? (Nasai)

Der Koran baut in diesem Kontext im übrigen einer falschen Beschuldigung der Frau vor. In Sura 24:5 heißt es:

"Und diejenigen, die züchtige Frauen verleumden, jedoch nicht vier Zeugen beibringen – geißelt sie mit achtzig Streichen und laßt ihre Aussage niemals gelten, denn sie sind es, die ruchlose Frevler sind, außer denen, die hernach bereuen und sich bessern; denn wahrlich, Gott ist allverzeihend, barmherzig".

Es sei hier abschließend auf eine Statistik "Ehen in Europa" verwiesen, die am 15. Juni 1986 von katholischer Seite veröffentlicht worden ist.

Demnach werden von je 100 geschlossenen Ehen in Schweden, Dänemark, Island sowie Großbritannien 40 Prozent wieder geschieden; in Österreich, Deutschland, der Schweiz, Norwegen und Finnland liegt diese Zahl bei 30 Prozent; in Frankreich, den Niederlanden und Belgien bei 25 Prozent und in Nordirland und in der Türkei bei 10 Prozent. Die Neigung der Geschiedenen, eine neue Ehe einzugehen, nimmt der Veröffentlichung zufolge ab. (Quelle: Neue Bildpost, Lippstadt, 15.6.1986)

7.5. Rollenverständnis in Ehe und Familie

In Sura 4:34 heißt es:
"Die Männer sind die Beschützer der Frauen, weil Gott den männlichen Teil von ihnen durch Zuwachs an Körperkraft über den weiblichen Teil hervorgehoben hat, und weil sie ihr Gut (für sie) ausgeben. Die guten Frauen sind deshalb gehorsam und Beschützerinnen der Gemeinsamkeit in Abwesenheit des Mannes, da Gott diese Gemeinsamkeit beschützt wissen will.

Und was diejenigen Frauen angeht, deren Auflehnung ihr fürchtet, so ermahnt sie erst, dann, wenn sie nicht nachgeben, meidet sie im Ehebett und straft sie. Wenn sie euch dann gehorchen, so sucht keine Ausrede gegen sie; Gott ist hoch erhaben, groß".

Es muß hier angemerkt werden, daß "wa'dribuhunna" – straft sie – auch mit "prägt sie" (ihren Charakter) übersetzt werden kann. Diese Bedeutung entspricht dem Verbum "daraba-yadribu". Daß diese Auslegung nicht von der Hand zu weisen ist, geht aus den überlieferten Aussagen des Propheten selbst hervor: "Die Frauen sind die Zwillingshälften der Männer.

Gott erlegt euch auf, eure Frauen gut zu behandeln, denn sie sind eure Mütter, Töchter und Tanten.

Die ihre Frauen schlagen, handeln nicht gut.

Gib deiner Gattin gute Ratschläge und schlage sie nicht wie einen Sklaven.

Die Rechte der Frau sind heilig. Sorge dafür, daß ihr die Rechte gegeben werden, die ihnen zustehen."

Im übrigen überliefern die Traditionalisten Bukhari und Muslim folgende Lehrmeinung des Propheten über das Rollenverständnis von Mann und Frau:

"Jeder von euch ist ein Hirte, und jeder von euch ist für die ihm anvertraute Herde verantwortlich. Der Imam, der die Leute leitet, ist ein Hirte und verantwortlich für die ihm anvertraute Herde. Der Mann ist ein Hirte für die Leute seines Haushalts und verantwortlich für die ihm anvertraute Herde. Die Frau ist Hirtin des Hauses ihres Gatten und seiner Kinder und für diese verantwortlich" (Ibn Umar).

Trotz der im Koran grundsätzlich festgelegten Rangordnung in der Familie darf man sich das Eheleben im Islam nicht als eine Tyrannisierung der Frau ausmalen. Mann und Frau sind Partner, sie gehören zusammen. So steht in Sura 2:187 zu lesen:

"Sie (die Frauen) sind ein Gewand für euch und ihr seid ein Gewand für sie";

oder in Sura 2:224:

"Eure Frauen sind euch ein Acker".

Um weiteren Mißverständnissen vorzubeugen, sei hier aus dem dazugehörenden Kommentar zitiert:

"Die Frau wird hier dem Acker bzw. dem Garten verglichen, denn jedes Volk hängt hinsichtlich der Gesundheit und Kraft der Nachkommenschaft von der Frau ab. Der Koran lehrt dementsprechend, daß der Frau die zarteste Sorgfalt zuteil werden soll. Man muß alles tun, um ihr eine widerstandsfähige Gesundheit zu schaffen und zu erhalten. Ihrer körperlichen, geistigen und seelischen Entwicklung ist das höchste Augenmerk zuzuwenden, denn die genannten Faktoren wirken sich in einer gesunden Nachkommenschaft aus".

Dazu eine Aussage des Propheten Mohammad:

"Das Paradies liegt zu den Füßen der Mütter".

Die Grundlagen des islamischen Ehelebens sind Liebe und Güte. Gerade die Geschlechtsgemeinschaft und die gegenseitige Zuneigung von Mann und Frau zählen nach dem Koran zu den Zeichen Gottes in der Schöpfung. Der Koran drückt das wie folgt aus:

"Unter seinen (Gottes) Zeichen ist dies, daß er Gattinnen für euch schuf aus euch selbst; auf daß ihr Frieden in ihnen findet, und er hat Liebe und Zärtlichkeit zwischen euch gesetzt. Hierin sind wahrlich Zeichen für ein Volk, das nachdenkt" (30:22).

Was die Gestaltung des Ehelebens und die Güte in der Behandlung angeht, so stehen sich Männer und Frauen gleich. In Sura 2: 228 wird ausdrücklich unterstrichen, daß die Frauen in dieser Hinsicht die gleichen Pflichten und die gleichen Ansprüche haben. Erst dann erfolgt der Umgang miteinander "in rechtlicher Weise" (4:20). Erst dann gewinnt der gute Rat des Koran seine volle Bedeutung: Die Männer sollen nicht allzu schnell ihren Gefühlen freien Lauf lassen und sich reiflich überlegen, bevor sie ihre Frauen entlassen, wenn diese ihnen zuwider geworden sind. Denn: "vielleicht empfindet ihr Abneigung gegen etwas, worin Gott aber viel Gutes gelegt hat".

Der Prophet Mohammad hat einmal gesagt:
"Eine Frau wird geheiratet ihres Vermögens, ihrer Schönheit, ihrer Herkunft oder ihrer Gottesfurcht wegen. Du aber wähle die Gottesfürchtige oder es soll dir nicht gut ergehen".

Und Umar, der zweite Kalif, schreibt zum gleichen Thema:
"Jeder von euch habe ein dankbares Herz, eine lobpreisende Zunge und eine rechtschaffene Frau, die ihm für das Jenseits eine Hilfe ist. Das beste, was einem Menschen nach dem Glauben an Gott zuteil werden kann, ist eine rechtschaffene Frau".

Das Idealbild der islamischen Familie und Ehe kommt in Sura 24:26 zum Ausdruck: "... Gute Frauen gehören zu guten Männern, und gute Männer zu guten Frauen".

Als Vorbild für alle moslemischen Frauen können die Frauen des Propheten Mohammad gelten, soweit sie den koranischen Anforderungen genügen. So heißt es in Sura 33:33-35:

"O Frauen des Propheten: Ihr seid nicht wie andere Frauen. Wenn ihr rechtschaffen seid, dann seid nicht geziert im Reden, damit nicht der, in dessen Herzen Krankheit ist, Erwartungen hege, sondern redet in geziemender Weise.

Und bleibt in euren Häusern und prunkt nicht wie in den Zeiten der Unwissenheit, und verrichtet das Gebet und zahlet die Zakat, und gehorchet Gott und seinem Gesandten. Gott wünscht nur Unreinheit von euch zu nehmen, ihr Angehörigen des Hauses, und euch rein und lauter zu machen.

Und gedenket der Zeichen Gottes und der Worte der Weisheit, die in euren Häusern verlesen werden; denn Gott ist gütig, allwissend".

Hier wird deutlich, daß der Koran die Frau zwar vornehmlich

als Ehefrau, Hausfrau und Mutter sieht, daß sie sich zu Lebzeiten des Propheten aber sehr wohl in der Gemeinschaft der Männer bewegen konnte. Darauf deuten auch andere Belegstellen hin.

Schließlich heißt es in Sura 9:71:

"Die gläubigen Männer und die gläubigen Frauen sind einer des anderen Freund. Sie gebieten das Gute und verbieten das Böse und verrichten das Gebet und zahlen die Zakat und gehorchen Gott und seinem Gesandten. Sie sind es, denen sich Gott erbarmen wird ...".

7.6. Geburt und Beschneidung

7.6.1. Islam – Religion der Erinnerung

Der Islam ist von seinem Selbstverständnis her in erster Linie eine Religion der Erinnerung an den Bund (mithaq), den Gott in der Vorewigkeit (azal) mit dem Menschengeschlecht geschlossen hat. Gott bezeichnet den Gesandten Mohammad in seinem Wort – dem Koran – in zahlreichen Wiederholungen mit den Attributen "Mahner" und "Warner"; "Erinnere dich", ist eine der häufigsten Formeln, mit denen im Koran die Gottesrede eröffnet wird. So geht es dem Islam in der Begegnung mit den Leuten der Schrift (ahl al-kitab) – mit Juden und Christen – vordergründig auch nicht um Mission und Bekehrung, sondern um die Wiederbesinnung auf den Bundesschluß und die daraus resultierenden Bundespflichten.

Der Islam legt den Gläubigen die strikte Verpflichtung auf, sich selbst und ihre Mitmenschen immer wieder an die Existenz und Gegenwart Gottes zu erinnern. Wichtigste Stationen auf diesem zeugnisbetonten Wege sind Geburt und Beschneidung.

7.6.2. Schwangerschaft und Geburt

Von dem Augenblick an, da das Kind den Mutterschoß verläßt und das Licht der Welt erblickt, wird es in den Islam eingebettet. Dem Neugeborenen werden nach Trennung von der Nabelschnur von der Hebamme oder dem Arzt der 'adhan' – der Ruf zum Gebet – und die 'iqamah' – die Ankündigung, daß das Gebet begonnen hat – in das rechte bzw. linke Ohr gesprochen.

Der 'adhan' lautet: "Gott ist groß! Ich bezeuge, daß es keine Gottheit gibt außer Gott. Ich bezeuge, daß Mohammad der Diener und Gesandte Gottes ist. Herbei zum Gebet; herbei zum Heil. Gott ist groß. Es gibt keine Gottheit außer Gott".

Die 'iqamah' lautet: Gott ist groß. Ich bezeuge, daß es keine Gottheit gibt außer Gott. Ich bezeuge, daß Mohammad der Diener und Gesandte Gottes ist. Herbei zum Gebet; herbei zum Heil. Siehe, der Gottesdienst beginnt. Gott ist groß; es gibt keine Gottheit außer Gott".

Auf diese Weise vernimmt das Kind als erstes Wort in seinem Erdendasein das Zeugnis des Glaubens, die Aufforderung zur Anbetung des Schöpfers. Kurz: es wird an den Bund erinnert, den Gott von Anbeginn an mit dem Menschengeschlecht geschlossen hat. Im Koran lesen wir:

"und als dein Herr aus den Kindern Adams – aus ihren Lenden – ihre Nachkommenschaft hervorbrachte und sie zu Zeugen wider sich selbst machte (indem er sprach): Bin ich nicht euer Herr?, sagten sie: Doch, wir bezeugen es! (Dies,) damit ihr nicht am Tage der Auferstehung sprächet: Siehe, wir waren dessen unkundig" (2:172-173).

Der Koran hat Schwangerschaft und Geburt zu einem Zeichen der Auferstehung gemacht. Gott kann die Menschen aus dem Grabe hervorholen, wie er sie aus dem Mutterschoß hervorholt. Die Namensgebung für das Kind erfolgt nach der Tradition entweder am 7. oder am 40. Tag nach der Geburt. Wenn dem Kind zum ersten Mal die Haare geschnitten werden (aqiqa), wird deren Gewicht entweder in Silber oder als Bargeld gespendet. Bei wohlhabenden Familien wird zudem ein Hammel geschlachtet, um ärmere Menschen und Freunde zu beköstigen. Dagegen ist für die Beschneidung keine Altersgrenze festgesetzt; sie findet entweder am 7. Tage nach der Geburt oder zu einem beliebigen Zeitpunkt bis zum 12. Lebensjahr statt.

7.6.3. Beschneidung

Um es vorweg zu sagen: Im Koran, der ersten Erkenntnisquelle des Islam, findet die Beschneidung (khitan) keinerlei Erwähnung. Die Ulama verweisen allerdings mit Recht auf zwei theologiegeschichtliche Ereignisse, um zu verdeutlichen, daß die Beschneidung zu den guten Werken gehöre, die eine Belohnung durch Gott nach sich ziehen. So etwa Sura 19:59-61 oder 20:113.

Fest steht, daß die Beschneidung bereits vor der Offenbarung des Koran unter den Arabern üblich war. Dafür gibt es eine Reihe von Belegen in der hebräischen Bibel (Jer 9:25-26), in der altarabischen Dichtung und schließlich in der zweiten Erkenntnisquelle des Islam, dem Hadith. Dadurch, daß Mohammad selbst beschnitten war (der Legende zufolge soll er bereits beschnitten auf die Welt gekommen sein) und diesen Brauch nach seiner Berufung zum Propheten nicht abschaffte, wurde die Beschneidung zur *Sunna,* d.h. jeder Moslem ist verpflichtet, dem Vorbild des Propheten zu folgen und sich beschneiden zu lassen.

Die Hinweise im Hadith knüpfen an die biblische Erzählung von der Beschneidung Abrahams und Ismaels an (1. Mose 17:23-27) und spannen damit einen Bogen zur Bundeserzählung in Sura 2:172-173. Daraus seien die Abschnitte 26 und 27 in der lutherischen Version zitiert: "Eben auf einen Tag wurden sie alle beschnitten, Abraham, sein Sohn Ismael und was männlich in seinem Hause war ...".

Ismael ist der Stammvater der Araber, aus Ismael wurde Mohammad geboren, um den alten, von seinen Landsleuten längst vergessenen Bund wieder zu erneuern, um dem Bundeszeichen – der Beschneidung – in Ismael wieder den Sinn zu geben, der ihm zukommt. Die Aufforderung des Koran an die Moslems: "Folgt dem Bekenntnis eures Vaters Abraham" (22:79) schließt eben auch die Beschneidung ein, die ja ein essentieller Bestandteil des Abraham-Bekenntnisses ist. Der Islam gehört zum Hause Abrahams, dessen Bewohner männlichen Geschlechts "eben auf einen Tag alle beschnitten wurden", wie die Bibel überliefert. Deshalb wird die Beschneidung von den Moslems auch schlicht 'sunna' genannt: Brauch, Vorbild, dem man folgen muß. Bereits für den Traditionalisten Mohammad Ibn Idriss as-Schafi'i war die Beschneidung neben der Enthaltung von Schweinefleisch im gewissen Sinne zum Schibbolet des Islam geworden.

Wie bereits erwähnt geht die Hadith-Literatur – also der realinspirierte Teil der islamischen Quellen –, ganz im Gegensatz zum Koran ausführlich auf die Beschneidung ein. Stellvertretend sei hier der Traditionalist Ahmad Ibn Hanbal (780-855) genannt, der für sie bereits die Bezeichnung 'sunna' einführte, um zu verdeutlichen, daß auch Konversionen zum Islam die Bereitschaft voraussetzen, sich der Beschneidung zu unterziehen.

Wenngleich heute immer häufiger auch moslemische Familien dazu übergehen, ihre Kinder bereits kurz nach der Geburt beschneiden zu lassen, hält die überwiegende Mehrheit an dem Brauch fest, dieses Ereignis mit der Aufnahme des 12-jährigen in die Männergesellschaft zu verbinden. Das hat in unseren Tagen dazu geführt, daß aus der ursprünglich selbständigen Beschneidungszeremonie ein feierlicher Aufnahmeritus in die islamische Gemeinschaft geworden ist.

8. KRIEG UND FRIEDEN IM KORAN

Die Tatsache, daß der Islam nach der katholischen und der evangelischen Kirche zur drittgrößten Glaubensgemeinschaft in der Bundesrepublik geworden ist, signalisiert überdeutlich, daß Deutschland kein ausgesprochen christliches Land mehr ist. Hinzu kommt, daß in Politik und Gesellschaft die Erkenntnis reift, daß die islamischen "Gastarbeiter" von heute, islamische "Mitbürger" von morgen sein werden. Die für Ausländerfragen zuständigen Behörden gehen längst davon aus, daß sich über fünfzig Prozent der hier lebenden Moslems innerlich entschieden haben, für immer in Deutschland zu bleiben. Die künftigen Moslemgenerationen werden also voraussichtlich eines Tages im Besitz eines deutschen Passes sein und sich voll in das gesellschaftliche Leben dieses Staates integriert haben; mit allen daraus resultierenden Rechten und Pflichten.

Um auf diesen Prozeß genügend vorbereitet zu sein, ist es notwendig, daß die zahlreichen Vorurteile und Mißverständnisse, die Christen und Moslems heute noch voneinander trennen, abgebaut und überwunden werden. Es bekäme unserer Gesellschaft nicht gut, wollte man den islamischen Bevölkerungsteil – er macht derzeit 3 Prozent der Gesamtbevölkerung aus – zu einer neuen bzw. dauerhaften Gettoexistenz verurteilen.

Der Weg, der vor uns liegt, ist weit. Er ist zudem mit zahllosen Schwierigkeiten gepflastert. Keine Religionsgemeinschaft ist in der deutschen Literatur so schlecht behandelt worden wie der Islam. Obwohl keine Kultur und Zivilisation das mittelalterliche Europa so sehr und positiv beeinflußt hat wie die islamische, obwohl die deutsche Orientalistik imponierende Leistungen vorweisen kann, stößt der Leser auch moderner Literaturerzeugnisse über den Bereich Islam auf erschreckende antiislamische Ressentiments. Hier wuchert nach wie vor ein permanenter Antisemitismus anderer Qualität; denn wie das Judentum, so ist auch der Islam in erster Linie eine semitische, im biblischen Umkreis angesiedelte Glaubensweise.

Ich möchte mich im folgenden vor allem mit zwei Reizworten befassen, die allen Bürgern geläufig sind, wenn sie gefragt werden, was ihnen spontan zu dem Wort oder dem Begriff "Islam" einfalle. Diese Reizworte sind: *Heiliger Krieg und Feuer und Schwert.*

Wenn Christen und Moslems in Gegenwart und Zukunft in Eintracht miteinander leben wollen, muß hier die Aufklärung einsetzen. Die zunehmenden ausländerfeindlichen Tendenzen mögen als Bestätigung dieser These dienen.

8.1. Texte

In einer New Yorker Kirche hat man die Bildnisse der Stifter des Christentums, der jüdischen Religion, des Islam und des Buddhismus in einem Mosaik festgehalten. Während Jesus Christus, Mose und Buddha vom Schöpfer des Bildwerkes als reine

Seelensucher dargestellt worden sind, trägt Mohammad, der Prophet des Islam, ein Schwert, getreu der landläufigen und anscheinend unausrottbaren Mär, daß der Islam eine Religion des Krieges und des Hasses sei und daß sich die Lehre des arabischen Propheten mit "Feuer und Schwert" durchgesetzt habe. Islam und "djihad", Bekehrung oder Tod — diese Schlag- und Reizworte haften dem Islam an, seit sich die abendländischen Kreuzfahrerheere aufmachten, die heilige Stadt Jerusalem den "ungläubigen Mohammedanern", den Sarazenen zu entreißen. So und nicht anders haben es Generationen von Christen in der Schule gelernt, im Religionsunterricht erfahren — aus jener heroischen Ritterwelt, "als Kaiser Friedrich lobesam ...".

Nun weist der Koran in der Tat eine Reihe recht militanter Aussagen auf, die uns hier beschäftigen sollten. Um es vorweg zu sagen: Die solcherart überlieferten "Kriegsartikel" sind situationsbedingte Anweisungen an die frühislamische Gemeinde, die von ihren Feinden hart bedrängt und verfolgt wurde. Sie beziehen sich auf den Verteidigungskrieg der Gefährten des Propheten Mohammad gegen die heidnische Gesellschaft, die insbesondere von den Koreisch in Mekka repräsentiert wurde. Es handelt sich dabei um den Zeitraum von etwa 622 bis 630 n.Chr.

Wollte man nun diese, seinerzeit aus einer gesteigerten Notsituation heraus entstandenen militärischen Anweisungen auf unsere Zeit übertragen, etwa um nachzuweisen, daß der Islam im Unterschied zu den anderen Glaubensweisen besonders kriegerisch ausgerichtet sei bzw. im Unterschied zur "Religion der Liebe" eine "Religion des Schwertes" verkörpere, die den Tod auf dem Schlachtfeld als höchstes Glück verheißt — so handelt man, um es gelinde auszudrücken, unseriös.

Wer wollte beispielsweise die übersteigerte Kriegsideologie, die uns aus einigen Büchern der Bibel (des Alten Testaments) entgegentritt, auf das heutige Judentum oder das aus ihm gewachsene Christentum übertragen?

Zur Veranschaulichung zwei Text; zum einen:

"Und wenn sie der Herr, dein Gott, dir in die Hände gibt, so sollst du alles, was männlich darin ist, mit der Schärfe des Schwertes erschlagen. Nur die Frauen, die Kinder und das Vieh, und alles, was in der Stadt ist, und alle Beute sollst du unter dir aufteilen und sollst essen von der Beute deiner Feinde, die dir der Herr, dein

Gott gegeben hat. So sollst du mit allen Städten tun, die sehr fern von dir liegen und nicht zu den Städten dieser Völker hier gehören. Aber in den Städten dieser Völker hier, die dir der Herr, dein Gott, zum Erbe geben wird, sollst du nichts leben lassen, was Odem hat ...".

Sodann:
"Erlaubnis zu kämpfen ist denen gegeben, die bekämpft werden, weil ihnen Unrecht geschah — und Gott hat fürwahr die Macht ihnen zu helfen —, jenen, die schuldlos aus ihren Häusern und Wohnstätten vertrieben wurden, nur weil sie sprachen: Unser Herr ist Gott! ... Und kämpfet für Gottes Sache gegen jene, die euch bekämpfen, doch überschreitet das Maß nicht. ... Und bekämpfet sie, bis keine Verfolgung mehr ist (bis niemand mehr versucht, Gläubige zum Abfall zu verführen) und bis Gott allein verehrt wird".

Aus diesen Texten spricht zweifellos nicht eben ein friedlicher, sondern ein eher recht kriegerischer Geist, wobei anzumerken ist, daß die erstzitierte Textstelle dem Alten Testament, also der hebräischen Bibel entnommen ist (5. Mose 20:13-16) und die zweite dem Koran (22:39 f.; 2:190, 193).

Beide Aussagen sind zeitbedingt, sind historisch nicht übertragbar, da sie für eine bestimmte, abgeschlossene Situation stehen. Es wird auf der anderen Seite jedoch deutlich, wie nahe sich Bibel und Koran sind, wenn es um die Frage des Glaubenskrieges, um die Bekämpfung der Feinde Gottes oder Andersgläubiger geht.

Es bleibt also vor dem Hintergrund dieser Tradition die Frage zu stellen: Wem nützt es eigentlich, wenn wir heute, in unserer ohnehin friedlosen Zeit, während unserer gewagten Gradwanderung zwischen menschlicher Vernunft und Unvernunft, über Themen wie "Heiliger Krieg" oder "Feuer und Schwert" in alten, rechthaberischen und darum nicht wahrerwerdenden Kategorien diskutieren? Wir müßten dann immerhin aufrechnen: Feuer und Schwert — Christus oder Scheiterhaufen; "djihad" — Kreuzzüge; türkische Hegemonialkriege — europäischer Kolonialismus. Wir müßten dem "La ilaha illa llah" — "Allahu akbar", dem Kriegsruf der Moslems, das "Kyrie eleison" der Christen, das "Gott will es" der Kreuzfahrer oder das modernere "Vorwärts, christliche Soldaten" entgegenhalten, das vor nicht allzu langer Zeit in Vietnam dem Tode gesungen wurde — eine Schraube ohne Ende!

8.2. Ursachen des "schlechten" Rufes

An diesem Punkt stellt sich die berechtigte Frage, wie es eigentlich dazu kommen konnte, daß der Prophet Mohammad in Verruf geriet, ein "Prophet des Schwertes" gewesen zu sein bzw. der Islam, Mission mit "Feuer und Schwert" betrieben zu haben.
Darauf gibt es mehrere Antworten:
a) Zunächst sind es die bereits angesprochenen medinensischen Kriegsartikel, die man aus propagandistischen Gründen und Motiven aus ihrer situationsbedingten Bedeutung löste und als "permanente Bedrohung der Christenheit" bzw. des christlichen Abendlandes hochstilisierte.
Der Theologe Paul Löffler hat dazu ausgeführt: "Vorurteile verzahnen sich mit aus dem Zusammenhang gerissenen Informationsbrocken zu einer Maschinerie, die ständig Verzerrungen produziert. Dumpfe Gefühle steuern unsere Raktionen: eine Urangst vor krummsäbelschwingenden Moslems ... oder das entstellte Wunschbild vom sinnesfreudigen Orient, das der Phantasieüberreizung vormoderner Reisender entstammt".[20]
b) Eine andere Antwort liegt in der Person des Propheten selbst. Im Gegensatz zu Jesus von Nazareth, der sich, erstaunlich genug bei dem politisch aufgeheizten Klima in dem er lebte, konsequent geweigert hat, zu den politischen oder rechtlichen Problemen seiner Zeitgenossen Stellung zu nehmen, hat sich Mohammad nicht nur als Gesandter Gottes, als Prophet des Islam betrachtet, sondern auch als Staatsgründer und weltliches Oberhaupt der Araber.
Hans-Joachim Schoeps, einer der profiliertesten Gegner des Islam und seines Propheten, betont, Mohammad sei das größte politische Genie unter den religiösen Führern der Menschheit gewesen.[21] Schoeps spricht hier die zwei Naturen Mohammad's an, die für die Moslems zu einer Einheit verschmelzen, die aber entscheidend dazu beigetragen haben, daß das abendländische Mohammad-Bild einseitig, sträflich vereinfacht und bis zur Beleidigung abwertend geriet.
Man muß in diesem Zusammenhang berücksichtigen, daß der Islam ein das ganze Leben des Menschen umfassendes und bestimmendes Gefüge religiöser Traditionen, gesellschaftlicher Ordnungen und politischer Bindungen ist. Der Islam kennt die im Chri-

stentum übliche Trennung von "Kirche und Welt" nicht; er ist vielmehr "din wa dawla" — Religion und Lebensordnung. Die Theologie des Koran war von Anfang an auch eine politische Theologie.

c) Eine dritte Antwort läßt sich sicherlich aus der Kreuzzugsideologie der mittelalterlichen Kirche konstruieren, die ja davon ausging, daß der Islam keine neue, originäre Religion, sondern als "verabscheuungswürdige Sekte unter die zu bekämpfenden Häresien einzureihen"[22] sei.

Die Polemik zwischen Islam und Christentum nahm daher sehr bald jene unwürdigen Formen an, die uns in den Schriften eines Petrus Venerabilis, Ricoldus und Martin Luther bis hin zu Karl Barth, Emanuel Kellerhals und Gottfried Simon begegnen. Es darf angesichts der Propaganda Papst Urban II. auf, während und nach dem Konzil von Clermont, im November 1095 und der Kreuzzugspredigten des Zisterzienser Abtes Bernhard von Clairvaux, kein Wunder nehmen, wenn besonders der vermeintliche Ketzer Mohammad Zielscheibe der kirchlichen Angriffe wurde, eine Methode, die bis in die jüngsten Literaturerzeugnisse kirchlicher und weltlicher Verlage nachwirkt. Das ist in zweierlei Hinsicht beklagenswert, wenn nicht gar gefährlich:

Einmal leidet darunter die christlich-islamische Begegnung, das Gespräch unter den Söhnen Abrahams und zum anderen wird dadurch die religiöse Identität der islamischen Minderheit zutiefst diskriminiert — immerhin leben ja rund zwei Millionen Moslems unter uns, die bezeugen und bekennen, daß Mohammad der Diener und Apostel Gottes ist.

Löffler spricht von einem "erschreckenden religiösen Analphabetentum in den Kirchen im Blick auf den Islam", das überwunden werden müsse: "Die wenigen Stereotypen, die wir üblicherweise vom Islam wissen, sind für mündige Christen beschämend. In den wenigen Fällen, in denen sich interessierte Christen genauer informieren, schöpfen sie oft aus einseitigen Quellen".[23]

d) Man muß darüber hinaus wissen, daß es sich bei den mittelalterlichen Schmähschriften über den Islam und seine Anhänger um Kriegspropaganda handelt, die dazu diente, den Kreuzzugsgedanken wachzuhalten. Bedauerlich nur, daß diese Zweckpropaganda später von Teilen der Wissenschaft unkritisch übernommen wurde und sich im Laufe der Jahrhunderte durch ständige Wiederholung zu einer Art "selbständige Wahrheit" zu entwickeln vermochte, unabhängig von den historischen Zeitabläufen.

8.3. Schwertmission

Die Frage, ob der Islam letztlich nicht doch mit dem Schwert missioniert habe, möchte ich von vier europäischen Theologen und Islamwissenschaftlern beantworten lassen.

Bereits der als Mohammad-Kritiker bekanntgewordene britische Religionswissenschaftler Sir William Muir, hat freimütig festgestellt: "Ganz entschieden muß die Frage verneint werden, ob der Islam Proselytismus durch Gewalt erzwungen hätte oder ob er angriffslustiger als andere Religionen gewesen sei".[24]

Noch deutlicher wird der Religionswissenschaftler Gustav Mensching: "Nichtmohammedanern wurde nur die islamische Herrschaft, aber nicht der islamische Glaube aufgezwungen. Es ist also historisch unrichtig zu behaupten, der Islam sei mit Feuer und Schwert ausgebreitet worden. Die kriegerischen Anstrengungen ... hatten die Errichtung des islamischen Staates zum Ziel, nicht aber primär die Verbreitung des islamischen Glaubens".[25]

Claude Cahen, Lehrstuhlinhaber an der Sorbonne in Pairs, stellt fest: "Für die ... gewonnenen Gebiete scheint den Eroberern nicht einmal der Gedanke an eine allgemeine Bekehrung gekommen zu sein".[26]

Und schließlich James A. Michener: "Im Westen ist die Meinung weit verbreitet, dieser stürmische Siegeszug einer Religion sei nur durch das Schwert ermöglicht worden. Aber die moderne Forschung lehnt diese Auffassung (als unseriös) ab".[27]

Dazu noch ein aktueller Zeitungsbericht aus Lehrte unter der Überschrift "Islamischer Glaubenskämpfer ohne blutiges Schwert": "Am Ende der spannenden und atmosphärisch dichten religionswissenschaftlich und archäologisch abgesicherten Entdeckungsreise in die Geschichte standen einige in den Schulbüchern liebevoll gepflegten Vorstellungen kopf: Blutrünstig waren vor allem die christlichen Kreuzfahrer, milde und tolerante Besatzer dagegen die vom Abendland dämonisierten Muslime.

Der heute in den Medien oft beschworene 'Heilige Krieg' entstammt in Wirklichkeit der christlichen Begriffswelt, nicht aber dem Islam. Angewendet werden, etwa gegen Israel, kann er 'schon aus formaljuristischen Gründen nicht'. Mit diesen Thesen ... überraschte Professor Dr. Dr. Walter Beltz von der Martin-Luther-Universität Halle (DDR) seine Zuhörer vom Verein Dokumantationsstätte Sievershausen. ... Beltz sprach über die Beweggründe des Islam zum 'Heiligen Krieg' (den es aber im Islam strenggenommen überhaupt nicht gibt).

Der Begriff vom 'Heiligen Krieg' ist vielmehr eine Übertragung von Vorstellungen, die aus der Zeit stammen, als das Christentum noch mit dem Schwert verbreitet wurde, auf ganz anders geartete islamische Inhalte. Zwar sei jeder Gläubige im Islam vom Wort her ein 'Glaubenskämpfer'. Dies aber nicht im Sinne der Ausrottung Andersgläubiger — das hätten tatsächlich erst die christlichen Kreuzfahrer getan, und ihre kriegerischen Vorstellungen von 'Missionierung' seien auf den Islam übertragen worden. Zu Unrecht, wie Beltz meint. Denn 'Glaubenskampf' habe im Islam die Bedeutung von 'sich Mühe geben mit dem islamischen Glauben'. Der einzelne mit seinem Kampf gegen die Zweifel im Glauben sei hier vor allem gemeint. Kriegerischen 'Glaubenskampf' könne es nur geben, wenn islamisches Land von Andersgläubigen gewaltsam geraubt werde. 'Vertreibung ist schlimmer als Tod', heiße es im Koran. ...".[28]

8.4. Islam und Gewalt

In den hektischen Tagen nach dem Anschlag von München, im Jahre 1972, konnte man in einigen renommierten Zeitungen lesen, der Koran sanktioniere politischen Mord und der Prophet Mohammad habe den Moslems nicht nur die "gnadenlose Tötung der Ungläubigen" befohlen, er sei auch der eigentliche Urheber des heutigen Antisemitismus.

Nicht dagegen stand in diesen Zeitungen die Verlautbarung des Islamischen Weltkongresses, in der es hieß, daß der Anschlag des sogenannten "Schwarzen September" vom Islam weder gebilligt noch gutgeheißen werden könne. Mit Mordanschlägen könne man die Welt nicht überzeugen und schamlose Verbrechen könne man weder religiös noch politisch rechtfertigen. Wörtlich: "Mord ist ganz und gar ein eklatanter Verstoß gegen die Lehren des Islam".

In der Tat heißt es in Sura 5:32:
"Wenn jemand einen Menschen tötet, so soll es sein, als habe er die ganze Menschheit getötet; und wenn jemand einem Menschen das Leben erhält, so soll es sein, als habe er der ganzen Menschheit das Leben erhalten";
und in Sura 17:33 steht:
"Tötet kein Leben, das Gott unverletzbar gemacht hat".

Nicht der kämpferische, kriegerische Mensch ist das Ziel islamischer Erziehung und Ethik, sondern der dem Islam, dem Frieden dienende Mensch.

Der Traditionalist Ibn Anas überliefert, daß der Prophet gesagt hat: "Fürchte den Fluch des Unterdrückten, denn kein Schleier trennt ihn von Gott".

Unter Glaubenskrieg versteht die islamische Theologie und Rechtswissenschaft wie bereits erwähnt, einen Verteidigungskrieg, heißt es doch: "Erlaubnis zu kämpfen ist denen gegeben, die bekämpft werden", oder: "Kämpft für Gottes Sache gegen jene, die euch bekämpfen" und schließlich: "Kämpft wider sie, bis keine Verfolgung mehr ist".

Einem Traditionsspruch des Abd-allah bin Aufa zufolge hat Mohammad gesagt: "Sehnt euch nicht nach der Begegnung mit einem Feind auf dem Schlachtfeld, sondern erfleht von Gott Frieden und Ruhe. Wenn ihr aber gezwungen werdet, dem Feind im Krieg zu begegnen, dann seid standhaft im Kampf; denkt daran, daß das Paradies im Schatten der Schwerter ist".

Die islamischen Staaten sind zwar verpflichtet, wegen ihres Bekenntnisses verfolgten Glaubensbrüdern zur Hilfe zu kommen, jedoch unterliegt selbst diese Verpflichtung der strikten Einhaltung völkerrechtlich verbindlicher Verträge und Vereinbarungen, wenn es in der Sura 8:72 heißt: "Suchen sie (d.h. jene Moslems, die um ihres Glaubens willen verfolgt werden) aber eure Hilfe für den Glauben, dann ist es eure Pflicht, ihnen beizustehen, außer gegen ein Volk, zwischen dem und euch ein Bündnis besteht. Gott sieht euer Tun".

8.5. Der "djihad"

Spätestens seit den Tagen Karl May's und seiner Abenteuer als Kara ben Nemsi geistert das arabische Wort "djihad" durch die deutsche Literatur, das angeblich heiliger Krieg bedeuten oder heißen soll. Was hat es nun für eine Bewandtnis mit diesem Wort, das so fremd und deshalb wohl auch so gefährlich für europäische Ohren klingt?

Zunächst sei festgehalten, daß das arabische Wort für Krieg eben nicht "djihad" ist. Die arabische Sprache kennt für den Bereich "kriegerische Auseinandersetzungen" zwei Hauptbegriffe: "kital" und "harb". Während mit "harb" der Kriegszustand an sich umschrieben wird, das Wort steht auch für "friedlose Welt", bedeutet "kital" Kampf gegen einen Angreifer.

"Djihad" dagegen heißt "sich anstrengen", beinhaltet "die Anwendung oder Anstrengung der äußersten Kraft, Bemühungen, Bestrebungen oder Fähigkeiten im Ringen mit einem Gegenstand der Mißbilligung. "Djihad" ist darüber hinaus die Pflicht der Gemeinschaft, die "Herrschaft der Rechte Gottes und der Menschen" auf der ganzen Erde auszubreiten und zu festigen; "djihad" bedeutet in diesem Sinne die Mobilisierung aller Energien zur Durchführung großer Aufgaben und umfaßt im individuellen Bereich alle Bemühungen, die Vorschriften Gottes im persönlichen Leben zu verwirklichen: in der Ehe, im Berufsleben, in der Kindererziehung, im Unterricht, im Umgang mit den Mitmenschen usw.

Der katholische Islamwissenschaftler Louis Gardet schreibt: "Es ist irrig, sich den "djihad" in Anlehnung an den biblischen "khorban", bei dem jedes lebendige Wesen geopfert werden mußte, als Vernichtungskrieg vorzustellen. Ziel des "djihad" ist nicht die Ausrottung, sondern die Einführung der Gesetze und Rechte Gottes".[29] Das wird in folgendem Koranzitat deutlich: "So gehorche nicht den Ungläubigen, sondern eifere mit ihm (dem Koran) wider sie in großem Eifer" (25:52).

Nach einem Bericht von Abu Said Al-Khudri wurde der Prophet einmal gefragt, wer der erhabenste Mensch sei. Mohammad habe geantwortet: "Der Gläubige eifere für die Sache Gottes mit seiner ganzen Seele und mit seiner ganzen Habe". Hier erscheint wieder das Wort "djihad", und zwar in der Form von "judjahid", d.h. als Kriterium für die Beurteilung der höchsten Tugenden des Menschen.

Aus den Traditionen des Propheten und aus dem Koran ergibt sich eine Klassifikation der Bereiche, in denen das Wort "djihad" Verwendung finden kann:

a) "djihad akbar" (die äußerste Anstrengung).

Es handelt sich dabei um die Bekämpfung der eigenen schlechten Triebe und Neigungen, von Aggressionen, Haß, Selbstsucht, der eigenen Untugenden und um den Kampf gegen Unterdrückung und Ausbeutung. Der "djihad akbar" ist also der unablässige innere Kampf gegen Laster und Leidenschaften. Unter diesen Begriff fällt auch das islamische Hilfswerk und die islamische Entwicklungspolitik;

b) "djihad kabir" (die große Anstrengung).

Unter diesen Begriff fällt unter anderem die Verkündigung des Islam, aber auch der Dialog mit den anderen Religionen;

c) "djihad asgar" (die kleine Anstrengung).

In diesen Bereich ist der "kital" einzuordnen: die Verteidigung der Glaubensfreiheit und das Eintreten für Verfolgte und Unterdrückte mit Waffengewalt.

Nach der Rückkehr von einer Expedition gegen die feindlichen Mekkaner, erklärte der Prophet: "Wir kommen jetzt von dem kleinen 'djihad', um uns wieder dem äußersten 'djihad' zu widmen", d.h. der Meditation, der Selbstbeherrschung und der Selbstfindung.

8.6. Frieden geht vor Krieg

Koran und Sunna verlangen im Falle des "djihad asgar" – des Verteidigungsfalles – eine möglichst humane Kriegsführung. Es sind alle Anstrengungen zu unternehmen, den ausgebrochenen Konflikt zu einem schnellen Ende zu bringen. Falls der Gegner sich um einen Waffenstillstand bemüht, soll die islamische Seite sich diesem Wunsch nicht verschließen, selbst dann nicht, wenn Grund zu der Annahme besteht, daß der Gegner keine lauteren Absichten hegt.

Auch hier gibt es eine deutliche Parallele zwischen Koran und Bibel. Zunächst aus der Sura 8:62:

"Wenn sie zum Frieden geneigt sind, so sei auch du ihm geneigt und vertraue auf Gott. ... Wenn sie dich aber hintergehen wollen, so ist Gott fürwahr deine Genüge. Er hat dich gestärkt mit seiner Hilfe und mit den Gläubigen";

und sodann aus 5. Mose 20:10 f.:

"Wenn du vor eine Stadt ziehst, um gegen sie zu kämpfen, so sollst du ihr zunächst den Frieden anbieten. Antwortet sie dir friedlich und tut dir die Tore auf, so soll das ganze Volk, das darin gefunden wird, dir fronpflichtig sein und dir dienen".

Es muß hier fairerweise angemerkt werden, daß der Koran im Gegensatz zum Alten Testament im Falle der Unterwerfung nicht die Fronpflichtigkeit verlangt, er mahnt die Sieger vielmehr in Sura 5:8:

"Seid standhaft in Gottes Sache, bezeugend in Gerechtigkeit! Und die Feindseligkeit eines Volkes soll euch nicht verleiten, anders denn gerecht zu handeln. Seid gerecht, das ist der Frömmigkeit näher".

1.200 Jahre vor Erlaß der Haager Landkriegsordnung ließ der Kalif Abu Bakr in einem Tagesbefehl an seine Heerführer folgende Kriegsartikel verkünden:

"Brecht eure Verpflichtungen nicht noch begeht irgend welchen Betrug oder Verrat. Auch schändet die Toten des Feindes nicht und martert nicht die Lebenden. Tötet keine Kinder, alte Leute oder Frauen. Vernichtet nicht die fremden Saaten, brecht nicht die Äste von den Obstbäumen, und von den Tieren nehmt nur soviel, als ihr für eure Versorgung unbedingt benötigt. Ihr werdet auf Menschen treffen, die sich dem Dienst an ihrer Religion geweiht haben. Belästigt sie nicht, auch beeinträchtigt keine der Angelegenheiten, denen sie sich widmen".

Zumindest was das Verhalten den Bäumen gegenüber angeht, findet sich im 5. Mose 20:19 eine Parallele:

"Wenn du vor einer Stadt liegen mußt; gegen die du kämpfst, um sie zu erobern, sollst du ihre Bäume nicht verderben oder mit Äxten umhauen, denn du kannst davon essen. Darum sollst du sie nicht fällen".

Ein ehrwürdiger Hadith überliefert: "Seid menschlich und gerecht untereinander und anderen gegenüber. Das Leben und das Vermögen des Menschen sollen euch heilig sein; und unverletzlich. Der Mensch ist Schöpfung Gottes. Es sei daher jeder verflucht, der sie zerstört".

Der Islam hält von seinem Weltverständnis und von seiner Weltverantwortung her jede kriegerische Handlung grundsätzlich für anormal. Der Koran vergleicht infolgedessen den Krieg mit einer Feuersbrunst, aber er verheißt, daß Gott jeden von Menschen entfachten Kriegsbrand löschen wird, so oft er auch wieder ausbrechen mag: "So oft sie ein Feuer für den Krieg anzünden, löscht Gott es aus. Und sie trachten nur danach, Unordnung auf Erden zu stiften. Und Gott liebt nicht die, die Unordnung stiften", heißt es in Sura 5:64.

Es bleibt in diesem Zusammenhang letztlich noch einmal festzuhalten, daß der Koran zwei Hauptbezeichnungen für den Begriff Frieden vermittelt: "silm" oder "salam" und "sulh". Die Wurzel "silm" ist in dem Wort "Islam" enthalten. Dieses vermittelt, wie erinnerlich, sowohl den Zustand der vertrauensvollen, freiwilligen Hingabe an das göttliche Ideal, als auch den des Friedensschlusses mit Gott, mit den Menschen und mit sich selbst.

Geht man dem Begriff Frieden im Koran nach, so kann man feststellen, daß er mehr als hundert Mal vorkommt, und zwar stets in positivem Zusammenhang.

Einige Beispiele dafür:

"O ihr Gläubigen! Tretet allesamt in den Zustand des Friedens! Meidet die Fußstapfen des Satans; er ist euch ein ausgemachter Feind" (2:209);

"Stiftet zwischen den beiden Streitparteien Frieden, wie es recht und billig ist, und laßt Gerechtigkeit walten! Gott liebt die, die gerecht handeln. Die gläubigen Menschen sind doch Brüder. Sorgt also dafür, daß zwischen euren Brüdern Friede herrscht und fürchtet Gott, auf daß ihr Erbarmen findet" (49:10);

"Richtet keine Zerstörungen auf der Erde an, nachdem sie veredelt worden ist und betet zu Gott in Furcht und Hoffnung" (7:57);

und letztlich:

"Gott ruft euch zur Behausung des Friedens" (10:26).

8.7. Ist die Bundesrepublik "dar-ul-harb"?

Im Islam wird grundsätzlich unterschieden zwischen dem "dar-ul-harb" (der Welt des Unfriedens oder des Krieges) und dem "dar-ul-Islam" (der Welt des Friedens).

Im Hinblick auf die islamischen Diasporagemeinschaften in der westlichen Welt und im Interesse des künftigen Zusammenlebens von Christen und Moslems in einem nicht vom Islam geprägten Gemeinwesen, bleibt also die Frage zu stellen, ob die Bundesrepublik Deutschland als "dar-ul-harb" zu betrachten ist.

Oder härter formuliert: Ist sie ein Staat der Ungläubigen, der von den hier lebenden Moslems abgelehnt oder gar bekämpft werden muß?

Man könnte sich die Antwort einfach machen und mit dem Koran argumentieren, daß Christen und Juden ja zu den "ahl al-kitab" gehören, zu den Leuten der Schrift, also keine Ungläubigen sind. Immerhin werden in Sura 22:41 auch Kirchen, Klöster und Synagogen als Stätten der Anbetung des Einen Gottes bezeichnet, die es im Kriegsfall zu verteidigen gilt. Aber es sollten auch die Traditionen befragt werden; in diesem Fall die der hanifitischen Rechtsschule, der die meisten in unserem Lande lebenden Moslems angehören.

Shaikh Muhammad Abu Zahra (Al-Azhar) schreibt in seinem Werk "Begriff des Krieges im Islam", daß die Rechtsgelehrten die Völker der Welt in drei Gruppen eingeteilt hätten:

– Die "Welt des Islam", deren Angehörige überwiegend Moslems sind und innerhalb deren Grenzen die Regeln und Gesetze des Islam eingehalten werden;
– die, mit denen Verträge und Bündnisse bestehen; d.h. diese Gruppe umfaßt alle Nicht-Moslems, die einen Pakt mit Moslems geschlossen haben;
– die "Welt des Unfriedens", der Feinde des Islam.[30]

Abu Hanifa definiert ein nicht-islamisches Volk als eine Gruppe von Menschen mit den folgenden Eigenschaften, wobei angemerkt werden muß, daß ein Volk, bei dem eine einzige dieser Eigenschaften fehlt, nicht als feindliches Volk angesehen werden darf.

– Vorherrschen von nicht-islamischen Lebensregeln wie Freiheit des Ehebruches, des Wuchers, des Alkoholgenusses, des Glücks-

spiels und anderer vom Islam verbotener Tätigkeiten und Eigenschaften;
— Gebietsgrenze zur "Welt des Islam" vor dem Hintergrund feindseliger Einstellung, verbunden mit militärischer Bedrohung, *Aufenthaltsverbot für Moslems;*
— Ein Zustand, bei dem die Moslems und diejenigen, die unter ihrem Schutz stehen, sich nicht sicher fühlen können.

Dazu Shaikh Muhammad Abu Zahra:
"Dies sind die Attribute einer nicht-islamischen oder islamfeindlichen Gruppe. Wenn irgendeine dieser Bedingungen nicht erfüllt ist, so handelt es sich bei dem betreffenden Volk nicht um eine islamfeindliche Nation. *Wenn ein Land zwar nicht die islamischen Rechtsgrundsätze durchführt, den Moslems ihre Einhaltung aber erlaubt, so handelt es sich nicht um ein feindliches Land".*[31]

Al-Kassani legt die Lehre des Abu Hanifa über ein islamisches Land so aus:
"Abu Hanifa hat ein Land als 'islamich' definiert, in dem islamisches Recht in größerem Umfang angewendet wird. Was nun feindliche Länder angeht, so hat er bestimmte Regeln aufgestellt. Abu Hanifa hat das Prädikat 'islamische Länder/islamische Welt' oder 'ungläubige Länder/ungläubige Welt' nicht etwa daran gemessen *ob die Bewohner der betreffenden Länder Moslems waren oder nicht. Für ihn galt nur ein Kriterium: ob in einem Land Rechtssicherheit für die Moslems besteht.* Ein Land der Ungläubigen und Feinde des Islam ist für ihn ein Land, das zwar den Ungläubigen Rechtssicherheit gewährt, sie den Moslems aber verweigert.

Er geht also vom *Faktum der Rechtssicherheit* aus und *nicht* vom religiösen Bekenntnis seiner Bewohner. Es kommt für ihn in erster Linie auf Kriterien wie Rechtssicherheit und Rechtsunsicherheit an.

Wo einem Moslem die Rechtssicherheit nicht versagt wird, handelt es sich nicht um ein Gebiet der Ungläubigen".[32] Wo Moslems sich nicht sicher fühlen können, ist die "Welt des Krieges". Wenn aber die Unsicherheit durch Sicherheit abgelöst wird, so darf nach Abu Hanifa dieses Land nicht mehr länger als "Schlupfwinkel des Krieges" angesehen werden. Daraus folgert, daß islamische Länder zu diesen Staaten völkerrechtliche Beziehungen aufnehmen können.

Daraus ist nach Al-Kassani zu schließen:

a) Wenn die Gesetze eines Landes islamisch sind, dann ist das Land islamisch. Wenn das Gegenteil herrscht, ist das Land nicht islamisch, und zwar auch dann nicht, wenn es sich islamisch bezeichnet;

b) *Wenn ein Moslem in einem nicht-islamischen Land lebt und dort Rechtssicherheit genießt und seinen Glauben frei bekennen kann, dann ist das Land, in dem er lebt, islamisch.* Wenn er aber in einem Land lebt, in dem er von Rechtsunsicherheit bedroht ist und seinen Glauben nicht frei bekennen kann, so ist das betreffende Land islamfeindlich.

8.8. Schlußbetrachtungen

Der international bekannte Islamwissenschaftler Wilfred Cantwell Smith schreibt: "Der Westen besitzt heute kaum mehr eine Vorstellung davon, wie stark und unermüdlich er seinerzeit den Islam angeschwärzt hat".[33] Rudi Paret, evangelischer Arabist und Koranübersetzer, räumte im Wintersemester 1960/61 in einer Ringvorlesung über Islam und Christentum in Tübingen ein: "An Fanatismus ist man im christlichen Abendland dem Islam nichts schuldig geblieben. Schon die Kreuzzugsbewegung an sich setzte ein beträchtliches Maß an Intoleranz voraus. ... In Gelehrtenkreisen und unter Literaten fand man sich nicht bereit, über den Islam auch nur einigermaßen objektiv zu referieren. Dieses, obwohl man Zugang zu einigen der wichtigsten Quellen hatte. ... Alles in allem konnte man im ... Abendland dem Islam nicht gerecht werden, weil man ihm nicht gerecht werden wollte".[34]

Diese Feststellung läßt sich leicht anhand der Entwicklungsgeschichte des Minderheitenrechtes in der islamischen Gemeinschaft belegen. Der den Juden und Christen zugebilligte Status "Schriftbesitzer" bestimmte beispielsweise entscheidend die ersten Verträge, die der Prophet Mohammad im Jahre 622 n.Chr. mit den jüdischen Stämmen von Medina abschloß, als die frühislamische Gemeinschaft daranging, ihren ersten Staat zu gründen. *Dieser Staat war von vornherein so konzipiert, daß er all jene einschloß, die an Mohammad als Propheten Gottes glaubten, und jene, die bereit waren, seine Autorität als politisches Oberhaupt anzuerkennen.*

Das Verfassungsrecht dieses Staates regelte sowohl die Beziehungen unter den moslemischen Stämmen und Sippen als auch zwischen Moslems und Juden.

Aufgrund der Vielfalt der Bevölkerungsgruppen hatte der Staat die Rechtsform und den Charakter einer *Konföderation*. Jeder beteiligten Gruppe wurde innerhalb dieser Staatsform Anerkennung zuteil, und zwar den Moslems auf der Grundlage ihres Glaubens an den Islam und den Juden auf der Grundlage von Bedingungen, die in einer gemeinsam getroffenen Übereinstimmung festzulegen waren. Aus der Verfassungurkunde nun folgender Auszug:

"Alle Juden, die sich dafür entschieden haben, sich uns anzuschließen, sollen denselben Schutz genießen wie die Moslems. Sie werden weder unterdrückt, noch darf es ein gemeinsames Aufwiegeln der Moslems gegen sie geben. Den Juden ihre Religion und den Moslems ihre Religion. *Die Juden der Bani Awf stellen eine Gemeinschaft mit den Gläubigen dar.* Zwischen allen soll Güte und Freundschaft herrschen. Die Verantwortung für jeden Akt der Unterdrückung oder Böswilligkeit soll stets beim einzelnen ruhen (der ihn begangen hat). Unter ihnen soll stets gemeinsame Beratung und Ratschlag stattfinden. Es soll auch eine gemeinsame Verantwortung für die Verteidigung gegen jeden Angriff auf Medina und gegen jeden Überfall auf jedwede geben, die sich an diese Schriftstücke gebunden fühlen. Die Juden sollen sich mit den Moslems in den Unkosten für einen Krieg teilen, solange der Kampf anhält. Niemand soll die Stadt ohne eine vom Propheten ausgestellte Ausreisegenehmigung verlassen. Andere jüdische Stämme und deren Verbündete und die von ihnen Abhängigen, sollen durch dieses Dokument denselben Status erhalten wie die Bani Awf. In keinem Fall soll dieses niedergeschriebene Dokument jedoch eine Zuflucht für irgendeinen Übertreter sein. Jene, die sich für ein Weggehen entschieden haben, können unbehelligt weggehen, und jene, die sich in Medina niederlassen möchten, können sich unbehelligt niederlassen, es sei denn, sie wären für eine Ungerechtigkeit und Übertretung verantwortlich zu machen".

Dreierlei wird aus diesem Dokument deutlich:

a) Der erste islamische Staat umfaßte Moslems und Juden;

b) Der Rechtsstatus der Juden in diesem frühislamischen Staat wurde in einer gemeinsamen Beratung ausgehandelt und in einer

gemeinsam erarbeiteten Übereinkunft festgelegt;
c) Es herrschte unabhängig der religiösen Zugehörigkeit bezüglich Schutz und Sicherheit vollkommene Gleichheit zwischen Moslems und Juden.

Mohammad Hamidullah unterstreicht bezugnehmend auf dieses Dokument folgerichtig: "Die Verfassung dieses ersten moslemischen Staates — der aufgrund der Vielzahl der Völkerschaften die Form einer Konföderation annehmen mußte — ist uns vollständig erhalten geblieben. Wir finden darin nicht nur die Vorschrift: 'den Moslems ihre Religion, den Juden die ihre', sondern auch diese, die wohl am wenigsten erwartet werden konnte: 'Die Juden ... sind eine Gemeinschaft mit den Gläubigen (d.h. ihnen verbunden)', nach der Lesart des Ibn Hischam; und nach Abu Ubaid: '... eine Gemeinschaft (als Teil) der Gläubigen' (d.h. der Moslems)".[35]

Ähnlich lautende Verträge wurden später auch zwischen dem Propheten Mohammad und christlichen Stämmen abgeschlossen. Der früheste war der mit den Christen von Nadschran (Jemen). Daraus folgende Passage:

"Was die Nadschran und deren Anhänger angeht, so genießen sie den von Gott anbefohlenen Schutz und besitzen die Zusicherung seines Propheten und Gesandten Mohammad (daß dieser ihnen gewährt wird), wobei dieser sich gleichermaßen auf ihr Eigentum, ihr Leben, ihre Religion, die Abwesenden und die Anwesenden, Verwandte und Angehörige, ihre Kirchen und alles, was sie besitzen, sei es wenig oder viel, erstreckt. Kein Bischof kann in seinem Bistum (durch Moslems) abberufen werden und auch kein Mönch in seinem Kloster. ... Ihnen soll niemals Demütigung widerfahren. Sie sind nicht zum Wehrdienst verpflichtet. Unter ihnen soll nur Gerechtigkeit herrschen. ... Und wer annimmt, was ihm aus früheren Wuchergeschäften noch zusteht, für den gilt meine Zusicherung nicht mehr. (Jeder ist für sich selbst verantwortlich) und niemand soll für die Schuld eines anderen verantwortlich gemacht werden".

Abschließend sei hier noch der Vertrag des Kalifen Omar I. angeführt, der für die Gepflogenheiten zur Zeit der gerechten Kalifen in der nachprophetischen Zeit steht und der im Jahre 637 n.Chr. mit den Bewohnern der Stadt Jerusalem geschlossen wurde:

"Dieser Vertrag gilt für alle christlichen Untertanen, Priester, Mönche und Nonnen. Er garantiert ihnen Sicherheit und Schutz, wo immer sie sich befinden. Wir sind als Kalif durch unsere Pflicht gebunden uns selbst und unseren Anhängern und allen christlichen Untertanen, die ihren Verpflichtungen nachkommen, Schutz zu gewähren. Entsprechender Schutz wird ihren (christlichen) Kirchen, Häusern und ihren Pilgerstätten zugesichert, ebenso denen, die diese Stätten aufsuchen: die Georgier, Abessinier, Jakobiten, Nestorianer und all jene, die den Propheten Jesus anerkennen. Diese alle verdienen Rücksichtnahme, da sie zuvor durch eine Urkunde seitens des Propheten Mohammad geehrt worden sind, unter die er sein Siegel setzte und in der er uns nachdrücklich befahl, gütig zu ihnen zu sein und ihnen Schutz zu gewähren.

Demgemäß verlangt uns als Oberhaupt aller wahren Gläubigen danach, uns gütig zu zeigen, und dies zum Zeichen der Ergebenheit gegenüber Ihm (Gott), der euch bereits seine Güte und Gnade erwies. Sie sind dementsprechend als Pilger in allen moslemischen Ländern, zur See und auf dem Lande, frei von der Zahlung aller Abgaben und Steuern und der Kopfsteuer. Bei ihrem Eintritt in die Kirche des Heiligen Grabes und auf ihrer ganzen Pilgerreise soll von ihnen keinerlei Art von Steuern erhoben werden.

Wer immer diesen Vertrag gelesen hat und zwischen heute und dem Tage des Gerichtes ihm zuwiderhandelt oder mit ihnen im Gegensatz zu diesem Vertrag verfährt, der bricht das Bündnis mit Gott und das seines geliebten Propheten ...".

Auf seinem Sterbebette sagte Omar I.: "Was ich meinem Nachfolger besonders ans Herz legen möchte, sind die Schutzbefohlenen (Juden und Christen): die mit ihnen eingegangenen Verträge einzuhalten, für ihre Verteidigung zu kämpfen und sie niemals über ihre Zahlungsfähigkeit hinaus zu besteuern". Diese Ermahnung ist umso höher zu bewerten, als der Kalif im Alter von 53 Jahren, am 3. November 644, von einem christlichen Sklaven in der Moschee von Medina während des Gebetes niedergestochen worden war. Im Angesicht des Todes blieb Omar seinem Grundsatz, Gleiches nicht mit Gleichem zu vergelten, treu. Er befahl, seinen Mörder zu begnadigen.

Gestützt auf diese Verträge kann mit Fug und Recht gesagt werden, daß Juden und Christen – die "ahl al-dhimma" (Leute des Schutzes oder Schutzbefohlenen) – Bürger des islamischen Staates sind, unterschieden nur im Bereich der Besteuerung, der Politik und des Personenrechtes. Von der Besteuerung waren übrigens Frauen, Kinder, Minderbemittelte und Mönche, und alle jene ausgenommen, die diese Zahlungen nicht leisten konnten. Uns ist ein Brief von Abu Yusuf, des Obersten Richters des Kalifenreiches, überliefert, den dieser an Harun al-Raschid gerichtet hatte. Darin heißt es unter anderem:

"O Beherrscher der Gläubigen! Möge Gott Dir beistehen. Es ist notwendig, daß die Leute, die vom Propheten und Deinem Vetter Mohammad Schutz genossen haben, von Dir mit Nachsicht behandelt werden und daß Du Dich nach ihrem Wohlbefinden erkundigst, damit sie weder unterdrückt werden, noch ihnen Unheil zugefügt wird oder sie mehr besteuert werden, als sie zu leisten vermögen, oder ihnen etwas von dem ihren weggenommen wird, außer den Schulden, die sie sich aufgelastet haben. Denn es wird berichtet, daß der Prophet gesagt hat: 'Wer einen nichtmoslemischen Bürger unterdrückt, oder ihn über das, was er zu leisten vermag hinaus besteuert, für den werde ich eintreten'."[36]

In seinem Brief führt Abu Yusuf den Personenkreis auf, der von der Sondersteuer ausgenommen ist: Frauen, Minderjährige, Bedürftige, die von Almosen leben, Blinde, Gebrechliche, Lahme, ältere Menschen, Geisteskranke und "Mönche in ihren Klöstern".

Natürlich hat es im Verlaufe der islamischen Geschichte im Geltungsbereich der Scharia immer wieder Rechtsverletzungen gegeben. Juden und Christen wurden zeitweilig verschärften und diskriminierenden Sonderregelungen unterworfen. Es kam gelegentlich zu Bedrückungen, die weder vom Koran noch von den Traditionen des Propheten gedeckt werden, wie ja auch der Brief von Abu Yusuf deutlich macht.

Die Herrscher des islamischen Reiches haben Kriege geführt — und das nicht nur zur Verteidigung des Glaubens, sondern um Machtpositionen auszubauen, aus politischen und wirtschaftlichen Gründen. Es ist auch wahrscheinlich, daß in den Moscheen Gottes Segen auf die islamischen Waffen herabgefleht worden ist und noch wird. Gerade hier unterscheiden sich die islamischen Herrscher in nichts von den christlichen Machthabern Europas, der islamische Staat nicht von einem christlich geprägten.

Aber darum ging es hier auch gar nicht. Es ging einzig und allein darum zu untersuchen, was der Koran über Krieg, Gewalt und

Frieden sagt, es ging um die Abklärung der Vorstellungen, die um den "djihad" ranken, um eine Klarstellung zum Thema "Feuer und Schwert": kurz, darum, ob der Islam angriffslustiger ist als andere Religionen.

Der Krieg, so lehrt der Koran, ist, wenn er nicht zur Verteidigung der Freiheit geführt wird, allemal Ungehorsam gegen Gott und Gottes Friedensplan — und da macht es keinen Unterschied zu welcher Religion man sich nun auch bekennt: ob man Christ ist oder Muselman!

9. DER NEUE MENSCH
GOTTES WORT ÜBER JESUS IM KORAN

Was sagt die ehrwürdige Schrift des Islam gegen das Christentum, was dafür? Was denken die Moslems von den Christen?

Nach gut 25 Jahren Dialog mit dem Islam stellt sich die Frage, ob es in der heutigen Zeit noch genügt, wenn man versucht, auf der Basis von Koran und Tradition ein objektiveres Bild des Islam zu zeichnen, als dieses in der Vergangenheit geschehen ist. Laufen wir nicht Gefahr, uns ständig zu wiederholen, auch wenn dieses in einem objektiveren Rahmen geschieht und sich die angewandte Methode und Wortwahl wohltuend von den pseudo-wissenschaftlichen Streitschriften der Vergangenheit abhebt?

Laufen wir nicht Gefahr, daß wir bei der Bewältigung einer in der Tat unseligen Vergangenheit die Gegenwart vergessen, die auf die Zukunft — auf eine gemeinsame Zukunft — vorbereitet sein will?

Um einen neuen Ansatz in der christlich-moslemischen Begegnung zu finden, bedarf es völlig neuer Wege und auch neuer Wagnisse, die den europäisch-christlichen Beobachter weiterzuführen vermögen und den moslemischen zum Nachdenken bringen; Umdenken zu verlangen, wäre angesichts der Situation, in der sich die islamische Welt in dieser postkolonialen Epoche befindet, sicherlich eine arge Überforderung.

Ein Teil der Mißverständnisse, die zwischen Moslems und Andersgläubigen wuchern, beruht nun einmal darauf, daß in der frühen Auseinandersetzung zwischen dem Islam und dem paulinischen (Heiden-)Christentum Denkschablonen entwickelt worden sind, die durch ihr Patinaalter nicht eben wahrer geworden sind, geschweige denn, geeigneter. Sie vermochten weder vor vierzehn Jahrhunderten noch vermögen sie es heute ein harmonisches Neben- oder Miteinander zu fördern bzw. zu gewährleisten.

Wenn wir wirklich einander näherkommen wollen, ist es unerläßlich, endlich eine Antwort auf die Frage zu finden, *welche* Christen vom Koran und den frühen Traditionen angesprochen werden, gegen *welche* Juden er polemisiert und *wer* die Ungläubigen sind, gegen die er zu Feld zieht.

Man wundert sich, aber die Antwort auf diese Fragen ist relativ einfach: Der Koran meint eben nicht das paulinische Christentum der Heidenkirche, sondern, soweit es die positiven Aussagen angeht, das Judenchristentum. Die negativen Aussagen zielen dagegen auf das nicht-konziliare Christentum der arabischen Halbinsel – auf Nestorianer, Monophysiten, jüdisch-christliche Gnostiker –, also auf Häresien.

Das trifft im übrigen auch auf die koranischen Vorwürfe zu, Christen und Juden hätten die Bibel oder Inhalte ihrer heiligen Schriften verfälscht (Sura 4:45; 5:13-14; 5:15; 3:79; 3:71-72 u.a.).

Ähnlich verhält es sich auch mit den Aussagen über die Juden. Sie beziehen sich offensichtlich auf jenen jüdischen König Dhu Nowas (Jussuf Assar Jathar), der als Christenverfolger in die Geschichte Südarabiens eingegangen ist. Der Koran spricht Stämme an, die nicht mehr das Judentum der Thora verkörperten.

Ebenso ist der Kampf gegen die Ungläubigen zu verstehen. Er steht im direkten Zusammenhang mit dem Pantheon von Mekka. Keineswegs sind mit dieser Bezeichnung Juden und Christen gemeint, schon gar nicht aber die Christen im konziliaren Raum.

Hier bietet sich ein ökumenischer Neuansatz insbesondere im Hinblick auf die Neuformulierung künftiger Formen des Zusammenlebens von Christen und Moslems an, wobei allerdings auch die

Moslems mit in diesen Lernprozeß einbegzogen werden müßten. Vielleicht bringt ein solches, wenn auch mühsames Unterfangen, viele Moslems zum Mitdenken und damit auf den Weg in eine tolerantere und noch weitgehend offene Zukunft.

9.1. Juden, Christen und Moslems als "Heilfamilie" – Über den Umgang miteinander

Der Islam als "Gemeinschaft des Mittleren Weges", als Religion der Erinnerung an den Einen Gott, hat im Gegensatz zum Christentum einen eher differenzierten Absolutheitsanspruch. Zwar geht auch er von der Exklusivformel "Ein Gott – Eine Religion" aus, aber er erkennt gleichwohl die dieser einen Religion zugehörenden älteren Heilswege an: das Judentum und das Christentum. Der Koran übt zwar oft sehr harsche Kritik an bestimmten jüdischen und christlichen Gruppierungen, aber er verketzert Judentum und Christentum nicht als Irrlehren oder "Unglauben". Judentum und Christentum sind nach dem Zeugnis des Koran unaufgebbarer Teil des islamischen Heilsweges.

Diese theologischen Aussagen hatten unter anderem zur Folge, daß der Prophet Mohammad schon sehr früh daran ging, bestimmte Regelungen für den Umgang von Moslems auf der einen und Juden und Christen auf der anderen Seite aufzustellen. Die Vorlagen dazu lieferte ihm die Heilige Schrift des Koran.

Wir haben es in diesem Bereich also mit Regelungen zu tun, die
(a) nach moslemischem Verständnis von Gott aufgestellt worden sind, und
(b) mit rechtlichen Regelungen, die Mohammad als Verkünder des Islam anhand dieser Vorschriften des Koran fortgeschrieben hat.

Hier geht es allerdings nur um die Aussagen des Korans.

Der Islam unterscheidet grundsätzlich zwischen den Moslems, d.h. den Gläubigen, den Andersgläubigen und den Nichtgläubigen, oft pauschal als "Ungläubige" bezeichnet.

Für die Andersgläubigen hat Gott selbst die Bezeichnung 'ahl al-kitab' geprägt, d.h. Volk der Schrift oder Leute der Schrift (gemeint ist hier die Bibel), oft auch "Schriftbesitzer" oder "Offenbarungsträger" genannt.

Die Inhalte dieses Begriffs sind bis auf den heutigen Tag unverändert geblieben, wenngleich zu unterschiedlichen Zeiten oft extrem unterschiedlich ausgelegt und praktiziert. Nur einmal in der Geschichte der islamischen Gemeinschaft wurde er erweitert. Das geschah, als die Moslems auf Bahrein erstmals mit den Bekennern des zoroastrischen Glaubens zusammentrafen. Seinerzeit ordnete der Prophet an: "Laßt uns ihnen so begegnen, wie den 'ahl al-kitab'."

Daß das Judentum und das Christentum Einstiftungen Gottes sind, stellt unter anderem Sura 5:44-47 fest. Dort heißt es:

"Wir haben die Thora herabgesandt, die (in sich) Rechtleitung und Licht enthält, damit die Propheten, die sich (Gott) ergeben haben, für diejenigen, die dem Judentum angehören, danach entscheiden und damit die Rabbinen und Gelehrten nach der Schrift Gottes entscheiden, soweit sie ihrer Obhut anvertraut ist (...) Diejenigen, die nicht nach dem entscheiden, was Gott herabgesandt hat, sind die Frevler.

Und wir ließen hinter ihnen her Jesus, den Sohn der Maria folgen (...) Und wir gaben ihm das Evangelium, das (in sich) Rechtleitung und Licht enthält, damit es bestätige, was von der Thora vor ihm da war, und als Rechtleitung für die Gottesfürchtigen. Die Leute des Evangeliums sollen nach dem entscheiden, was Gott darin herabgesandt hat (...) Diejenigen, die nicht entscheiden nach dem, was Gott herabgesandt hat, sind die Frevler".

In Sura 5:48 wird der Zusammenhang zwischen Thora, Evangelium und Koran hergestellt:

"Und wir haben die Schrift mit der Wahrheit zu dir herabgesandt, damit sie bestätige, was von der Schrift vor ihr da war, und darüber Gewißheit gebe. Entscheide nun zwischen ihnen nach dem, was Gott herabgesandt hat (...)".

Juden und Christen werden in Sura 5:68 ermahnt, ihren heiligen Schriften zu folgen, wenn es dort heißt:

"Sprich: Ihr Leute der Schrift! Ihr entbehrt der Grundlage, solange ihr nicht die Thora und das Evangelium, und was von eurem Herrn zu euch herabgesandt worden ist, haltet (...)".

Und allen drei Gemeinschaften erklärt der Koran:

"Für jeden von euch haben wir ein (eigenes) Brauchtum und einen (eigenen) Weg bestimmt" (5:48).

Weist Gott in den obenzitierten Abschnitten nachdrücklich auf den engen Zusammenhang von Thora, Evangelium und Koran hin, so deutet er in Sura 2:136; 3:65, 5:5 und 5:48 die Begegnungsformen und -möglichkeiten an, die den Anhängern der drei Offenbarungsschriften zur Verfügung stehen.

Juden, Christen und Moslems können sich demzufolge
(a) als Dialoggemeinschaft;
(b) als Tischgemeinschaft oder
(c) als Wettberwerbsgemeinschaft
zusammenfinden.

Zur *Dialoggemeinschaft* heißt es im Koran:

"Sprecht: Wir glauben an Gott und was zu uns herabgesandt worden, und was herabgesandt ward Abraham und Ismael und Isaak und Jakob und (seinen Söhnen), und was gegeben ward Moses und Jesus, und was gegeben ward (allen anderen) Propheten von ihrem Herrn. Wir machen keinen Unterschied zwischen ihnen; und Gott sind wir ergeben" (...);

"Sprich: O Volk der Schrift (Bibel) kommt herbei zu einem Wort, das gleich ist zwischen uns und euch: daß wir keinen anbeten außer Gott und daß wir ihm keinen Nebenbuhler zur Seite stellen und daß nicht die einen unter uns die anderen zu Herren nehmen anstelle Gottes.

Doch wenn sie sich abkehren, dann sprecht: Bezeugt, daß wir uns (Gott) ergeben haben".

Zur *Tischgemeinschaft* heißt es in Sura 5:5:

"Heute sind euch alle guten Dinge erlaubt. Und die Speise derer, die die Schrift erhalten haben, ist euch erlaubt und eure Speise ist ihnen erlaubt (...)".

In besonderer Weise sollen sich Juden, Christen und Moslems jedoch als *Wettbewerbsgemeinschaft* verstehen. Die verschiedenen Glaubensweisen sollen miteinander nicht über die Einzelbestimmungen ihres jeweiligen Gesetzes streiten (22:68), sondern Toleranz üben und nach folgendem Grundsatz ihr Leben gestalten:

"Einem jeden von euch haben wir eine klare Satzung und einen deutlichen Weg vorgeschrieben. Und hätte Gott es gewollt, er hätte euch alle in einer einzigen Gemeinschaft zusammengeführt. Doch er wünscht euch auf die Probe zu stellen durch das, was er euch anvertraut hat. Wetteifert darum miteinander in guten Werken. Zu Gott ist euer aller Heimkehr. Er wird euch aufklären über das, worüber ihr uneinig gewesen seid".

In diesem Wettstreit kommt den Moslems die Aufgabe zu, durch ihre besondere Frömmigkeit und die besondere Qualität ihres Verhaltens "Zeugen über die Menschen" zu sein (2:143). Das ist die Elle, an der meine Glaubensbrüder und auch ich eines Tages gemessen werden.

Schalom Ben-Chorin schrieb am 7. Juli 1978 in den "Israel Nachrichten" zu diesem Koranabschnitt: "Diese Grundgedanken des Korans haben später Boccacio und Lessing in der 'Parabel von den Drei Ringen' in der europäischen Welt bekanntgemacht".

Wohlgemerkt: Hier ist nicht von Synkretismus — nicht von Gleichmacherei — die Rede, nicht von Einvernahme des einen durch den jeweils anderen, sondern von einem Wettstreit. Unterschiede werden trotz aller Gemeinsamkeiten immer bestehen bleiben. Der Koran mahnt den Propheten und seine Anhänger in Sura 42:16:

"Zu diesem (Glauben) also rufe (sie) auf. Und bleibe standhaft, wie dir geheißen ward, und folge ihren bösen Gelüsten nicht, sondern sprich: Ich glaube an das Buch, was immer es sei, das Gott herabgesandt hat, und mir ist befohlen, gerecht zwischen euch zu richten. Gott ist unser Herr und euer Herr. Für uns unsere Werke und für euch eure Werke! Kein Streit ist zwischen uns und euch. Gott wird uns zusammenbringen, und zu ihm ist die Heimkehr".

Und die Heilige Schrift des Islam mahnt die Gläubigen, nicht jene Christen und Juden zu Freunden zu nehmen, "die mit eurem Glauben Spott und Scherz treiben (...) die es als Spott und Scherz nehmen, wenn ihr zum Gebet ruft. Dies, weil sie Leute sind, die nicht begreifen" (5:58-59, vgl. 5:52).

9.2. Die wesentlichsten Aussagen des Koran über die Nachfolger Jesu ('Isa)

Zunächst zur Formulierung des Themas: "Was sagt der Koran gegen das Christentum, was dafür"?

Christen sind gleich den Moslems Träger einer göttlichen Botschaft. Der Koran ist nach islamischem Verständnis sowohl die abschließende als auch die bestätigende Offenbarung. Mit anderen Worten: Der Koran bestätigt auch die Botschaft Jesu und die Authentizität des Trägers dieser Botschaft. Das schließt aus, daß der Koran etwas *gegen* das Christentum sagt, *gegen* die Botschaft des Evangeliums. Der Koran wendet sich allenfalls gegen solche Christen, die nach seiner Auffassung den Weg Jesu verlassen und die Lehre des Christentums verraten oder das Evangelium verfälscht haben.

Für den Koran gibt es augenfällig zwei Kategorien von Christen: solche, die dem Evangelium und dem Weg Jesu folgen — es sind die guten Christen — und solche, die sich von Jesu Botschaft entfernt haben. Für die "guten" Christen gilt, daß sie dem Islam und den Moslems nahestehen.

Von den "guten" Christen sagt der Koran, saß sie an Jesus geglaubt haben und ihm treu geblieben sind. Deswegen werden sie den Ungläubigen bis zum Tage der Auferstehung überlegen sein (3:56) und sie werden von Gott gegen sie unterstützt (61:14). Diejenigen, die sich in der Nachfolge Jesu besonders ausgezeichnet haben, werden mit einem hohen Lob bedacht: "(...) Und wir ließen im Herzen derer, die sich ihm anschlossen, Milde Platz greifen, Barmherzigkeit und Mönchtum (...) und wir gaben denjenigen von ihnen, die glaubten, ihren Lohn (...)" (57:28).

Vor allem das Leben der christlichen Mönche findet im Koran große Anerkennung und begründet seine Parteinahme für die Christen gegen die Juden, die nicht an Jesu Sendung geglaubt haben. In Sura 2:113-115 u.a. lobt der Koran die Mönche für ihre Rechtgläubigkeit, Frömmigkeit, Ausdauer in der Ausübung der guten Werke, Mahnung zur Tugend und Heiligkeit.

Aufgrund dieser Haltung, die der Koran bei manchen Christen erkennt, hat er für die Christen bis zuletzt freundliche Worte gefunden. Ich erinnere in diesem Zusammenhang an Sura 5:83:

"(...) Und du wirst finden, daß diejenigen, die den Gläubigen in Liebe am nächsten stehen, die sind, welche sagen: Wir sind Christen. Dies deshalb, weil es unter ihnen Priester und Mönche gibt, und weil sie nicht hochmütig sind".

Im folgenden soll die Haltung des Koran an zwei Aussagebereichen festgemacht werden: an der Frage der Trinität und am Jesusbild selbst:

9.3. Der Trinitätsstreit

Für den Islam ist der Koran eine verbalinspirierte Offenbarungsurkunde, Gottes ungeschaffenes Wort, das durch den Mund des Propheten Mohammad in die Welt des Relativen offenbart worden ist.

Sieht man einmal von dieser grundlegenden Glaubensaussage ab, so gelangt man bei Berücksichtigung des Zeitpunktes der Sendung Mohammad' zu einem historisch abgesicherten Bild.

Das Auftreten des Propheten fällt in eine noch nicht abgeschlossene christologische Landschaft. Im großkirchlichen Raum des Mittelmeeres war die Frage Jesus "Gottessohn" oder "Marien Sohn" durch die Konzilien entschieden worden. Im arabischen Raum dagegen drängte diese Frage zu neuer Entscheidung.

Mohammad hat in diesem Prozeß den wesentlichen Punkt erfaßt, um den es bei dieser Entscheidung ging: Jesus "Gottes"- oder Jesus "Marien"-Sohn. Der Koran klärt diesen Punkt zugunsten des Mariensohnes.

Die Entscheidung des Korans für den Mariensohn ist eine Absage an den Gottessohn (vgl. Suren 2:117; 5:18,73,117-119; 6:102; 9:30,31; 10:69; 17:112; 18:5; 19:36,89ff.; 21:27,28; 23:92; 25:3; 37:152,153; 39:5; 43:82; 72:4). Der Koran läßt Mohammad sprechen: "Und hätte der Gnadenreiche einen Sohn gehabt, ich wäre der erste der Anbetenden gewesen" (43:82).

Will man diese Frage, die die Kernfrage des Islam als genuiner Monotheismus schlechthin ist, ausloten, so muß zunächst untersucht werden, gegen welche trinitarische Formulierung sich der Koran eigentlich wendet, zumal es in Sura 4:49 heißt:

"Wahrlich, Gott wird es nicht vergeben, daß ihm Götter zur Seite gestellt werden (...)" und in Sura 5:73-74: "Fürwahr ungläubig sind die, die da sagen: Gott ist kein anderer, denn der Messias, Sohn der Maria. (...) Fürwahr, ungläubig sind die, die da sagen: Gott ist der Dritte von Dreien. Es gibt keinen Gott als den Einigen Gott".

Um diese Abschnitte ausdeuten zu können, kommt man nicht umhin, sich der Methode der Kalam-Wissenschaften zu bedienen, d.h. man sucht im Koran selbst nach einer Antwort auf die sich aus den zitierten Abschnitten ergebene Frage, wie denn das abgelehnte Gottesbild als Ganzes aussieht.

Die Antwort finden wir im 116 Vers der Sure Al-Ma'edah (5): "Und dann, wenn Gott sprechen wird: Jesus, Sohn der Maria! Hast du etwa zu den Leuten gesagt: Nehmt euch außer Gott mich und meine Mutter zu Göttern"; und in Sura 4:171: "Ihr Leute der Schrift! Treibt es in eurer Religion nicht zu weit und sagt gegen Gott nichts aus, außer der Wahrheit. Christus Jesus, der Sohn der Maria, ist nicht Gottes Sohn. Er ist nur der Gesandte Gottes und sein Wort, das er Maria entboten hat, und Geist von ihm. Darum glaubt an Gott und seine Gesandten, und sagt nicht Drei. Laßt ab — es ist besser für euch. Gott ist ein einiger Gott".

Liest man diese vier Koranabschnitte im Zusammenhang, dann wird deutlich, daß die heilige Schrift des Islam sich nicht gegen den christlichen Glaubenssatz "Vater - Sohn - Heiliger Geist" (also die Trinität) wendet, er bekämpft vielmehr die Formel "Vater - Mutter (Maria) - Sohn", den Tritheismus, der zu Zeiten des Propheten Mohammad unter den Christen Arabiens weit verbreitet war. Im Tritheismus sieht der Islam einen Rückfall in die Vielgötterei und einen Angriff auf den von ihm verkündeten Monotheismus.

Aber horchen wir noch einmal in Sura 5:73-74 hinein, wo es heißt: "Fürwahr, ungläubig sind die, die da sagen, Gott ist kein anderer, denn der Messias, Sohn der Maria (...)". Und dann in den christlichen Lehrsatz, wonach Jesus Christus wahrer Mensch und wahrer Gott sei. Hier liegt die Antwort. Der Koran zielt eindeutig auf die Lehre der Monophysiten, derzufolge Jesus nur ein Scheinbild der einen wahren Natur Gottes gewesen ist., also nicht auch wahrer Mensch.

Auf der anderen Seite ist es ja wohl nicht so, als habe die heutige Trinitätsformel von Beginn der Kirchengeschichte an unverändert und für alle christlichen Gemeinschaften verbindlich bestanden.

Im "Apokryphon des Johannes", das 1945 bei Nag'Hammadi in Ägypten aufgefunden wurde, stoßen wir auf die deutlichste christliche Parallele zur koranischen Formel. In der Handschrift wird erzählt, wie Johannes, des Zebedäus Sohn, nach Jesu Tod auf den Ölberg ging. Dort wird er durch einen Disput mit einem Pharisäer betrübt, der Jesus einen Verführer nennt. Die Traurigkeit des Johannes wird jedoch verscheucht durch eine Offenbarung Christi, der das Versprechen des Matthäus-Evangeliums (28:20) wiederholt und sich in diesem Zusammenhang zu erkennen gibt als "der Vater, die Mutter, der Sohn". Wörtlich: "Denn ich bin der, der bei euch ist alle Zeit. Ich bin der Vater, ich bin die Mutter, ich bin der Sohn".

Diese trinitarische Formulierung, bei der der "Geist" als "Mutter" erscheint, weist eindeutig auf hebräischen Ursprung hin, d.h. das Wort 'ru'ach' oder arabisch 'ruh' (Geist), ist hier weiblich. In der frühchristlichen Zeit begegnet man dieser Formulierung übrigens häufiger, etwa im ebenfalls apokryphen "Hebräer-Evangelium", wo zu lesen steht: "Meine Mutter, der Heilige Geist, nahm mich bei einem meiner Haare und führte mich auf den Berg Tabor" (Fragment Klostermann, S. 7).

Es bleibt festzuhalten, daß die islamische Theologie davon ausgeht, daß die christologischen Lehren des paulinischen Christentums nicht von Jesus selbst verkündet wurden, sondern in der späteren Christenheit als Bekenntnis der Kirche bzw. Gemeinde zu ihrem Christus formuliert wurden.

Dazu sei aus einem Artikel zitiert, den der Jesuit Dr. Aloys Grillmeier zum 1.650. Jahrestag des Konzils von Nikaia, am 11. Juni 1975 in der "Deutschen Tagespost" veröffentlicht hat. Er kleidet dabei seine Ausführungen in eine Frageform: "Ging es damals um unsere Sache, um ein Thema also, das uns heute noch beschäftigt wie es die Kirche des vierten Jahrhunderts aufgewühlt hat?". Und er antwortet: "Tatsächlich ist es unvermindert akut, weil es um nichts Geringeres ging und geht als um Deutung und Verständnis des christlichen Monotheismus, des Glaubens der Christen also an den einen Gott. Er war das zentrale Zeugnis der heiligen Schrift Israels, zu dem sich Jesus von Nazareth bekannte als unaufgebbarem Erbe (Mk. 12:29-30) und seine Mutter mit ihm (vgl. 1. Kor. 8,4).

Durch eben diesen Jesus schien aber dieser Glaube infrage gestellt zu sein. Am Passahfest des Jahres 30 unserer Zeitrechnung seiner messianischen Ansprüche wegen gekreuzigt, wird er bald in einem Hymnus, den *Paulus* 25 Jahre später in seinem Brief an die Gemeinde in Philippi zitiert, schon als göttliches Wesen gepriesen, das sein "Gottgleichsein' aufgegeben habe, um im Gehorsam den Kreuzestod zu sterben (Phil. 2:6-8). In seinem Namen beugen sich nun alle Knie und alle Zungen bekennen sich zu ihm als 'Herrn Jesus Christus' (Phil. 2:10,11). Diese Botschaft rückte ins

Zentrum der christlichen Verkündigung". Ohne nun näher auf die frühislamischen Auseinandersetzungen um das Trinitätsdogma eingehen zu wollen, etwa bei Al-Nisaburi (gest. 1015) der meinte, "daß die Lehre von der Gottheit Jesu jene Bibelstellen zum Ausgangspunkt hat, die das Wort 'Sohn Gottes' als Ehrentitel des Messias gebrauchen (2. Mose 4:22; 1. Chron. 28:6; 2. Mose 7:1 u.a.) oder auf den Reformator Al-Ghazzali (gest. 1111), der versucht hatte, die christliche Trinität in monotheistischem Sinn zu verstehen (drei Personen sind für ihn lediglich verschiedene Aspekte der einen göttlichen Existenz), bleibt festzuhalten, daß sich die Ablehnung der christlichen Mysterien durch den Islam im wesentlichen auf folgende Korantexte stützt:

"(...) Sagt nicht Drei (...) Gott ist ein Einiger Gott" (4:171) oder: "Fürwahr, ungläubig sind die, die da sagen, Gott ist der Dritte von Dreien" (5:73); "Fern ist von seiner Heiligkeit, daß er einen Sohn haben sollte" (4:171) und: "Er zeugt nicht und ward nicht gezeugt" (112:3).

Nochmals: Der Koran verurteilt nicht die Christen schlechthin als Ungläubige oder Polytheisten, sondern bestimmte christliche Häresien und deren theologische Bekenntnisformel: den Tritheismus. Die Trinitätsformel der abendländischen Kirche ist im Islam noch nicht andiskutiert worden, allenfalls mit ungeeigneten Denkschablonen, die allerdings leider von der christlichen Seite nur allzu gerne aufgenommen worden sind, um die Polemik gegen den Islam anzuheizen.

Inwieweit diese Offenheit in Zukunft dem Dialog neue Impulse zu geben vermag, kann allerdings erst dann abgeschätzt werden, wenn die islamische Theologie die Herausforderung angenommen hat, wenn die Polemik beendet wird, wenn der Christ sich in dem, was der Moslem über ihn sagt und der Moslem in dem, was der Christ über ihn sagt, wiedererkennt (Gardet).

Die strikte Art der Ablehnung der göttlichen Zeugung erinnert im übrigen an die arianische Christologie. In der Tat stimmen Arius und der Koran darin überein, daß sie beide Christus als Logos (arab. 'kalima') bezeichnen, daß sie beide den Logos als geschaffen ansehen und ihn damit ganz auf die Seite der Geschöpfe stellen. "Ein Geschöpf und sein Werk ist der Logos, fremd und unähnlich ist er der Natur des Vaters" (zit. nach Athanasius, De decr. nic. 6:1). Wohl spricht Arius im Gegensatz zum Koran, noch von einer Sohnschaft des Logos, aber diese ist nicht genealogisch-substantiell gemeint, sondern adoptianisch; nicht die Natur, sondern die Gnade Gottes läßt ihn an der göttlichen Herrlichkeit teilnehmen.

Die Christologie des Islam ist eine "Knecht-Gottes-Christologie".

9.4. Das Jesusbild des Koran

Warum ein Moslem in der Begegnung mit dem Christentum über Jesus reden muß, läßt sich relativ einfach beantworten: Weil Jesus, Sohn der Maria, Teil seines eigenen, islamischen Heilsweges ist. Denn so wie der Moslem sein Heil ausschließlich aus der Erwählung durch Gott erwartet, aus der Gnadentiefe des ihm ganz zugewandten Schöpfers, Erhalters und barmherzigen Richters, so ist seine Heilsperspektive untrennbar auch mit Jesus verbunden.

Das Eintauchen des unerschaffenen Wortes in die Welt des Relativen (97) ist an die Prophezeiung Jesu gebunden (61:7), d.h. die Gründungsurkunde des Islam – der Koran – könnte Zweifeln unterzogen werden, hätte Jesus darin keine Erwähnung gefunden.

Das Bekenntnis zum Islam ist also auch ein Zeugnis für die reale Existenz Jesu, Zeugnis dafür, daß er ein *Prophet, Diener und Apostel Gottes war, der Messias Israels* (der Titel "Messias" taucht im Koran achtmal auf).

In seinem Werk "Qustas" schreibt Al-Ghazzali (1059-1111), daß die Formel: "Es ist keine Gottheit außer Gott und Jesus ist der Gesandte Gottes", eine vom Islam gestützte Wahrheit sei. Zu diesem Zeugnis gehören eine Reihe von Attributen wie: "ein Wort Gottes" (4:172), eine "Barmherzigkeit von Gott" (19:22), er ist "Geist Gottes" und von Gott mit dem "Geist der Heiligkeit bestärkt" (2:88; 2:254; 5:111), er ist eine "Gnade Gottes" (4:172), ein "Zeichen für die Welt" (21:92), ein "Zeichen für die Menschen" (19:22), er ist der "neue Mensch" (3:60), er ist "geehrt in dieser und in jener Welt, einer der Gottnahen" (3:46), er ist "rechtschaffen" (3:47) und er gehört zu denen, die Gott zu sich genommen hat (3:56; 4:159).

Diese Attribute machen deutlich, daß derjenige, der den Islam bekennt, Jesus kaum übergehen kann. Das wird von dem folgenden Bekenntnisartikel des Koran unterstrichen:

"Wir gaben Moses fürwahr das Buch und ließen Gesandte folgen in seinen Fußstapfen; und Jesus, dem Sohn der Maria, gaben Wir offenkundige Zeichen und stärkten ihn mit dem Geist der Heiligkeit. Wollt ihr denn, jedesmal da ein Bote zu euch kommt mit dem, was ihr selbst nicht wünscht, hoffärtig sein und einige als Lügner behandeln und andere erschlagen"? (2:88).

In einem noch erhaltenen Brief des Propheten Mohammad aus dem Jahre 620 n.Chr. an den Negus von Äthiopien, heißt es:

"Ich bezeuge, daß Jesus, der Sohn der Maria, der Geist Gottes ist und sein Wort, das er in Maria eingab, die Jungfrau, die Gute, die Reine. So empfing sie Jesus, den Gott mit seinem Geist schuf und ihm das Leben einhauchte, wie er Adam mit seinen Händen schuf und ihm das Leben einhauchte. Ich rufe dich zu Gott allein, der keinen Gefährten hat".[37]

9.5. Das Marienbild

Der Brief des Propheten Mohammad an den äthiopischen Kaiser signalisiert, welchen Stellenwert der Islam der Mutter Jesu beimißt. Und so mag es nicht überraschen, wenn es im Koran über Maria heißt:

"Und (denke daran) wie die Engel sprachen: 'O Maria, Gott hat dich erwählt und dich gereinigt und dich erkoren aus den Weibern der Völker. O Maria, sei gehorsam deinem Herrn und wirf dich nieder und bete an mit den Anbetenden'." (3:43-44)

Und in Sura 66:13 und 21:92 steht zu lesen:

"Und der Maria, der Tochter Imrans, die ihre Keuschheit bewahrte — darum hauchten Wir ihr von Unserem Geist ein —, und sie glaubte an die Worte ihres Herrn und gehörte zu den Gehorsamen"; ... "Und (Maria) die ihre Keuschheit wahrte — Wir hauchten ihr von Unserem Geist ein und machten sie und ihren Sohn zu einem Zeichen für die Welt".

Der christliche Glaubenssatz "Empfangen durch den heiligen Geist und geboren aus Maria der Jungfrau", wird also auch im Koran unmißverständlich bezeugt. Der Moslem ist gehalten, diese Botschaft in Ehrfucht aufzunehmen. Die Wunder sind für ihn kein

Problem, ist Gott doch allmächtig. Er kann durch sein befehlendes Wort auf wunderbare Weise Leben aus jungfräulichem Schoß erwecken, genau wie er durch sein Wort den ersten Menschen schuf. In diesem Zusammenhang sei auf einen Aufsatz hingewiesen, der im Jahre 1935 von Ibrahim Al-Gibbali in der islamischen theologischen Zeitschrift "Nur al-Islam" veröffentlicht worden ist. Es handelt sich um eine Stellungnahme des moslemischen Gelehrten zu einer Anfrage, die sich auf Sura 19:28 bezieht, wo davon die Rede ist, daß die Leute gegenüber Maria angesichts des Jesuskindes in den Ausruf ausbrachen: "O Maria, du hast etwas Seltsames getan. O Schwester Aarons, dein Vater war kein Bösewicht, noch war deine Mutter ein unkeusches Weib". Der Anfrager wünschte darüber belehrt zu werden, ob aus diesen Worten ein Tadel für Maria abzuleiten sei, oder ob hier auf ein großes Geheimnis hingewiesen werde, das der Mutter Jesu zu hoher Ehre gereiche.

Ibrahim Al-Gibbali antwortet: "Jeder Moslem, der sich konsequent an den Islam hält, der an die Sendung Mohammads glaubt, der an das Buch Gottes glaubt, der glaubt auch ohne den geringsten Zweifel, daß Maria frei von jeder Sünde ist, die sie entehren würde, rein von jedem Fehler, der ihre Würde herabsetzt, daß sie zu den edelsten aller Frauen gehört. Wer daran zweifelt ist ein Ungläubiger. Spricht doch der erhabene Koran von ihrer Sündenfreiheit und ihrer fleckenlosen Reinheit und preist sie dafür, daß sie der Herr auserwählt und gereinigt hat. ... Wer demnach an dieser ihrer Reinheit zweifelt, der zweifelt an der Wahrheit des Wortes des Herrn der Welt".

In einem Hadith wird die Auffassung von Professor Al-Gibbali unterstrichen. Der Prophet Mohammad hat dem Traditionalisten Abu Huraira zufolge gesagt: "Der Satan rührt jedes Kind an, das geboren wird, und wenn er es anrührt, erhebt das Kind seine Stimme und schreit. So geschah es mit allen Kindern, außer Maria und Jesus. Lies Gottes Wort: 'Ich werde sie und ihre Nachkommen vor jedem verfluchten Satan beschützen'."[38]

Insbesondere in der islamischen Mystik stoßen wir auch heute noch auf Spuren einer echten Marienverehrung, die sich später vielfach auf die Prophetentochter Fatima übertragen hatte. Papst Paul VI. ließ in der Islam-Erklärung des Zweiten Vaticanums ausdrücklich auf diesen Umstand hinweisen: "Jesus, den sie (die

Moslems) allerdings nicht als Gott anerkennen, verehren sie doch als Propheten, und sie ehren seine jungfräuliche Mutter Maria, die sie bisweilen auch in Frömmigkeit anrufen".

Der Papst bezieht sich hier offensichtlich auf bestimmte Formen der islamischen Volksfrömmigkeit. Noch heute pilgern neben Christen auch Moslems zu den berühmten Marienwallfahrtsorten des Orients, etwa nach Ephesus zum "Grab Mariens" oder nach Sidnaja in Syrien. Ein weiteres gemeinsames Wallfahrtsziel ist die St. Sergiuskirche in Kairo. Sie erhebt sich über dem Ort, an dem einst Maria und Joseph mit dem Jesuskind auf ihrer Flucht vor Herodes gerastet haben sollen. Es wird zu leicht vergessen, daß Jesus seine ersten Kinderjahre in Ägypten verbracht hat (Matth. 2:13-25). Christen und Moslems pilgern seit Menschengedenken zu dieser Stätte, um miteinander zu beten.

9.6. Stellung und Auftrag Jesu im Islam

Der vielgelesene und -zitierte Islamkritiker Emanuel Kellerhals hat die These aufgestellt, daß das Rätsel, das der Islam den Christen aufgebe, an die Gestalt Ismaels in der Bibel erinnere. Ismael bedeute in der Schrift "gleichsam die personifizierte Weissagung auf den Islam": "Auch Ismael ist wie Isaak ein Sohn Abrahams. Auch er ist im Bereich der Offenbarung, im Licht der weltumspannenden Segens- und Heilsverheißung Gottes geboren worden. Aber dann gehen die Wege der beiden Brüder auseinander. Issak wird zum Stammvater des alttestamentlichen Gottesvolkes, aus dem Jesus Christus hervorgehen sollte. Ismael wird zum Stammvater des arabischen Volkes, aus dessen Mitte der Prophet Mohammad erstand. ... Scheinbar nichts verbindet die beiden miteinander als die geheimnisvolle, dunkle Erinnerung an den gemeinsamen Ursprung von Abraham, dem Vater der Gläubigen, in dem alle Geschlechter der Erde gesegnet werden sollen".[39]

Zwar empfiehlt Kellerhals, die Geschichte der beiden Söhne Abrahams aus dem Alten Testament mit den Augen des Neuen Testamentes zu lesen — wenngleich "damit nicht das letzte Wort gesagt" sei —, aber dennoch bleibt es den Moslems sicherlich unbenommen, die Geschichte Abrahams, Isaaks und Ismaels mit den Augen des Korans zu betrachten, zumal Kellerhals selbst einräumen muß, "daß gewisse biblische Verheißungen durchaus auf den islamischen Propheten zutreffen" könnten.

Um die Stellung Jesu im Rahmen der islamischen Verkündigung richtig einordnen zu können, bedarf es in der Tat eines Rückgriffs auf Abraham. Gemeint ist hier das Gebet Abrahams und Ismaels beim Bau der Ka'ba: "Unser Herr, erwecke unter ihnen einen Gesandten, aus ihrer Mitte, der ihnen Deine Zeichen verkünde und sie das Buch und die Weisheit lehre und sie reinige; gewiß Du bist der Allmächtige, der Allweise" (2:130).

Gestützt wird diese Bitte schließlich von Gottes Wort in Sura 7:158, wo die Moslems als die bezeichnet werden: "Die da folgen dem Gesandten, dem Propheten, dem Makellosen, den sie (die Juden und Christen) bei sich in der Thora und im Evangelium erwähnt finden ...", wobei mit der Erwähnung vor allem 5. Mose 18:18, Johannes 16:12-15 und Apostelgeschichte 3:21 gemeint sind. Jesus steht für den Islam an der Wendemarke der Heilsgeschichte, die nach Auffassung der islamischen Theologie mit der Verheißung Gottes im 18. Kapitel des 5. Mosebuches gesetzt wird, wenn es dort heißt: "Einen Propheten wie dich will ich ihnen aus der Mitte ihrer Brüder erstehen lassen und ihm meine Worte in den Mund legen, und er soll ihnen alles kundtun, was ich ihm gebieten werde. Wer aber auf meine Worte, die er in meinem Namen reden wird, nicht hört, an dem werde ich selbst es ahnden".

Analog dazu Apostelgeschichte 3:21-22: "Ihn (Jesus) muß der Himmel aufnehmen bis zu den Zeiten der Herstellung alles dessen, was Gott durch den Mund seiner heiligen, von Ewigkeit her ausgesandten Propheten geredet hat. Moses hat gesagt: 'Einen Propheten wie mich wird euch Gott der Herr aus euren Brüdern erstehen lassen; auf den sollt ihr hören in allem, was er zu euch reden wird'." In dieser Verheißung sieht der Islam die Ankündigung des Propheten Mohammad, sollte dieser neue Gesandte doch "sein wie Moses", also ein Gesetzesbringer – und sollte er doch aus "den Brüdern" Israels kommen, also von Ismael, von den Arabern. Damit aber erfüllt sich Gottes Versprechen an Abraham und Hagar: "Aber auch wegen Ismaels habe ich dich erhört: Siehe, ich segne ihn und mache ihn fruchtbar und überaus zahlreich; zwölf Fürsten wird er zeugen, und ich will ihn zu einem großen Volke machen" (1. Mose 17:20); "Doch auch den Sohn der Magd will ich zu einem Volke machen, weil er deines Samens ist" ... (Gottes

Engel sprach zu Hagar): "Fürchte dich nicht; denn Gott hat die Stimme des Knaben gehört, dort wo er liegt. Stehe auf, nimm den Knaben und halte ihn fest an der Hand; denn zu einem großen Volke will ich ihn machen ... Und Gott war mit den Knaben" (1. Mose 21:13,18,20).

Die moslemischen Theologen verweisen in diesem Zusammenhang auf Matthäus 15:17, wo Jesus seine Zeitgenossen darauf verweist, daß er nicht gekommen sei, das Gesetz des Moses aufzulösen, sondern um es zu erfüllen. Ähnlich spricht Jesus im Koran: "Ihr Kinder Israels! Ich bin Gottes Gesandter an euch, Erfüller dessen, was von der Thora vor mir war und Überbringer der frohen Botschaft von einem Gesandten, der nach mir kommen wird. Sein Name wird Ahmad (= Mohammad) sein" (61:7).

Nun kann es bei der Untersuchung der von der islamischen Theologie beanspruchten biblischen Texte natürlich nicht darum gehen, Beweise *für* Mohammad und *gegen* die christliche Exegese zu sammeln. Mit einigem Recht sagt der Koran: "Euch euer Glaube und uns unser Glaube". Der Hinweis darauf, daß der Islam sich auf bestimmte biblische Verheißungen und Überlieferungen stützt, wenn es um das Prophetentum Mohammads geht, soll vielmehr verdeutlichen, wie nahe sich Judentum, Christentum und Islam stehen.

In Jesus sieht der Islam buchstäblich den Erfüller des mosaischen Gesetzes, der den Weg freimacht für das neue, von Mohammad getragene Wort. Vor diesem Hintergrund ist die oft verbissen geführte Diskussion um das Trinitäts- oder Tritheismusverständnis, um (Kreuzes-)Tod, Auferstehung, Himmelfahrt und Wiederkunft Jesu für einen rechtgläubigen Moslem zwar reizvoll, aber für seinen Glauben ohne Belang. Bereits Al-Ghazzali hat die Meinung vertreten, daß man die Kreuzigung als "wirkliche Kreuzigung" begreifen müsse und die Al-Azhar Universität – die Lehrkanzel des Islam – hat erst 1972 durch die Fatwa "Raf' 'Isa" deutlich gemacht, daß das, was der Koran bezüglich des Todes Jesu berichte, eine Verheißung Gottes sei, die dazu diene, Jesus zu verherrlichen und zu reinigen von den Anwürfen der Ungläubigen. Der Fatwa zufolge ist es für die Rechtgläubigkeit unerheblich, welcher Auffassung oder Auslegung man bezüglich der Kreuzigung, Himmelfahrt und Wiederkunft Jesu folgt.

In "The City of Wrong" schreibt Mohammad Kamil Hussain:

"Die Idee einer Unterschiebung für Jesus ist eine ganz rohe Art, den Text des Korans zu interpretieren. Es war der breiten Masse eine Menge zu erklären. Heute glaubt jedoch kein gebildeter Moslem mehr daran. Der Text läuft darauf hinaus, daß die Juden zwar der Auffassung waren, sie hätten Jesus getötet; in Wirklichkeit aber nahm Gott ihn zu sich, in einer Art und Weise, die wir unerklärt lassen dürfen, wie mancherlei Mysterien, die wir allein aufgrund unseres Glaubens für erwiesen halten".

Dem möchte ich nichts mehr hinzufügen als das, daß ich Gottes Frieden und Segen über Jesus und seine gebenedeite Mutter Maria erflehe.

Schließen möchte ich mit einem Koranzitat aus Sura 2:63:

"Wahrlich, die Gläubigen und die Juden und die Christen und die Sabier — wer immer (unter diesen) wahrhaft an Gott glaubt und an den Jüngsten Tag und gute Werke tut —, sie sollen ihren Lohn empfangen von ihrem Herrn und keine Furcht soll über sie kommen und sie sollen nicht trauern müssen".

10. ISLAM UND KUNST

Die Kunstwelt verdankt dem Islam eigenständige Beiträge von dauerndem Wert. Die Kunst der Moslems verschmolz das Schöne mit dem Funktionellen, das Menschliche mit dem Abstrakten und gewann auf diese Weise ihren einzigartigen Charakter.

Die wesentlichen Errungenschaften dieser Kunst sind im Bereich Architektur angesiedelt, einer Kunst, die religiöse Andacht würdig und das Privatleben angenehm macht, und in der Literatur, in der die Einstellung des Menschen zu Leben und Tod Ausdruck findet.

Doch auch das Kunsthandwerk des Islam - Innendekoration, Bekleidung, Gebrauchsgegenstände - schuf eine Fülle schöner Gegenstände: darunter die berühmten Orientteppiche, feine Keramiken, Glas- und Metallarbeiten, sämtlich charakterisiert durch die typische und dekorative islamische Ornamentik.

In den meisten dieser Kunstformen stellt sich eine Synthese der vielen Elemente und Völker vor, aus denen sich die klassische islamische Weltgemeinschaft zusammensetzt.

Der Islam kopierte die von den unterworfenen Völkern geschaffene Kunst nicht einfach; er wählte vielmehr sorgsam die Elemente aus, die dem kritischen Auge und den Zwecken der Moslems entsprachen, und brachte sie in einen neuen Zusammenhang, der eben das ist, was wir heute kennen: als typisch und einmalig islamisch.

10.1. "Du sollst Dir kein Bildnis machen"...

Gott ist nach islamischem Verständnis anfangslos und endlos, er ist anders, er ist kein Akzidens, keine Substanz, gehört keiner Gattung an und hat keine Gestalt, er ist nicht ortsgebunden, denn er war bereits vor dem Ort da, er ist zeitlos und inhäriert keinem anderen Wesen.

Daraus folgert, daß bei aller Diskussion um die Freiheit oder Unfreiheit der Kunst, die bis in die Frühzeit der islamischen Gemeinschaft zurückreicht - bei Befürwortern und Gegnern eines generellen Bilderverbotes - eines außer Frage stand und steht: *das absolute Verbot der Darstellung Gottes.*

Zwar übermittelt der Koran den Moslems in seinen Zehn-Geboten (17:24-40) nicht die Formel: "Du sollst dir kein Bildnis noch irgend ein Gleichnis machen", die Konsequenzen hinsichtlich eines untauglichen Versuches einer Gottesdarstellung unterscheiden sich jedoch kaum von denen des Judentums - sie sind deckungsgleich.

In Sura 2:4 werden die Moslems ausdrücklich als die bezeichnet, "die da glauben an das Ungesehene" und zu den Beziehungen zwischen Mensch und seinem Schöpfer heißt es in Sura 6:104: "Blicke können Ihn (Gott) nicht erreichen, Er aber erreicht die Blicke".

In diesen Zusammenhang gehört auch eine koranische Erzählung, in deren Mittelpunkt unser Glaubensvater Abraham steht. Wir finden sie in Sura 21:52-66. Dort heißt es:

"Und vordem gaben Wir Abraham seine Rechtleitung; denn Wir

kannten ihn. Als er zu seinem Vater und zu seinem Volke sprach: 'Was sind das für Bildwerke, die ihr anbetet?' Sie erwiderten: 'Schon unsere Väter haben sie angebetet'. Er sprach: 'Ganz gewiß seid ihr und eure Väter in einem offenkundigen Irrtum'. Sie antworteten: 'Bist du mit der Wahrheit zu uns gekommen oder bist du ein Spötter?' Er sprach: 'Keineswegs; euer Herr ist der Herr der Himmel und der Erde, die er erschuf, und ich bin dafür ein Zeuge. Und bei Gott, ich werde bestimmt gegen eure Götzen angehen, sobald ihr den Rücken gekehrt habt'.

Und er zerschlug sie in Stücke, mit Ausnahme des obersten unter ihnen, damit sie sich an ihn wenden könnten.

Sie sprachen: 'Wer hat dieses mit unseren Göttern angerichtet ...?' (Abraham antwortete): 'Jemand hat es sicherlich getan; hier ist der Oberste von ihnen. Darum fragt sie (die Götzen), wenn sie sprechen können ...'.

Alsdann ließen sie (verlegen) die Köpfe hängen (und sprachen): 'Du weißt sehr wohl, daß sie nicht sprechen können'."

10.2. Das Bilderverbot und seine theologische Begründung

Das künstlerische Schaffen der Araber blieb ungeachtet ihrer vielfachen und mitunter äußerst engen Kontakte mit nichtislamischen Kulturkreisen in erster Linie von der Überzeugung beherrscht, daß vor allem die Darstellung von Menschen und Tieren als lästerlicher Verstoß gegen die schöpferische Souveränität Gottes zu verurteilen sei, eine von einflußreichen Gruppen nachdrücklich verfochtene These, die sich die öffentliche Meinung bereitwillig zu eigen machte. Zu ihrer Begründung wurde sowohl der Koran herangezogen als auch der Hadith, wobei wir heute wissen, daß unter den Hadithen auch eine Reihe nichtauthentischer Aussprüche des Propheten waren.

Das Bilderverbot stützte sich im wesentlichen auf Sura 59:25 und 64:4. Dort heißt es:
"Er ist Gott, der Schöpfer, der Bildner, der Gestalter. Sein sind die schönsten Namen. Alles, was in den Himmeln und auf Erden ist, preist Ihn, und Er ist der Allmächtige, der Allweise"; "Er erschuf die Himmel und die Erde in Weisheit und Er gestaltete euch und machte eure Gestalt schön, und zu Ihm ist die Heimkehr".

Aus diesen Koranabschnitten folgerten die Theologen, daß ein Mensch, der das Bild eines Lebewesens formt oder gestaltet, dem Schöpfer gewissermaßen ins Handwerk pfuscht. Denn zu einem Lebewesen gehöre notwendigerweise der Lebensodem. Und den kann nur Gott einhauchen.

In etwa 180 Hadithen wird das Thema Bilderverbot mehr oder weniger deutlich angesprochen und behandelt. Hier seien beispielhaft nur einige exemplarische genannt, die in unterschiedlichen Variationen immer wiederkehren und zumeist auch die gleiche Quelle bzw. den selben Gewährsmann nennen:

— Gabriel hat dem Propheten seinen Besuch angesagt. Er tritt aber nicht eher ein, bis der sich im Raum befindliche Hund oder ein Vorhang mit Bildern oder beides entfernt worden sind;
— "Von demjenigen, der ein Bild gemacht hat, wird am Tage der Auferstehung verlangt werden, daß er ihm Lebensodem einhaucht. Das wird er aber nicht können;"
— "Diejenigen, die (diese) Bilder anfertigen, werden am Tage der Auferstehung bestraft werden. Man wird zu ihnen sagen: Macht lebendig, was ihr geschaffen habt";
— "Und wer ist frevelhafter, als wer sich anschickt, so zu schaffen, wie ich (Gott) schaffe? Sie sollen doch (auch nur) eine kleine Ameise oder ein (Weizen)korn oder ein Gerstenkorn schaffen";
— "Diejenigen, die am Tage der Auferstehung am härtesten bestraft werden, sind die Bildermacher";
— In fünf Fällen werden in unterschiedlichen Hadithen die Bildermacher verflucht und
— Mohammad soll nach einem Bericht über eine mit Bildern ausgestattete Kirche in Äthiopien gesagt haben: "Wenn unter denen ein frommer Mann stirbt, bauen sie über seinem Grab eine Gebetsstätte und bringen darin diese Bilder an. Solche Leute sind vor Gott am Tage der Auferstehung die schlechtesten Geschöpfe".

In diesem Zusammenhang muß noch einmal daran erinnert werden, daß gerade die obenerwähnte Abrahamserzählung deutlich macht, daß es dem Koran vordergründig um ein Verbot der Nachbildung oder Darstellung Gottes geht und um die Aufrichtung einer Grenze gegen den Götzenkult. Diese klare Grenze überschreiten würde gleichbedeutend sein mit dem Faktum der Apostasie

– eines Abfalls vom Islam und Rückfalls in den Polytheismus der vorislamischen Zeit.

Die Berufung auf die Autorität Gottes im Koran und auf die Sunna des Propheten Mohammad spiegelt die Bemühungen wider, im Glaubensvolk jede Erinnerung an die vorislamische Zeit, an die Zeit der Dunkelheit und Unwissenheit, zu tilgen, deren Gottheiten und Idole eben durch Tiergestalten wie etwa der eines Löwen, eines Adlers, eines Schweines oder eines Pferdes symbolisiert waren.

Der islamische Ausgangspunkt des 'tawhid', der Einheit, Einzigkeit und Alleinigkeit des unsichtbaren und doch so nahen und allgegenwärtigen Schöpfergottes, in dessen gütige Hand sich der Gläubige vertrauensvoll begeben hat, findet gerade im Bilderverbot jener Zeit seinen ergreifendsten Ausdruck.

Wir dürfen dennoch davon ausgehen, *daß sich im Koran kein unmittelbarer Hinweis auf ein generelles Bilderverbot befindet,* so sehr uns die theologischen Konstruktionen unserer Glaubensväter auch zu faszinieren vermögen. Hier sei als Beispiel Sura 34: 14 angeführt, wo von den Kunstwerken die Rede ist, mit denen sich Gottes Diener Salomo umgeben hatte. Wir lesen:

"Sie machten für ihn, was er begehrte: Bethäuser und Bildsäulen, Becken wie Teiche und eingebaute Kochbottiche: 'Wirket, ihr, vom Hause Davids, in Dankbarkeit'. Und nur wenige von Meinen Dienern sind dankbar".

Hier ist von keiner Mißbilligung Gottes die Rede. Ganz im Gegenteil: In den Eingangsversen zu dem ebenzitierten Abschnitt ist davon die Rede, daß Gott David und Salomo durch seine Gnade geadelt hat und daß die angeführten Kunstgegenstände auf Gottes Geheiß geschaffen wurden. An dieses göttliche Geheiß ist die Strafandrohung für jene geknüpft, die sich den Bauanleitungen widersetzen: Sie sollen "die Strafe des Feuers kosten", heißt es in Sura 34:13. Und: "Wirket, ihr, vom Hause Davids, in Dankbarkeit".

Einem Hadith zufolge hat der Prophet Mohammad mißbilligt, daß seine Gattin Aisha vor ihrem Zimmer im Türrahmen einen Teppich aufgehängt hatte und ihr aufgetragen, ihn wieder fortzunehmen. Auch habe er Anstoß an den Puppen seiner Frau genommen. Als Beweggrund dafür führt Aisha in den Traditionen den Ausspruch Mohammads an: "Gott hat uns nicht befohlen, Steine und Lehm (oder Ziegel) zu bekleiden". Und auf die Frage des Prophetengefährten Zaid, ob sie Mohammad habe sagen hören, daß die Engel keinen Wohnraum betreten, in dem sich ein Hund oder Bilder befänden, antwortete Aisha mit einem glatten Nein. Aus diesen Hinweisen kann also auch beim besten Willen keine Begründung für eine generelle Bilderfeindlichkeit von Koran und Hadith oder des Propheten konstruiert werden. Und man kann Aisha nicht einfach — unter welchen Gesichtspunkten auch immer — beiseiteschieben. Sie ist die wichtigste Quelle der islamischen Traditionswissenschaften aller Schulen.

Der große sunnitische Traditionalist Al-Nawawi (gest. 1278) hat denn auch sehr frühzeitig dem Realismus wieder Platz geschaffen, wenn er in seinem Kommentar zur Hadithsammlung des Abu Muslim feststellt, daß aufgrund der von Abu Muslim angeführten Hadithe "das Abbilden von (animalischen) Lebewesen zwar streng verboten sei, daß dagegen die (bildhafte) Herstellung von etwas, das keinen Lebensodem (ruh) in sich hat, nicht unter das Verbot falle, auch nicht, daß man sich den Lebensunterhalt damit verdiene, und daß dies in gleicher Weise für früchtetragende Bäume und für andere Dinge" gelte. Im übrigen macht Nawawi darauf aufmerksam, daß sich in der Vergangenheit nur ein einziger Gelehrter, nämlich der einflußreiche Mugahid (642-722) für ein generelles Bilderverbot ausgesprochen habe, während seine — Nawawis — Auffassung die allgemeine Ansicht der Gelehrten widerspiegele. Hier wäre schließlich die Frage nach dem Zeitpunkt des generellen Bilderverbotes zu stellen. Wie wir gesehen haben, setzte die Diskussion um das Für und Wider etwa um das Jahr 720 n. Chr. ein. Nach Ansicht sowohl islamischer als auch abendländischer Forscher war dieser Prozeß um das Jahr 780 zugunsten des Verbotes entschieden worden — also 150 Jahre nach dem Tode des Propheten Mohammad.

So klar und eindeutig das Verbot jeglicher Gottesdarstellung auch von Anfang an war, so sehr es auch auf die einhellige Zustimmung im Glaubensvolk stieß, so sehr war das generelle Bilderverbot, wie wir gesehen haben, umstritten. Wenngleich es schließlich über Jahrhunderte mehr oder weniger streng durchgehalten worden ist, so darf dennoch nicht der Hinweis fehlen, daß dieses generelle Verbot an den Randzonen der islamischen Gemeinschaft immer wieder bewußt durchbrochen worden ist. Diese "Verstöße" begannen praktisch gleichzeitig mit dem Verbot. Dafür liefert insbesondere die Zeit des Kalifats der Omaiyyaden (667-750) und später die Herrschaft der Abbasiden (bis 1258) die bestechendsten Beispiele.

Galt beispielsweise neben der Gottesdarstellung auch die Darstellung des Propheten Mohammad, seiner Gefährten, der anderen Propheten und der Engel als verboten, so finden wir ab der mongolischen Epoche der persischen Miniaturmalerei, in der zweiten Hälfte des 13. Jahrhunderts erstmals, der liberalen Haltung der Mongolen entsprechend, ohne Hemmungen Leben und Taten des Propheten Mohammad in Bildern dargestellt. Dabei ist allerdings auffällig, daß der Prophet zumeist gesichtslos – er trägt immer wieder einen weißen Schleier – gemalt worden ist. Aber: es gibt aus dieser Zeit auch Bilder, die sein Antlitz zeigen. Wobei hier hinzugefügt werden muß, daß diese Art der Malerei nach wie vor unter den Gläubigen sehr umstritten ist.

Aber nach diesem Exkurs zurück zur allgemeinen Entwicklung: Mit dem entstehenden arabisch-islamischen Weltreich ging wie selbstverständlich die Entwicklung eines verfeinerten Kunstbedürfnisses einher, das aber weiterhin nicht in Scheinwirklichkeiten des Lebens nach Ausdruck suchte, sondern in wechselvollem Spiel der Phantasie stilisierte Andeutungen von Blumen- und Rankenmotiven und die kapriziöse Linienführung der Arabesken entdeckte.

Gerade die Arabeske ist ein wertvolles Geschenk des generellen Bilderverbotes und auch die Kalligraphie verdankt ihm ihre Entwicklung.

In den Verschlingungen des Arabeskenstiles kommt die tiefe Begriffswelt der Mystik zum Ausdruck, wie die Religion überhaupt in der Kunst der Moslems die beherrschende Rolle einnimmt: sie bestimmt weitgehend ihren Ausdruck, in der Form wie im Inhalt. In dem scheinbar unlösbar verworrenen, doch in Wirklichkeit einem wohldurchdachten System folgenden Dessin der Arabeske sah man das Gleichnis einer Weltordnung, die in fortdauerndem, zyklischem Wechsel sich immer wieder selbst erneuert: die Mäander wurden als die Stetigkeit allen Lebens gedeutet, der Kreis als Symbol der Ewigkeit, die Rosetten und Palmetten als Bildnis von Geburt und Reife.

Während in den Moscheen oder an Gegenständen, die religiösen Zwecken dienten, Bildwerke allezeit tabu blieben, so schmückten die Herrscher und die hohen Würdenträger des Kalifats gerne ihre Paläste mit Wandmalereien, in denen wie selbstverständlich auch menschliche Figuren und Tiere nicht fehlen. Jagdszenen waren besonders beliebt.

Eine weitere Umgehung der theologischen Tradition ist, wie bereits kurz erwähnt, bei den Miniaturen geschehen, die als Bücherschmuck in Handschriften der erzählenden Literatur erschienen. Dagegen blieben der arabischen Plastik figürliche Darstellungen im allgemeinen fremd. Ausnahmen gab es bei der Münzprägung. Hier ließen Herrscher gelegentlich ihr Haupt nachbilden, allerdings zumeist in leichtverfremdeter Form.

Zu Beginn dieses Jahrhunderts setzte schließlich ein vollkommener Wandel ein. Die Fotografie, die zunächst bei sehr konservativen Moslems wie vorausschaubar auf Widerstand stieß — insbesondere in den arabischen Ländern —, ist heute ebenso heimisch wie anderswo in der Welt.

Länger währte der Widerstand, Kindern Bilderbücher, Puppen oder Spielzeug in Tierformen in die Hände zu geben. Heute ist er, zumindestens in den Stadtregionen, überwunden. Mit anderen Worten: das Bilderverbot hat sich auf seinen Ausgangspunkt reduziert, nämlich: "Du sollst dir kein Bildnis machen noch irgendein Gleichnis" — von Gott, deinem Schöpfer und Herrn, "du sollst sie nicht anbeten noch ihnen dienen". —

11. ICH BIN WIND UND DU BIST FEUER (Rumi)

Die islamische Mystik: Versuch einer Beschreibung

Wenn ich hier den Versuch unternehmen möchte, eine Beschreibung der islamischen Mystik vorzunehmen – also über den Sufismus zu sprechen –, dann bin ich mir im klaren darüber, daß es sie im orthodoxen Verständnis eigentlich gar nicht gibt. Ein mir bekannter hoher saudischer Beamter antwortete mir erst kürzlich auf eine Frage nach der sufischen Bewegung in der Bundesrepublik: "Sufis? So etwas gibt es im Islam nicht oder sind Sie anderer Meinung"? Diese Antwort kennzeichnet eigentlich das derzeitige Verhältnis des realexistierenden Islam zu seinen Mystikern, wobei hinzugefügt sei, daß sich der Sufismus unserer Tage des besonderen Schutzes des malikitischen Ritus des sunnitischen Islam erfreut, wenngleich er im Schoße der hanifitischen Schule geboren worden ist.

Hier seien zunächst drei Begriffe erklärt, die die islamische Mystik nach außen prägen: *Derwisch, Sufismus oder Sufi und Tariqa.* Da ist zunächst das persische Wort *Derwisch,* das für moslemische Gottsucher sufischer Richtung steht, die teils männerbündlich organisiert sind, teils ohne erkennbare Organisation als bettelnde Wanderderwische auftreten. Die arabische Bezeichnung für Derwisch ist 'faqir' (pl. fuqara) und bezeichnet einen Armen, dem es an vielem Notwendigen fehlt, im Unterschied zum 'miskin', dem vollkommen Mittellosen. Neben der Bedeutung materieller Armut drückt der Begriff 'faqir' aber auch die Vorstellung einer spirituellen Not und Abhängigkeit von der Barmherzigkeit Gottes aus. Im achten Jahrhundert entwickelte die islamische Mystik die Vorstellung, daß Armut (faqr) ein Verdienst vor Gott sei, dem auch göttliche Belohnung zuteil werde, ein Glaube, der sich auf einen Ausspruch des Propheten Mohammad abstützt: 'al-faqr fahri' (die Armut ist mein Stolz). Als einer der Züge dieses Asketentums (zuhd) wurde die selbstauferlegte Armut eine der wesentlichsten Charakteristika des Sufismus, der großen Bewegung der islamischen Mystik. Im europäischen Sprachgebrauch wurde das Wort 'faqir' hingegen zur Bezeichnung eines orientalischen Gauklers.

Das Wort *Sufismus*, Sufik oder Sufitum kommt von 'tasawwuf' oder 'suf', d.h. Wolle, eine Bezeichnung, die zuerst in Kufa um das Ende des achten Jahrhunderts auftauchte und bald allgemein üblich wurde. Sie rührt von dem aus Flicken groben Wollstoffes zusammengenähten Mantel (hirqa) her, wie ihn dort um diese Zeit einige Asketen — die Sufis — zu tragen pflegten. Sie selbst zogen es allerdings vor, sich 'al-qaum', das Volk, auch Brüder, Gefährten oder einfach Armer (faqir) zu nennen. Die Anfänge dieser Bewegung sind in der frühesten Periode des Islam zu suchen und haben ihre Wurzeln in dem intensiven, nach Verinnerlichung strebenden Studium des Koran. Zwar ist über Jahrhunderte darauf verwiesen worden, christliche Einsiedler und hinduistische Einflüsse hätten an der Wiege des Sufismus Pate gestanden, in den letzten Jahrzehnten ist die Forschung jedoch zu dem eindeutigen Urteil gelangt, daß die Idee des Sufismus ausschließlich dem Boden des Islam, und seine frühesten Triebkräfte dem islamischen Asketentum entsprungen sind, das als Reaktion gegen den Luxus, die Korruption und die Sünden der neuen, im islamischen Reich zu Wohlstand gelangten Gesellschaftsschichten emporwuchs.

Und schließlich noch der Begriff *'tariqa'* (pl. turuq). Er bedeutet Weg oder Straße und bezeichnet auf diese Weise das gemeinschaftliche Zusammenleben der Sufis, die brüderliche Gemeinschaft mit Gleichgesinnten im mystischen Sehnen, die nur dann gelöst oder gelockert wurde, wenn sie die restlose Hingabe der Gedanken an Gott und das Streben nach Verbundenheit mit Gott beeinträchtigte. Mußte auch der Sufi alles aufgeben, was ihn von Gott hätte ablenken können, so war dennoch die Ehe und der Wunsch nach Kinderreichtum für ihn eine Pflicht. Die Sufimeister lehrten, daß die Arbeit für den Lebensunterhalt der Familie selbst von der Pflicht zur Teilnahme am feierlichen Freitagsgebet befreit. Übrigens kennt die Geschichte des Sufismus eine bedeutende Reihe von Frauen, auf deren Wort in Angelegenheiten der Religion jedermann hörte. Hier sei nur an Rabi'a al-Adawijja (717-801) aus Basra erinnert, die wie eine Heilige verehrt wurde und wohl auch noch wird.

Die einzelnen 'tariqa' werden von einem Meister oder Shaikh geleitet, der seinen Schülern seine mystischen Erfahrungen und Lehren vermittelt, sowie den geistlichen Segen (baraka). Er übernimmt auch die Aufnahme und Einweihung der Novizen. Dem

Meister stehen ein Stellvertreter (khalifa) und andere auserwählte Helfer (muqaddam) zur Seite. Jeder Orden hat eigene Regeln. Das Wort 'tariqa' bedeutet auch Methode; also Regel. Die Brüder sind ihrem Shaikh zu unbedingtem Gehorsam verpflichtet. Eine Regel lautet: "Du sollst in der Hand des Shaikhs sein wie der Tote in der Hand des Leichenwäschers". Der Novize soll seinem Meister zudem mit offenem Herzen begegnen: "Verbirg nichts vor deinem Shaikh, wie der Kranke nichts vor seinem Arzt verbirgt", lautet eine andere Regel. Um die Autorität ihres Meisters zu stärken, versucht jede 'tariqa' ihre Lehre durch eine zuverlässige Kette von Meistern bis in die Zeit des Propheten zurückzuführen. Der Schüler wird aufgenommen, indem er ein Stück Tuch erhält, mit dem er sich schurzartig umgürten kann, als Zeichen des Gehorsams, der Demut und der Armut. Dem Novizen werden allgemein vier Lebensregeln empfohlen: wenig essen, wenig schlafen, wenig reden und wenig Verkehr mit den Mitmenschen zu unterhalten.

Hierbei geht es allerdings nicht um Verzicht, sondern um den "mittleren Weg": der Sufi soll sich der Völlerei enthalten, nicht der Trägheit zum Opfer fallen, Belanglosigkeiten beiseite lassen, sich unnützem Geschwätz fernhalten und seine Zeit nicht für nutzlose Kontakte verschwenden.

Das Leben eines Sufi oder Derwisch beginnt mit Reue über seine begangenen Sünden und mit der Wiedergutmachung des, anderen Menschen zugefügten, Unrechts. Die Sünden, die er Gott gegenüber begangen hat, kann nur Gott verzeihen; aber zur Tilgung des an den Mitmenschen begangenen Unrechts ist deren Verzeihung notwendig.

Erst wenn dieses geschehen ist, kann sich der Novize auf den Weg machen, der zu Gott hinführt. Dieser Weg ist nicht an Stand oder Ansehen geknüpft. Als Wegzehrung nimmt er mit: den Gehorsam gegen Gott und das ständige Gedenken an Gott.

Es steht geschrieben: "Erfolg fürwahr krönt die Gläubigen, die sich demütigen in ihren Gebeten und die sich fernhalten von allem Eitlen und die nach Reinheit streben und die ihre Sinnlichkeit im Zaum halten..." (23:2-6) und als Abschreckung: "Die Heuchler suchen Gott zu täuschen, doch Er wird sie strafen für ihren Betrug. Und wenn sie sich zum Gebet hinstellen, dann stehen sie nachlässig da, zeigen sich den Leuten und sie gedenken Gottes nur wenig; hin und her schwankend zwischen (dem und) jenem, weder zu diesen noch zu jenen gehörend. Und wen Gott ins Verderben gehen läßt, für den wirst du nimmermehr einen Weg finden" (4: 143-144).

Islamische Mystik wird hierzulande in jüngster Zeit allzu oberflächlich — und aus welchen Gründen auch immer — mit islamischer Volksfrömmigkeit verwechselt bzw. mit einer bis dahin unbekannten Art "Volksislam", wie es in einer katholischen Arbeitshilfe zum Thema "Muslime in Deutschland" angedeutet wird. Sicherlich ist es richtig, daß im Islam Theologie oder orthodoxer Glaube und die gelebte, lebendige Volksfrömmigkeit oft getrennte Wege gehen, ohne allerdings in Widerspruch miteinander zu geraten; sicherlich ist auch zutreffend, daß die islamische Mystik tief im Glauben des Volkes verankert ist und auf eine breite Zustimmung bei den gläubigen Massen rechnen kann — dennoch würde es zu frappanten Fehleinschätzungen islamischer Wirklichkeit kommen, wollte man islamische Mystik einfach mit der Volksfrömmigkeit gleichsetzen oder verwechseln: so sehr sich beide Ströme auch ergänzen mögen, so grundverschieden sind sie auf der anderen Seite voneinander; denn Sufismus bleibt bei aller Offenheit für jedermann doch vornehmlich der Weg einer Elite, wenn dieses auch nur aus seiner inneren Struktur heraus ersichtlich wird.

11.1. Der Anfang des Weges

Die Forschung geht heute fast ausnahmslos davon aus, daß der Ursprung der sufischen Bewegung im sogenannten "Bund der Fünfundvierzig" zu sehen ist, die sich im Jahre 623 n. Chr. in Medina einen besonderen Brüderlichkeits- und Treueeid zugeschworen hatten. Als Namen wählten sie sich das Wort 'sufi', das, wie bereits erwähnt, sowohl Wolle (suf) als auch fromm (sufij) bedeutet. Der "Bund der Fünfundvierzig" bestand aus 90 Personen: 45 von ihnen waren Flüchtlinge aus Mekka und 45 einheimische Medinenser.

In der Tat befand sich zur Zeit des Propheten in der großen Moschee von Medina außerhalb des Betsaales ein Raum, der 'suffah' genannt wurde. Hier versammelten sich regelmäßig eine Anzahl von Gläubigen, um unter der persönlichen Leitung des Propheten in islamischer Lebensart und in ihren Verpflichtungen gegenüber Gott und den Menschen unterwiesen zu werden. Aus zeitgenössischen Berichten wissen wir, daß die Mitglieder dieses Kreises tagsüber einer normalen Beschäftigung nachgingen, um ihren Lebensunterhalt zu verdienen, während sie die Nacht mit zusätzlichen Gebetsübungen und in Meditation verbrachten. Wir wissen heute nicht mehr, wie diese Übungen aussahen und welche Gebräuche der Prophet diesen ersten Mystikern eingeschärft hat. Mohammad Hamidullah merkt richtig an, daß in der Wahl der Mittel genügend Freiheit blieb, nachdem das Ziel einmal feststand. Unser Meister Mohammad hat einmal gesagt: "Die Weisheit ist das verlorene Herdentier des Gläubigen; wo immer er sie findet, soll er sie ergreifen".

Bereits unter dem Kalifen Abu Bakr (632-634) und Ali (656-661) wurden thematisch regelmäßige Schulungsversammlungen des Bundes durchgeführt. Im Jahre 657 n. Chr. erhielt der Bund unter Uwaya seine erste Ordensverfassung und im achten Jahrhundert entstanden die ersten Ordenshäuser der Sufi-Bewegung, und zwar in Syrien.

Von dortaus führt der Weg direkt zu Abu Hanifa Nu'am Ibn Thabit (699-767), dem Gründer der hanifitischen Rechtsschule des sunnitischen Islam. Abu Hanifa war der Sufi-Lehrer von Maulana Daud Ibn Tai (gest. 781); dieser wiederum war der Meister von Maulana Maruf Karkhi (gest. 815), der von seinen Anhängern als "König Salomon" verehrt wurde und der das Urbild der heutigen Sufi-Gemeinschaften gründete: die 'Al-Banna', den Orden der Baumeister.

Die weitere Entwicklung der Sufigemeinschaften in der frühislamischen Zeit kann hier nur kurz angerissen werden. Das Schlüsselwort dabei ist 'futuwwa'. Dieser Begriff ist von 'fityan' abgeleitet. Mit ihm waren in der vorislamischen Zeit Jünglinge (fata = Jüngling) bezeichnet worden, die unabhängig von ihrer Zugehörigkeit zu einer bestimmten Religionsgemeinschaft und von ihrem sozialen Herkommen den Inbegriff höchster Mannestugenden verkörperten.

Vom 9. Jahrhundert an, hieß dieses Tugendideal dann 'futuwwa' und umschloß erstrebenswerte Eigenschaften wie Frömmigkeit, Selbstzucht, Großmut, Freigiebigkeit, Gastfreundschaft u.a. Jenseits familiärer Bindungen und ohne Ansehen des Berufes und der Stammeszugehörigkeit schlossen sich Gläubige zusammen, um in einer Atmosphäre der Solidarität und Freundschaft, durch selbstlose Kameradschaft ein gemeinsames und erhöhtes Leben zu führen. Gegen das Jahr 1000 kommt es dann zur Verfestigung der Lehre, als 'futuwwa' und mystisches Denken ineinanderflossen. Zu dieser Zeit traten immer mehr Gebildete dem Orden bei, eine Entwicklung, die ihren Höhepunkt erreichte, als der Abbasidenkalif An-Nasir (1180-1225) Ordensmitglied wurde und viele Fürsten des Reiches seinem Beispiel folgten. Im Mittelpunkt stand seinerzeit die 'Ikhwan as-safa wa hullan al-wafa', der Bund der Brüder der Reinheit und der Freunde der Treue von Basra. Diesem Bund gehörten so große Meister wie Abul Ala al-Ma'arri (gest. 1057), Abu Hajjan al-Tauhidi (gest. 1023) und der große Al-Ghazzali (gest. 1111) an.

Die mystische Tradition und Ideologie der 'futuwwa' diente fortan als verbindende Kraft in der gesamten islamischen Gesellschaft. Sie verlor diesen Status erst, als Bagdad von dem Mongolen-Khan Hülägü am 10. Februar 1258 erobert und dem arabischen Kalifat ein Ende gesetzt wurde.

Bereits als sich aus den Feldzügen der islamischen Eroberungsära die Staats- und Gesellschaftsordnung des Kalifats herauskristallisierte, hatte das 'futuwwa'-Ideal sich zu einer erweiterten, den sozialen Umschichtungen angepaßten Lebenshaltung umgebildet. Nun waren es, zumal im Irak und im nördlichen Syrien, die ursprünglich christlichen und jüdischen Handwerkskorporationen, die Zünfte (arab. 'sinf'), fast durchweg persischer Herkunft, in deren Mitte es sich verkörperte. Noch heute tragen viele islamische Sufigemeinschaften, insbesondere in Ägypten, die Namen bestimmter Handwerksberufe.

Von hieraus spannt sich die Brücke zu den Derwischbruderschaften türkischer Tradition, deren erste große und unübertroffene Stifterfigur unser Meister Dschelaluddin Rumi (gest. 1273) war, Gottes Wohlgefallen sei mit ihm.

Pfeiler dieser Brücke waren zweifellos die 'sabiyya', die Ismailiten, deren Brauchtum die mittelalterliche Kirche tief und nachhaltig beeinflußt hat.[41]

11.2. Der Weg zur Vereinigung mit Gott

Die Grundelemente des sufischen Weges sind im Koran vorgezeichnet. Der fromme Moslem betet mindestens fünfmal am Tage die Formel 'ehdenas serat al-mustaqim, serat allasina an-amta alähim – ghäril maghdube alähim – waladdoa'lin', d.h.: Führe uns auf dem geraden Weg; den Weg derer, denen Du Gnade erwiesen hast, die nicht Dein Mißfallen erregt haben und die nicht irregegangen sind. "Führe uns den geraden Weg" hat im Arabischen eine dreifache Bedeutung: 1) Den Weg zeigen, 2) ein Stück des Weges begleiten und 3) bis zum Ziel mitgehen.

Der ehrwürdige Koran will also vornehmlich als Richtschnur, als Weg zum Heil aufgefaßt werden, der zur Vereinigung mit Gott führt, als dem eigentlichen Ziel des irdischen Daseins. Sura 5:36: "O ihr Gläubigen, fürchtet Gott und suchet den Weg der Vereinigung mit Ihm und strebet auf Seinem Wege, auf daß ihr Heil habt". Das ist das einzige Leitmotiv sufischen Denkens und sufischer Lehre. In Anlehnung an diese Aufforderung Gottes beschreitet der Mystiker den Weg der Einswerdung mit Gott.

Auf dem Wege zu Gott durchläuft der Gläubige mehrere Entwicklungsstadien; geführt und geleitet vom Koran. Zunächst lernt er zwischen Gut und Böse zu unterscheiden. Das ehrwürdige Buch vermittelt ihm dazu die Normen: Der Mensch soll nicht nur die Wahrheit lieben, er soll vielmehr auch die Eigenschaften praktizieren, die zum Umfeld recht verstandener Wahrheit gehören. So soll er unter anderem friedliebend sein, versöhnungsbereit, verträglich, treu, mäßig, geduldig, mitleidig. Ebenso muß er begreifen, daß alle auch noch so guten Eigenschaften ihren Wert letztlich verlieren, wenn sie nicht zur rechten Zeit und am richtigen Ort auf die rechte Weise zur Geltung gebracht werden.

Ist diese Stufe sittlicher Reife erreicht, eröffnet der Koran dem Gläubigen die Erkenntnis, daß er für ein höheres Ziel erschaffen worden ist und daß er künftig auf dieses Ziel ausgerichtet bleiben muß. Er erfährt, daß Absicht und innere Gesinnung den Wert und die Würde einer Tat bestimmen. Der Gläubige wird in diesem geistigen Entwicklungsstadium aufgefordert, stets darüber zu wachen, daß die Absicht, die einer Tat oder einem Werk zugrundeliegt, lauter und rein bleibt. In jeder Situation seines Lebens soll er von nun an um Gottes willen handeln.

In allen hier aufgeführten Entwicklungsphasen stellt sich die Haltung des Gläubigen zu seinen Mitmenschen – zum Nächsten also – anders dar. Am Anfang seines Weges handelt er nach dem Naturgesetz: Er erweist dem Nächsten Gutes und erwartet dafür von ihm Dankbarkeit. Der reifere Gläubige tut Gutes, ohne zu erwarten, daß sein Handeln mit Dankbarkeit aufgenommen wird. Gleichwohl läßt er von seinem Tun ab, wenn der andere ihm Böses entgegensetzt. In einem weiteren Entwicklungsstadium des Weges wandelt sich die Haltung des Gläubigen grundlegend: Er ist selbst dann seinem Nächsten gegenüber gütig, wenn ihm mit Bösem vergolten wird.

Der Gläubige muß letztlich über der Vergeltung – Böses mit Bösem – stehen. Solange er nicht zu dieser inneren Einsicht und Erkenntnis gelangt ist, wird er noch von seinen natürlichen Trieben beherrscht, ist er noch nicht vollkommen in den Zustand 'islam' eingetreten.

Der Koran legt den Gläubigen ans Herz, gegenüber etwaigen Übeltätern Vergebung zu praktizieren. Daher wird er in einem fortgeschrittenen Stadium weder Vergebung noch Vergeltung seinen natürlichen Empfindungen und Trieben unterordnen. Ihm wird vielmehr die Besserung des Übeltäters am Herzen liegen.
Sura 42:41:
"Die Vergeltung des Bösen sei wie das Böse selbst; wer aber vergibt und Besserung vor Augen hält, dessen Lohn ist bei Gott". Der wahrhaft spirituelle Mensch soll durch Vergebung nach der Besserung des Übeltäters streben.

Für den, der sich auf den Weg gemacht hat, Gott zu begegnen, bedeutet Glauben (iman) im Anfang: einfach annehmen – auf das vertrauen, was man als Wahrheit erkannt hat. Das religiöse Gesetz und die aus ihm gewachsenen Vorschriften – die 'sharia' – gelten für ihn in diesem Stadium seiner Entwicklung als Anordnungen, deren Einhaltung für die Gesundung von Körper und Geist notwendig ist. Je weiter er nun auf dem Wege fortschreitet, je näher kommt er der Wahrheit. Sein Glaube (iman) wandelt sich auf diese Weise in Wissen (irfan) und das Gesetz wird ihm zum Lebensweg (tariqat): Die Weisungen der Religion werden ihm zum Weg, der sicher zum Endziel führt, wie der Koran verheißen hat:
"Und diejenigen, die in Unserer Sache bestrebt sind – Wir werden sie gewiß leiten auf Unserem Wege. Wahrlich, Gott ist mit denen,

die Gutes tun. ... O Mensch, du mühst dich hart um Deinen Herrn, so sollst du Ihm begegnen" (29:70; 84:7).

Diesem Weg folgt der Mystiker weder aus Furcht vor Strafe, noch weil er für sich Belohnung erhofft. Zu einem solchen Gläubigen sagt der Koran: "Was immer du auch tust; Gott hat dir alles vergeben".

In der letzten Entwicklungsphase erfährt der Gläubige schließlich die Sicherheit des Glaubens (iqa'an). Das Gesetz wandelt sich zur Wirklichkeit (haqiqat), die er als identisch mit seinem eigenen Wesen anerkennt. Er entdeckt, daß alles, was von außen her an ihn herangetragen wurde, nichts anderes als die Stimme seines tiefsten Wesens ist: Er selbst ist also eigentlich der Weg. Sein Wille wird eins mit dem Willen des Schöpfers; was ihm geschenkt wurde, gibt er zurück mit den Worten: "Gewiß, mein Gebet, mein Opfer, mein Leben und mein Sterben gehören Gott, dem Weltenherrn" (6:163-164).

Das war von Anfang an auch sein Gelöbnis' 'La ilaha illa llah': Ich bezeuge, daß niemand der Anbetung würdig ist außer Gott, und daß es keinen Gegenstand der Liebe und des Verlangens gibt außer Gott!

Der Gläubige hat also den Zustand 'islam' und 'fana' erreicht, des Sich-selbst-verlierens in Gott. Der Koran sagt in Sura 3:170: "Denkt nicht, daß diejenigen, die auf dem Weg zu Gott getötet wurden, gestorben sind: sie leben". 'fana' führt also zum Leben (baqa) und dieses Leben ist es schließlich, das in die Begegnung (liqa) mit Gott führt, in die Einswerdung mit dem Schöpfer einmündet, der unser aller Lebensquell ist.

Hier muß angemerkt werden, daß der, der sich auf den Weg begibt, einerseits bereit sein muß, sein eigenes Ich im Willen Gottes aufgehen zu lassen, andererseits muß er sein Bewußtsein für die wirkliche Gegenwart Gottes stärken. Es ist wichtig zu betonen, daß die Verleugnung des eigenen Ichs nichts, aber auch gar nichts, mit der philosophischen Konzeption des Pantheismus zu tun hat, wenngleich eine solche Verwandtschaft von den Gegnern des Sufismus immer wieder unterstellt wird, wohl weil die Quellen sich gleichen. Jedoch: Der wesentliche Unterschied ist wohl der, daß für den Sufi die rein intellektuelle Betätigung der Notwendigkeit der Selbstauflösung in Gott keinen Wert besitzt, da er sie assimilieren und als Wirklichkeit leben will.

So sehr der Sufi auf seinem Wege zur Vereinigung mit Gott seinem Ziel auch nahekommen mag — es gibt doch stets einen Abstand, eine Trennung, einen Unterschied zwischen ihm, dem Geschöpf und Gott, der sein Schöpfer ist. Er kann zwar sein Ich verleugnen, nicht aber seine Person. Je höher die Stufe ist, die er erreicht, desto mehr spricht Gott durch seinen Mund, wirkt Gott durch seine Hände, wünscht Gott durch sein Herz.

Der Fachausdruck 'miradsch', der dem islamischen Gebet eigentümlich ist, bedeutet Leiter und Aufsteigen (zu Gott), nicht aber Verschmelzung oder Vermischung. Erinnert sei in diesem Zusammenhang an die Himmelsreise des Propheten Mohammad, die er als 'ruyah' erlebte,[42] als Vision bei vollem Bewußtsein und in wachem Zustand. Ghazzali hat seine Brüder streng darauf verwiesen, daß man, um sein Ich zu zerbrechen, zuerst demütig werden müsse. Hochmut ist demnach und tatsächlich die größte Sünde gegen Gott; Prahlerei ist die Anbetung seiner selbst, also Polytheismus und damit 'shirk'.

11.3. Die Gottesliebe

Gottesliebe im Islam entsteht nicht nur aus der tiefen Erkenntnis des Angewiesenseins auf Gott. Gottesliebe ist vor allem die Frucht ernsthaften und innigsten Bemühens, die Eigenschaften Gottes im eigenen Leben und im Umgang mit seinen Mitmenschen zu reflektieren. Diese Eigenschaften werden uns im Koran als die (99) "schönsten Namen Gottes" überliefert und den Gläubigen ans Herz gelegt.

Die Reflektion dieser Eigenschaften sind der Maßstab wahren Menschseins, zeigen auf, wie eng die Bindungen des Menschen an Gott sind, wie vertrauensvoll Gott und Mensch aufeinander zugegangen sind. Durch das Hineinnehmen der Eigenschaften Gottes in das eigene Leben entsteht im Herzen des suchenden Menschen jenes Feuer, das ihn läutert, das dazu drängt, sich in mitmenschlichen Handlungen mitzuteilen. Es ist dieses Feuer, das den Gläubigen zum Sufi macht, das ihn fähig macht, sich in der Hinwendung zu seinen Mitmenschen in Gott zu verzehren. Derjenige, der vom läuternden Feuer Gottes erfaßt ist, fragt nicht mehr nach Ruhm und Lohn. Er tut Gutes auch auf die Gefahr hin, daß es ihm zum

Nachteil gereicht, er hilft auch dann, wenn ihm Haß und Verleumdung entgegenschlägt, er verzeiht auch dann, wenn die ihm zugefügten Kränkungen seine Leidensfähigkeit zu sprengen drohen.

Es sind seine eigenen Erfahrungen mit Gott, die einen Sufi so handeln lassen, wie es sein Herz ihm eingibt, denn er weiß — bewußt oder unbewußt —, daß Gott durch ihn handelt. Das Leben des in die Gottesliebe eingetauchten Menschen hat sich seiner selbst entäußert, um für seine Mitmenschen offen sein zu können, damit Gott durch ihn zu wirken vermag, wo immer er auch sei und in welcher Situation auch immer erforderlich.

Der Koran spricht an mehreren Stellen ausdrücklich davon, daß Gott diejenigen liebt, die Gutes tun, fromm, geduldig, gerecht und barmherzig sind. Auch werden in Sura 2:166 die Gläubigen als die bezeichnet, "die stärker sind in ihrer Liebe zu Gott" als die Irrenden ihre Götzen zu lieben vermögen. Von der gegenseitigen Liebe zwischen Gott und den Gläubigen sprechen folgende Koranabschnitte: "Sprich: Liebt ihr Gott, so folget mir; (dann) wird Gott euch lieben und euch eure Fehler verzeihen; denn Gott ist allverzeihend, barmherzig" (3:32);
"O ihr Gläubigen, wer von euch sich von seinem Glauben abkehrt, (wisse), Gott wird bald ein anderes Volk bringen, das Er liebt und das Ihn liebt, gütig und demütig gegen die Gläubigen ..." (5:55).

Die Initiative der Liebe liegt bei Gott. Der Mystiker Bistami (803-875) sagte dazu: "Am Anfang bildete ich mir ein, daß ich es war, der an Gott dachte, der Ihn kannte und liebte. Als ich zum Ende kam, sah ich, daß Er an mich gedacht hatte, ehe ich an Ihn dachte, daß Er mich gekannt hatte, ehe ich Ihn kannte, daß Seine Liebe zu mir meiner Liebe zu Ihm vorausging, daß Er mich zuerst gesucht hatte, so daß ich Ihn suchen konnte".

Es ist immer Gott, der die Verbindung zu seinem Diener sucht. Er führt ihn auf seinem Wege, wie der Koran immer wieder mit großer Intensität verdeutlicht. Und er erleichtert ihm die Erfüllung seiner religiösen Verpflichtungen. Gott schenkt dem Menschen die Gabe des Gebetes und rückt ihm dadurch nahe. Er erlöst ihn aus der Gefangenschaft seiner Begierden und vergibt ihm die Sünden.

11.4. Die mystischen Übungen

Der sich zum Islam bekennende Mensch ist gehalten, in jedem Augenblick seines Lebens des Namens Gottes zu gedenken, hat er sich doch in freiwilligem Gehorsam Gott hingegeben, ist er doch in des Allerbarmers Frieden, in des Allgütigen Heil eingetreten, gehört er doch zu denen, die durch Gottes unermeßliche und immerwährende Gnade gerettet worden sind. Im Koran heißt es dazu: "O ihr Gläubigen! Gedenket Gottes in häufigem Gedenken und lobpreiset ihn morgens und abends. Er ist es, der euch segnet, und seine Engel beten für euch, daß er euch aus der Finsternis zum Licht führe. Und er ist barmherzig gegen die Gläubigen" (33:42-44); oder:
"Die Gottes gedenken im Stehen und Sitzen und wenn sie auf der Seite liegen und nachsinnen über die Schöpfung der Himmel und der Erde: Unser Herr, du hast dieses nicht umsonst erschaffen, heilig bist Du; errette uns denn vor der Strafe des Feuers" (3:192) und:
"Und gedenke deines Herrn, wenn du es vergessen hast" (18:25, vergl. 43:37; 63:10).

Wesentlich beim Gedenken Gottes ist vor allem, daß es mit dem Herzen, mit der ganzen Seele geschieht, daß alle Sehnsucht exklusiv auf Gott gerichtet ist.

Die islamischen Mystiker bedienen sich beim Gottesgedenken oft bestimmter Übungen wie Wechselgesänge, besondere Körperhaltungen, Körperbewegungen und Atemübungen. Es ist jedoch hinzuzufügen, daß die Mystiker in diesen Übungen immer nur eine Art Konzentrationshilfe sehen, die man auch zurücklassen kann, niemals aber eine heilsnotwendige Methode.

Halladj (875-922), einer der größten Mystiker der Religionsgeschichte überhaupt, hat diesen Zustand einmal so beschrieben: "Du bist es, der mich in Ekstase versetzt, nicht der dhikr. Fern sei meinem Herzen, bei dem dhikr zu bleiben. Der dhikr ist die mittlere Perle einer goldenen Halskette, die dich meinen Augen entzieht, sobald sich mein Geist davon fesseln läßt".

Die Mystiker unterscheiden den 'dhikr' in drei Ebenen:
— den 'dhikr' der Zunge,
— den 'dhikr' des Herzens und
— den 'dhikr' des inneren Seelengrundes.

Der *'dhikr'* *der Zunge* will bewirken, daß der angerufene Gott in das Herz des Mystikers eindringt und ihm gegenwärtig bleibt;

der *'dhikr'* *des Herzens* tritt ein, wenn die Worte und Formeln zu Ende gehen und der Name Gottes im Herzen des Sufis erwacht. Von nun an übernimmt das Herz selbst die ständige Anrufung des Höchsten Namens. Der 'dhikr' hat sich verinnerlicht, er ist zum 'dhikr' des Herzens geworden;

der *'dhikr'* *des innersten Seelengrundes* ist der 'dhikr' der Schau des göttlichen Geheimnisses. Er ist der Ort der Bezeugung der göttlichen Einheit und endlich der Vereinigung des Menschen mit Gott.[43]

11.5. Schlußbemerkungen

Wegen scheinbarer Mißachtung der religiösen Pflichten wurden die Mystiker immer wieder der Ketzerei verdächtigt. Unter dem Kalifen Al-Ma'mun kam schließlich die Inquisition gegen sie zum Zuge, der auch Halladj zum Opfer fiel. Erst im 11. und 12. Jahrhundert gelang es schließlich dem Reformtheologen und Mystiker Al-Ghazzali (1058-1111), die Orthodoxie mit dem Sufismus zu versöhnen.

Ich möchte meine kurze Reise durch die Randzonen der Welt der Derwische, von denen neben Schamsuddin Hafiz, Mansur Al-Halladj, Abu Hanifa, Ibn Arabi und Fariduddin Attar die Meister Abu Hamid Al-Ghazzali und Dschelaluddin Ar-Rumi (gest. 1273) sicherlich die bedeutendsten Lehrer gewesen sind – sowie, auf unsere heutige Zeit bezogen, Mohammad Iqbal –, mit einem Zitat aus einer Arbeit des katholischen Religionswissenschaftlers Adel Theodor Khoury beschließen: Welche Lehre er auch immer vertritt, der (islamische) Mystiker sucht in allen seinen Bemühungen und seinen Übungen den Weg zu Gott. Dramatisch, ergreifend und erhebend ist das Ringen des Menschen mit Gott und mit sich selbst, um sein Leben in die Nähe Gottes zu bringen, so nahe wie nur möglich, so nahe, daß keine Trennung mehr möglich ist und eine innige Vereinigung mit Gott immer erreichbarer erscheint. Denn erst so erlebt der Mystiker die totale Erfüllung seines Selbst, indem er sich in Gott verliert.

Kehren wir zu der Eingangsbehauptung zurück, daß es Sufis im

Islam nicht gebe. Jemand fragte Meister Abu Hafs Omar Suhrawardi: Wer ist ein Sufi?
Der Meister antwortete:
Ein Sufi fragt nicht, wer ein Sufi ist!

11.6. Islamische Ordensgemeinschaften in der Bundesrepublik und Westberlin

Die Geschichte des Sufitums oder der Derwischorden in Deutschland beginnt im Herbst des Jahres 1910, als der in Baroda in Indien geborene Stifter des Ordens der *Chesti-Derwische,* Pir Inayat Khan, auf einer Reise nach den USA auch in Deutschland Station machte. Während seines Aufenthalts gewann er hier seine ersten Schüler. Da Pir Inayat Khan sich "von Gott dazu berufen fühlte, der Meister des Abendlandes zu sein", besuchte er auch England, Frankreich, die Niederlande, die Schweiz, Schweden, Norwegen und Italien, wo er jeweils "eine Gruppe von Menschen fand, die vom konfessionellen Christentum mehr oder weniger losgelöst waren und nach geistiger Verinnerlichung strebten". Wie der Ordensmeister 1927, kurz vor seinem Tode, schrieb, gehörten seine ersten europäischen Schüler "zumeist den gebildeten, wenn auch nicht den ausgesprochen gelehrten Kreisen an". Das deutsche Sekretariat der Chesti-Derwische befindet sich in Nürnberg.

Bereits 1913 begann der damalige Sekretär der osmanischen Botschaft in Bern, Walter Ulrich Paul Schwidtal, damit, Schüler für den geheimnisumwitterten *Bektaschi-Orden* zu sammeln, der sich bald über den gesamten deutschsprachigen Raum ausbreitete. Schwidtals Nachfolger wurde seinerzeit der 1875 im sächsischen Hoyerswerde geborene Rudolf Adam Freiherr Glandek von Sebottendorf. Er veröffentlichte 1924 unter dem Titel "Die geheimen Übungen der türkischen Freimaurer" das bisher einzige deutschsprachige Exerzitienbuch eines Derwischordens.

Zwar hat man in der Vergangenheit immer wieder die Authentizität des Freiherrn aus Hoyerswerde angezweifelt, fest steht jedoch, daß sowohl er als auch Schwidtal im damaligen Zentrum der Bektaschi, in Seyitgazi, in die Geheimnisse und Riten des Ordens eingeweiht worden waren. Sicher ist ferner, daß der Orden nach wie vor in der Bundesrepublik arbeitet, wie überhaupt auffällig ist, daß die moslemischen Intellektuellen in Europa von jeher eine enge Anlehnung an die *Freimaurerlogen* gesucht haben.

In den sechziger und siebziger Jahren — bis 1980 — wurde insbesondere West-Berlin zu einem Zentrum der islamischen Mystik in Europa. So wurde die "Islamische Gemeinde Berlin — Umma-Gemeinschaft" von dem Orden der *Al-Burhaniyyah* betreut. Ihr Ordensmeister war der weit über den Bereich der Bundesrepublik hinaus bekannte islamische Theologe Dr. Salahuddin Eid. Eid ist im Frühherbst 1981 einem Verkehrsunfall zum Opfer gefallen. Er hat dem Sufismus in Detschland zu dem verholfen, was er heute ist. Eine lebendige Kraft mit einem geistigen Potential, auf das der deutsche Islam kaum noch verzichten kann.

Dr. Eid war zugleich Shaikh des ägyptischen *Rifa'i-Ordens,* Vertreter der *Naksbendi* und Beauftragter anderer *Sufi-Tariqas.* Diese Orden, zu ihnen gehörte auch der *Qadiri-Tariqa,* sind auch bekannt als "Tanzende Derwische".

Seinerzeit war daran gedacht, in Berlin-Wedding ein "Institut für Sufi-Forschung" aufzubauen, dem eine umfassende Sufi-Ausbildungsstätte für Friedensforschung angegliedert werden sollte. Die Orden verstanden sich als "deutsche islamische Gemeinschaft"; die Zahl der Konvertiten war demgemäß relativ hoch.

In der ehemaligen Reichshauptstadt ist seit einigen Jahren auch der von Pir Dschelaluddin ar-Rumi (gest. 1273) im türkischen Konya gegründete Orden der *Mevleviyye* ansässig. Zwar ist die Zahl der Anhänger dieses großen Traditionsordens in der Bundesrepublik noch relativ klein, Beobachter registrieren jedoch in jüngster Zeit ein kontinuierliches Wachstum.

Über die genaue Zahl der Derwische in der Bundesrepublik sind kaum Angaben zu erhalten. Dieses mag einmal daran liegen, daß der sogenannte "Innere Kreis" der Orden zahlenmäßig sehr beschränkt ist, während die Zahl der an den Übungen teilnehmenden Schüler stets im dunklen bleibt. Hinzu kommt, daß auch Nichtmoslems, also auch Christen, dem "Äußeren Kreis" angehören können, ohne daß sie deshalb gezwungen wären, ihr Bekenntnis zum Christentum beziehungsweise ihre Mitgliedschaft in der Kirche aufzugeben. Shaikh Salahuddin Eid sagte mir in einem Gespräch, daß es aus verschiedenen Gründen nicht möglich sei, Angaben über die zahlenmäßige Stärke der Sufis in der Bundesrepublik und West-Berlin zu erhalten. Man könne jedoch sagen, daß die Zahl der Anhänger der verschiedenen Orden relativ groß sei; es seien einige Tausende.

Der Sufi-Meister unterstrich im übrigen, daß die Derwisch-Orden unter den türkischen Moslems die meisten Anhänger hätten. Aber auch Deutsche, Araber, Albaner, Amerikaner, Kurden, Inder und Perser befänden sich in ihren Reihen beziehungsweise nähmen an den mystischen Übungen teil. Das sufische Spektrum sei sehr weit. Neben den organisierten Gemeinschaften seien praktisch alle Systeme durch Einzelanhänger oder kleinere Gruppen und Zirkel vertreten. Sie seien direkt mit ihren Shaikhs im Stammland des Ordens verbunden und würden von diesen auch geleitet.

Salahuddin Eid verwies in dem Gespräch darauf, daß es gerade die Sufis gewesen seien, die bei den Einigungsbemühungen der Moslems stets in führender Position gestanden hätten. Die Sufi-Orden und ihre Schüler seien auch in der Lage, die Zukunft der christlich-islamischen Begegnung positiv zu beeinflussen. Niemand sei geeigneter als sie, interreligiöse Brückenfunktionen zu übernehmen. Nicht nur, weil es sich erwiesen habe, daß Christen an sufischen Übungen teilnehmen können, ohne daß ihr Glaube an Jesus Christus verletzt würde, sondern auch vor allem deshalb, weil sufische Mystik auch vom "christlichen Liebesideal" durchdrungen sei. Viele Frömmigkeitsideale der islamischen Mystik hätten ihre Entsprechung im frühen Christentum. Sie legen nach Auffassung von Salahuddin Eid Zeugnis davon ab, daß es in der frühen Entstehungsgeschichte des islamischen Sufitums ein enges Zusammenwirken von christlichen Eremiten und moslemischen Gottsuchern gegeben hat.

Johann Wolfgang von Goethe hat mit seinem "Westöstlichen Divan" den Deutschen das Tor zum Verständnis der islamischen Mystik geöffnet. Die Botschaft Goethes ist aber auch im islamischen Orient gehört worden. Davon zeugt das Werk des Reformers und Mystikers Sir Mohammad Iqbal, von dem gesagt wird, er sei der größte Denker gewesen, den der Islam in den letzten tausend Jahren hervorgebracht habe. Iqbal war der erste islamische Mystiker, der sich für längere Zeit in Deutschland aufhielt. Er studierte in Heidelberg und München und wurde durch Goethes Werk angeregt, das sufische Ideengut neu zu interpretieren. Das war im Jahre

1908. Zwei Jahre später wurde von Pir Inayat Khan der erste deutsche Derwischorden gegründet.

Aber bleiben wir noch einen Moment bei Goethe stehen, von dem wir wissen, daß er dem Sufismus – der islamischen Mystik – sehr aufgeschlossen gegenüberstand. Nun soll hier keinesfalls der Versuch gemacht werden, den Dichterfürsten für den Islam zu reklamieren, wie kürzlich in einer moslemischen Zeitschrift geschehen und wie andere weltanschaulichen Richtungen es immer wieder unternehmen. Aber es ist immerhin sehr bemerkenswert, wenn die bekannte Goetheforscherin Katharina Mommsen anmerkt: "Was nun Goethe betrifft, so bestimmte sich seine Stellung zum Islam – und dies ist das Entscheidende – von Anfang an nicht allein, nicht ausschließlich aus der Haltung einer fortschrittlichen Aufklärung mit ihren Toleranzbestrebungen und ihren Bemühungen, Fehlurteile der Vergangenheit auszuräumen. Goethe trat vielmehr zu Mohammad und seiner Religion in ein viel persönlicheres Verhältnis. Darum gehen auch seine Äußerungen über den Islam in ihrer provokatorischen Gewagtheit weit über alles bisher in Deutschland Dagewesene hinaus".

In der Tat hat Goethe verschiedentlich zum Islam kategorisch und keinen Widerspruch duldend Stellung bezogen. So in einem Gespräch mit Eckermann: "Sie sehen, daß dieser Lehre (dem Islam) nichts fehlt und daß wir mit allen unseren Systemen nicht weiter sind und daß überhaupt niemand weiter gelangen kann". Oder wenn er in einer Ankündigung des "Westöstlichen Divan" feststellt, er "lehne den Verdacht nicht ab, daß er selbst ein Muselman sei". Noch deutlicher wird Goethe 1820 in einem Brief an einen Freund, in dem er seinen Kummer über die Erkrankung seiner Schwiegertochter kundtut. Er schreibt: "Weiter kann ich nichts sagen, als daß ich auch hier mich im Islam zu halten suche". Und 1831, als eine Cholera-Epidemie ausbrach, schrieb er: "Hier kann niemand dem anderen raten; beschließe, was zu tun ist, jeder bei sich. Im Islam leben wir alle, unter welcher Form wir uns auch Mut machen". Dazu merkt Katharina Mommsen an: "Wir erkennen hier, daß Goethe bewußt nach einer der Grundlehren des islamischen Glaubens wirklich gelebt hat, und daß er seine Freunde ausdrücklich auf diese Lehren hinwies".

Goethe hatte während der Befreiungskriege gegen Napoleon in der Tat persönlichen Kontakt mit Anhängern des Islam gehabt.

Seinerzeit hielten sich über einen längeren Zeitraum Offiziere und Mannschaften moslemischen Glaubens in Weimar auf — in der Hauptsache Baschkiren. Zu denen, die er zu sich in sein Haus einlud, gehörte auch der Imam. Er selbst nahm an einigen islamischen Gottesdiensten teil. In einer Notiz aus dem Jahre 1841 heißt es: "Da ich von Weissagungen rede, so muß ich bemerken, daß zu unserer Zeit Dinge geschehen, welche man keinem Propheten auszusprechen erlaubt hätte. Wer durfte vor einigen Jahren verkünden, daß in dem Hörsaal unseres protestantischen Gymnasiums mohammedanischer Gottesdienst werde gehalten und die Suren des Korans würden hergemurmelt werden, und doch ist es geschehen. Wir haben der baschkirischen Andacht beigewohnt, ihren Mulla geschaut, und ihren Prinzen im Theater bewillkommt".

Schließen möchte ich diesen Exkurs über den Sufi Goethe mit einem Alterszitat aus seiner Feder: "Die mohammedanische Religion, Mythologie und Sitte geben Raum einer Poesie wie sie meinem Alter ziemt".[44]

11.7. Zum Beispiel: Die singenden Derwische
Der Alawia-Orden in der Bundesrepublik

Wer sich mit dem Sufitum befassen möchte — mit der islamischen Mystik —, der braucht heute nicht mehr in den Orient zu reisen: nach Nordafrika, in den Sudan oder in die Türkei. Mit den moslemischen Arbeitsmigranten wanderten auch Derwische aller Schattierungen in die industriellen Ballungsräume ein. Heute unterhalten nahezu alle Sufigemeinschaften oder Derwischorden Niederlassungen in der Bundesrepublik Deutschland und in Westberlin. Wanderderwische durchziehen das Land; man kann den großen Sufimeistern in Düsseldorf, Hamburg, München und Berlin ebenso begegnen wie in Fez, Kairo oder Konya.

Eine dieser Sufigemeinschaften ist der Orden der Alawia, der seinen Hauptsitz im algerischen Mostaqan hat, wo sich auch das Grab seines Stifters, Ahmad Mustafa Al-Alawia (1869-1934) befindet. Bei dem Alawia-Orden handelt es sich um einen Zweig der in der islamischen Welt hochgeschätzten Schazilija-Bruderschaft, die im 13. Jahrhundert gegründet worden ist. Die Schazilija gehört zu jenen großen ökumenischen Bewegungen, die sich die Versöhnung von Moslems, Juden und Christen zur Aufgabe gemacht hatten, in einer Zeit der Konfrontationen und gegenseitigen Verketzerungen. Ihr Ordensstifter, Maulana Abu Al-Hassan Al-Schadhili, hatte seinen Brüdern aufgegeben, die koranische Forderung nach einer Verbrüderung der "Schriftbesitzer" stets zu beherzigen. Um diese Forderung zu unterstreichen, haben im Ritus des Ordens neben dem Koran auch die hebräische Bibel und das Neue Testament ihren Platz.

Die Tradition der "Versöhnung der Schriftbesitzer" wird in unserer Zeit von der Alawia in besonderer Weise gepflegt, insbesondere auch in der Bundesrepublik. In einem Gespräch mit der "Deutschen Welle" machte der Sprecher des Ordens, Abdallah Charnet, deutlich, daß sich die Alawia-Derwische in der Bundesrepublik als "Glieder des geistigen Deutschlands" verstünden: "Wir möchten am geistigen Leben in Deutschland aktiv teilnehmen. Wir möchten dabei sowohl etwas einbringen, aber auch etwas empfangen". Und zum interreligiösen Dialog meinte er: " Wir werden immer auf der Seite des Guten stehen. Die Religion der anderen kann uns dabei nicht gleichgültig sein. Wir möchten unterschiedslos allen Menschen aufrichtig begegnen und treten ehrlichen Herzens für das Gespräch mit anderen Glaubensgemeinschaften ein".

Bei einer derartig offenen Haltung nimmt es nicht wunder, daß es europäische Schriftsteller waren, die dem Ordensstifter den Beinamen "moslemischer Heiliger des 20. Jahrhunderts" gaben.

Im Juni 1986 hat der Leiter der deutschen Ordensniederlassung, Hadj Qaduri, seine Einwilligung zu einer engen Zusammenarbeit mit der "Christlich-Islamischen Gesellschaft" erteilt, ein Schritt, der in Frankreich vorbereitet worden war. Dort unterhält die Alawia einen "Verein der Freunde des Islam", dem auch Pater Michel Lelong angehört, der sich in den letzten Jahren in besonderer Weise um die vatikanisch-islamischen Beziehungen große Verdienste erworben hat.

Zweifellos handelt es sich bei den Alawia-Derwischen um eine islamische Elite. Man nennt sie auch die "Singenden Derwische", denn im Mittelpunkt ihrer Riten steht das Lied zum Lobe Gottes. Diese Elite – Männer und Frauen – hat nicht der Welt entsagt, sie hat sich nicht hinter die Mauern der Moscheen zurückgezogen. Sie lebt vielmehr nach der Devise des Propheten Mohammad, daß der Weg ins Paradies durch Arbeit für diese Welt geebnet wird.

Neben dem Dialog wollen die Alawia-Derwische alles tun, damit die islamische Weltgemeinschaft den "Zug der Zeit" nicht wieder einmal verpaßt. Abdallah Charnet: "Der Islam darf sich nicht wie in den letzten Jahrhunderten darauf beschränken, auf moderne Entwicklungsprozesse lediglich zu reagieren. Er muß wieder agieren und moderne fortschrittliche Ideen entwickeln".

In dieses zukunftsorientierte Bild paßt, daß der Orden mit "Alif" die größte Datenbank der islamischen Welt aufbaut. Daneben beschäftigt sich gerade die deutsche Ordensprovinz intensiv mit der Zukunft der islamischen Gemeinschaft in der westlichen Welt. Im Mittelpunkt stehen dabei vor allem Fragen der Erziehung der moslemischen Jugend, des sozialen Umfeldes und die Rolle der moslemischen Frau in der pluralen Gesellschaft. Abdallah Charnet: "Die moslemische Jugend in Europa muß so erzogen werden, daß sie am gesellschaftlichen Leben und Entwicklungsprozeß teilnehmen kann, ohne in Konflikt mit der Religion zu geraten". Das gelte auch für die sozialen Programme der moslemischen Gemeinschaften. Auch sie müßten sich letztlich an den Bedürfnissen und Gegebenheiten des gesellschaftlichen Umfeldes orientieren, ohne die islamischen Rahmenbedingungen zu verletzen: "Wir sind keine Sufis, die sich von der Welt abwenden. Wir wollen uns vielmehr bewußt der Welt, in der wir leben und arbeiten, zuwenden. Wir versuchen dabei, unser inneres Erleben mit der äußeren Welt in Einklang zu bringen". Der Alawia-Orden unterhält heute in 15 Ländern der Erde rund 30 Niederlassungen. Die Zahl der Ordensmitglieder wird auf etwa 100.000 geschätzt. Der Orden ist der malikitischen Rechtsschule des sunnitischen Islam zuzurechnen. Das Alawia-Zentrum für die Bundesrepublik Deutschland ist Düsseldorf. Dort entsteht derzeit ein Ordenshaus, von dem aus auch wichtige Impulse für die interreligiöse Begegnung ausgehen sollen. Abdallah Charnet abschließend: "Wir versuchen, unser Leben an den Eigenschaften des Propheten Mohammad auszurichten. Wir wollen bescheidene Diener Gottes sein und fühlen uns von daher verpflichtet, anderen Menschen Wege aufzuzeigen, damit sie ebenfalls diese Bewußtseinsstufe erreichen können". Es gehöre zum allgemeinen Verhaltenskodex des Alawia-Ordens, "alle Menschen zu respektieren und den Islam als Friedensbotschaft für alle Erdbewohner zu verkünden".

Statt eines Nachwortes

Was auch geschehen ist, ich will meine Feder nicht in das Tintenfaß des Hasses tauchen. Dennoch wühlen die jüngsten Ereignisse mein Inneres auf. Sie veränderten meine Ansicht, wurden ein wesentlicher Teil meines Ichs. Tag für Tag wächst meine Verbitterung, Schwärze breitet sich in meinem Herzen aus. Viele Ereignisse bedrängen mich, schmerzen wie Peitschenschläge; sie zwingen mich, die Haltung, die ich seit meiner Reife angenommen habe, die Basis meines Lebens, zu modifizieren. ...

Dennoch: was auch geschehen ist, ich will meine Feder nicht in das Tintenfaß des Hasses tauchen. In dieser Geisteshaltung will ich den Weg weitergehen, den Weg, den mir mein Leben vorgeschrieben hat ... (Koran, Sura 3:114).[40]

Anmerkungen

[1] World Muslim Gazetteer, Karachi 1982
[2] Hermann Stieglecker: Die Glaubenslehren des Islam, Paderborn 1962
[3] A.a.O.
[4] M.S. Abdullah: Leben im Islam, in: Anton Schall (Hrsg.): Fremde Welt Islam, Mainz 1982
[5] Ahmad von Denffer: Ein Tag mit dem Propheten, Leicester 1981
[6] Annemarie Schimmel (Hrsg.): Gebete im Islam, Freiburg 1978
[7] A.a.O.
[8] A.a.O.
[9] Hier folge ich im wesentlichen meiner Arbeit "Leben im Islam" in: Anton Schall (Hrsg.): Fremde Welt Islam, Mainz 1982
[10] Ibn Ishaq: Das Leben des Propheten, bearb. von Gernot Rotter, Tübingen 1976

[11] M.S. Abdullah: Leben im Islam, in: Anton Schall (Hrsg.): Fremde Welt Islam, Mainz 1982

[12] Smail Balic (Hrsg.): Muhammed's Geburt, Wien 1964

[13] Louis Gardet: Islam, Köln 1968

[14] Muhammad Hamidullah: Der Islam (Geschichte, Religion und Kultur), Genf 1968

[15] A.Th. Khoury: Der Islam und das Leiden, in: Klaus Richter (Hrsg.): Muslime im Krankenhaus, Altenberge 1983

[16] Jaques Waardenburg, in: Leben und Tod in den Religionen (Symbol und Wirklichkeit), Darmstadt 1980

[17] Hermann Stieglecker: Die Glaubenslehren des Islam, Paderborn 1962

[18] Muhammad Iqbal: Botschaft des Ostens hrsg. von Annemarie Schimmel, Freiburg 1977

[19] Muhammad Hamidullah: Der Islam (Geschichte, Religion und Kultur), Genf 1968

[20] Paul Löffler: Die Herausforderung der Kirche durch den heutigen Islam, in: Deutscher Evangelischer Kirchentag Düsseldorf, Dokumente, Stuttgart 1973

[21] Hans-Joachim Schoeps: Die großen Religionsstifter und ihre Lehren, München 1967

[22] So — neben anderen — Johannes (Mansur) Damascenos und Martin Luther, siehe Gustav Mensching: Der Offene Tempel, Stuttgart 1974

[23] Löffler, s.a. 20

[24] Sir William Muir: Life of Muhammad I-IV, London 1858-1861

[25] Gustav Mensching: Die Religionen, München o.J.

[26] Claude Cahen: Der Islam I, Frankfurt/Main 1968

[27] James A. Michener: Islam — Eine mißverstandene Religion, Zürich 1956

[28] Zit. bei Pressemitteilung der Dokumentationsstelle zu Kriegsgeschehen und Friedensarbeit Sievershausen e.V. vom 10.3.1981; epd Nr. 47/81 vom 10.3.1981

[29] Louis Gardet: Islam, Köln 1968

[30] Shaikh Muhammad Abu Zahra: Begriff des Krieges im Islam, hrsg. vom Obersten Rat für Islamische Angelegenheiten, Kairo 1952

[31] A.a.O.

[32] A.a.O.

[33] Wilfred Cantwell Smith: Der Islam in der Gegenwart, Frankfurt/Main 1957

[34] Rudi Paret (Hrsg.): Die Welt des Islam und die Gegenwart, Stuttgart 1961

(Anmerkung zu 20 - 34: Hier folge ich im wesentlichen meiner Arbeit "Heiliger Krieg und Frieden im Islam", in: "Anstöße", Hofgeismar 1982)

[35] Muhammad Hamidullah: Der Islam (Geschichte, Religion und Kultur), Genf 1968
[36] Said Ramadan: Das islamische Recht (Theorie und Praxis), Wiesbaden 1980 bez. auf Abu Yusuf: Al-Kharaj und Hamidullah: Muslim Conducs of State
[37] Hermann Stieglecker: Die Glaubenslehren des Islam, Paderborn 1962
[38] Tor Andrae: Islamische Mystiker, Stuttgart 1960; Bukhari: Buch der Propheten, Nr. 44; Muslim: Buch der Tugenden
[39] Emanuel Kellerhals: Der Islam (Geschichte, Lehre, Wesen), Gütersloh 1969
[40] Sami Al-Joundi: Juden und Araber, Stuttgart 1968
[41] M. Salim Abdullah, in: Quatuor Coronati 1980
[42] Mohammad Hamidullah: Der Islam, Geschichte, Religion, Kultur, 1968
[43] Hier folge ich Adel Theodor Khoury: Gebete des Islams, Topos-Taschenbücher, Bd. 11, 1981
[44] M.S. Abdullah, Geschichte des Islam in Deutschland, 1981

Hinweis

Die gläubigen Moslems ehren die Propheten Gottes in besonderer Weise dadurch, daß sie bei der Nennung ihrer Namen Gottes Segen und Frieden für sie erflehen. Die traditionelle Segensformel lautet "Alayhi s-salam" (Gottes Friede sei über ihm). Bei Druckerzeugnissen oder in Briefen wird die Formel abgekürzt = a.s.; Beispiel: Mohammad (a.s.).

In diesem Buch wurde auf diese liebenswerte Tradition um der Lesegewohnheit der hoffentlich zahlreichen christlichen und andersgläubigen Leser willen verzichtet. Ich bin ohnehin der Meinung, daß Herz und Gedanken eines gläubigen Moslems beständig den Segen und Frieden Gottes auf Mohammad und die anderen rechtgläubigen Propheten herabflehen und daß dieses folglich auch beim Lesen dieses Buches geschieht. Reine Lippenbekenntnisse und äußere Gebärden degenerieren allzu oft und zu leicht zu gedankenloser Gewohnheit, ohne die innere Absicht auch nur im entferntesten zu berühren. Mit anderen Worten: für mich ist es selbstverständlich, daß ich von ganzem Herzen und aus tiefster Seele Gottes Segen und Frieden für unseren geliebten Propheten Mohammad und alle Diener Gottes erflehe, die ihm vorausgegangen sind. Ich bin jedoch gegen jeden erstarrten Formalismus, zumal dann, wenn er zum Zeichen von Recht- oder Nicht(recht)gläubigkeit hochstilisiert wird — der Gott nicht dient und den Menschen beleidigen muß.

ANHANG

1. DAS ISLAMISCHE JAHR – MONATE – UND FESTE

1.1. Das Hidschrajahr

Das islamische Jahr richtet sich nach dem Mondwechsel und ist folglich kürzer als das Sonnenjahr. Man nennt es nach der Emigration des Propheten Mohammad von Mekka nach Medina im Jahre 622 n.Chr. das *Hidschrajahr*. Das Hidschrajahr zählt 354 Tage und ist in zwölf Monate zu je 29 bzw. 30 Tagen eingeteilt. Das hat zur Folge, daß die islamischen Feste, die auf bestimmte Tage im Mondjahr festgelegt sind, sich im Laufe der Zeit über den ganzen Zyklus des im Christentum gebräuchlichen Sonnenjahres verschieben. Hinzu kommt, daß der jeweilige neue Tag nicht am Morgen, sondern mit dem Sonnenuntergang beginnt, d.h. er umfaßt Nacht und Tag. Der Wochenruhetag der Moslems ist der Freitag.

1.2. Die islamischen Monate

Muharram, Safar, Rabi al-awwal, Rabi as-sani, Djumada-l-ula; Djumada-l-akhira, Radjab, Schaban, Ramadan, Schawwal, Dhul-Qada, Dhul-Hidjjah.

Der Muharram ist der islamische Trauermonat, Ramadan der Fastenmonat und Dhul-Hidjjah der Wallfahrtsmonat.

1.3. Die islamischen Feste

1. Muharram	Neujahrstag
10. Muharram	Aschura-Tag
12. Rabi al-awwal	Maulid an-nabi = Geburtstag des Propheten
27. Radjab	Lailat al-miradj = Nacht der Himmelfahrt
14./15. Schaban	Lailat al-bara'at = Nacht der Sündenvergebung
1. Ramadan	Beginn der Fastenzeit
27. Ramadan	Lailat al-qadr = Nacht des göttlichen Ratschlusses oder Nacht der Bestimmung (des Schicksals)
1. Schawwal	Id al-Fitr = Fest des Fastenbrechens
10. Dhul-Hidjja	Id al-Adha = Opferfest

Das *Aschurafest* hat bei Sunniten und Schiiten unterschiedliche Bedeutung. Im *sunnitischen* Volksglauben ist es der Tag, an dem Gott Adam und Eva, Himmel und Hölle, Leben und Tod erschuf und an dem Noah die Arche verließ. Für die *Schiiten* ist es der Tag der Trauer um Hussain, dem Sohn des Kalifen Ali, der an diesem Tage im Jahre 680 in Kerbela den Märtyrertod erlitt. Das ganze erste Drittel des Monats Muharram ist für sie eine Zeit des Fastens und Wehklagens, die mit Passionsspielen und riesigen Prozessionen am Aschuratag ihren ekstatischen Höhepunkt erreicht.

Am 12. Tag des dritten islamischen Kalendermonats (Rabi al-awwal) ist *Maulid*, der Geburtstag des Propheten Mohammad. Aus diesem Anlaß versammeln sich die Moslems in den Familien und Moscheen, um mit erbaulichen Geschichten und Koranrezitationen der Geburt und des Lebens Mohammads zu gedenken und die Sendung des Propheten zu preisen.

Am *Lailat al-bara'at* (14./15. Schaban) steigt Gott einem Hadith zufolge zum untersten Himmel herab, um von dortaus die Menschen zur Sündenvergebung aufzurufen. Die Nacht wird im Gebet verbracht.

2. Speisevorschriften

Für den praktizierenden Moslem ist die strikte Einhaltung der Speisevorschriften unerläßlich. Sie sind ein wichtiger Bestandteil seiner religiösen Identität. Allgemein gilt, daß alle guten Dinge erlaubt sind (Sura 5:6), deren Konsum in medizinischer und moralischer Hinsicht unbedenklich sind. Jedem Moslem ist bewußt, daß die erlaubten Speisen zu den guten Gaben des barmherzigen Gottes gehören. Daher werden nach den Mahlzeiten Gebete gesprochen und aus dem Koran rezitiert.

Die verbotenen Speisen lassen sich in drei Gruppen gliedern:
a) Berauschende Stoffe, die das Bewußtsein trüben und damit die individuelle und soziale Balance stören;
b) Blut ist nach islamischer Auffassung der Sitz des Lebens. Es gehört Gott allein. Darum soll nach Gottes Gebot weder Blut noch Fleisch von Tieren, die nicht ausgeblutet sind, gegessen werden. Deshalb werden die Tiere so geschlachtet, daß ihr Blut gänzlich ausläuft. Dabei wird der Name Gottes angerufen. Ebenso wie Blut, so ist auch der Genuß von Schweinefleisch (als Rückfall in den Götzendienst) verboten. Das Schwein war das Symbol- und Opfertier einer vorislamischen Göttin (Sura 5:4-5).
c) Nach islamischer Auffassung verbietet es die Vernunft, schädliche und verdorbene Speisen zu genießen. Was ekelerregend ist – nach den Vorschriften z.B. Schlangen, Insekten und Schildkröten – wird allerdings je nach kulturell geprägtem Empfinden verschieden gesehen.

3. Kleidung und Haartracht

Die Kleidung eines Moslems soll einfach und sauber sein. Während den Männern die Verwendung von Seide bei ihrer Bekleidung verboten ist, ist sie den Frauen erlaubt.

Die Frauen sollen sich überdies angemessen kleiden, d.h. kurze, ausgeschnittene und durchsichtige Kleider sollten vermieden werden. Sie sollen den Männern auch in Haltung und Haartracht nicht nachahmen. In der Moschee sollen Frauen und Männer das Haar bedecken.

4. Text des Ritualgebetes

Nachdem der Gläubige die Waschung vollzogen hat, bedeckt er sein Haupt, entledigt sich der Schuhe und betritt den *Gebetsteppich,* der in Blickrichtung Mekka zeigt. Er formuliert sodann die Absicht, nun das rituelle Gebet zu verrichten und tritt damit gewissermaßen aus dem Alltag in einen *Weihezustand* ein. Er spricht die Formel:

Allahu akbar   Gott ist größer

Dann beginnen die Rakats (Verbeugungen = Gebetseinheiten). Das Mittags-, Nachmittags- und Nachtgebet umfaßt je vier Rakats, das Abendgebet drei und das Morgengebet zwei Rakats. Die Gebetseinheiten bestehen aus folgenden Formeln und Körperhaltungen:

a) Die Rezitation (stehend)

Im Namen Gottes, des Gnädigen, des Barmherzigen!
Gepriesen seist Du, Gott, und gelobt seist Du. Dein Name spendet Segen, und hoch erhaben ist Deine Majestät. Niemand ist anbetungswürdig außer Dir. Ich suche Gottes Schutz vor dem verfluchten Satan.

(Al-Fatiha)

Im Namen Gottes, des Gnädigen, des Barnherzigen! Aller Preis gehört Gott, dem Herrn der Welten, dem Gnädigen, dem Barmherzigen, dem Meister des Gerichtstages. Dir allein dienen wir, und zu Dir allein flehen wir um Hilfe. Führe uns auf den geraden Weg; den Weg derer, denen Du Gnade erwiesen hast, die nicht Dein Mißfallen erregt haben und die nicht irregegangen sind – Amen!

(Al-Ichlas)

Sprich: Er ist Gott, der Einzige; Gott, der Unabhängige und von allen Angeflehte. Er zeugt nicht und ward nicht gezeugt; und keiner ist Ihm gleich.

Hier können sich weitere Suren oder Verse aus dem Koran anschließen wie etwa 2:255; 24:35 oder 59:19-24.

b) Die Verbeugung

Der Gläubige verbeugt sich, legt die Hände auf seine Knie und spricht:

Allahu akbar   Gott ist größer

Dann folgt dreimal:
> Gepriesen sei mein Herr, der Größte!

Dann richtet er sich auf und sagt:
> Gott erhört den, der Ihn lobpreist. Unser Herr, Dein ist alle Lobpreisung.

c) Die Niederwerfung

Als Zeichen völliger Ergebenheit in den Willen Gottes kniet der Beter nieder, legt seine Stirn auf den Boden und spricht:

    Allahu akbar   Gott ist größer

In dieser Haltung fährt er dreimal fort:
> Gepriesen sei mein Herr, der Höchste!

Dann setzt er sich auf die Fersen und sagt!

    Allahu akbar   Gott ist größer

In dieser Stellung betet er:
> O Gott, vergib mir und sei mir gnädig, und führe mich den geraden Weg, und bewahre mich, und richte mich auf, und bessere mich, und erhalte mich.

Dann wiederholt er die Niederwerfung und spricht nochmals die genannten Formeln. Damit ist eine Gebetseinheit beendet. Der Gläubige erhebt sich und beginnt mit der zweiten Gebetseinheit. An deren Ende bleibt der Beter sitzen und rezitiert das Zeugnis:

> Alle Huldigung durch Zunge, Taten und Spende gebührt Gott. Friede sei mit Dir, o Prophet, und Gottes Barmherzigkeit und Seine Segnungen! Friede sei mit uns und mit den guten Dienern Gottes! Ich bezeuge, daß niemand anbetungswürdig ist außer Gott, und ich bezeuge, daß Mohammad Sein Diener und Apostel ist.

> O Gott, schütte Deine Gnade über Mohammad und über die Anhänger Mohammads aus, wie Du über Abraham und über die Anhänger Abrahams Gnade ausgeschüttet hast. Wahrlich, Du bist preiswürdig, erhaben. O Gott, gib Mohammad Deinen Segen und den Anhängern Mohammads, wie Du Abraham und den Anhängern Abrahams Segen gabst. Wahrlich, Du bist preiswürdig, erhaben.

Den Gebetsschluß bildet der Gruß nach rechts und nach links, wobei gesprochen wird:
> Friede sei mit euch und Gottes Gnade.

5. Der Islamische Weltkongreß

Der Islam ist im Gegensatz zum Christentum keine organisierte Religion; er hat im Verlauf seiner Geschichte keine kirchenähnlichen Institutionen entwickelt. Ihm fehlt eine Hierarchie, er kennt keine Sakramente und folglich auch keine Sakramentsverwaltung. Die islamische Gemeinschaft hat vielmehr von Anfang an die Verwaltung ihrer Angelegenheiten den jeweiligen staatlichen Organen überlassen, da sie davon ausgehen zu können glaubte, daß diese den Auftrag des Koran, soziale Gerechtigkeit auf Erden zu schaffen, stets und zu allen Zeiten ernst nehmen würden.

Durch diese Struktur ist der Islam bereits in seiner Frühgeschichte in die Abhängigkeit von staatlicher Macht geraten. Nicht der Glaube, nicht die Religion bestimmen seither das Gesicht des Islam, sondern der jeweilige Staat und seine spezifischen politischen Interessen.

Gleichwohl haben Moslems zu allen Zeiten innerhalb der islamischen Völkerfamilie Organisationen gegründet, die sich gewissermaßen dann zu Sprechern der Gemeinschaft machten, wenn der Staat religiöse Werte, Ansprüche und Aufträge zu manipulieren versuchte. Diese Organisationen verstanden und verstehen sich vorrangig also als moralisch-ethisches Korrektiv islamverbrämter staatlicher Macht. Zwar hat die staatliche Macht durch die Gründung und Finanzierung von eigenen religiösen Organisationen immer wieder versucht, die lästigen Mahner bedeutungslos zu machen, aber ohne dauerhaften Erfolg.

Zur Geschichte des Islamischen Weltkongresses

Wenngleich das Kalifat keine türkische Einrichtung war und folglich auch nicht der türkischen Jurisdiktion unterstand, wurde es 1924 von der türkischen Nationalversammlung auf Antrag von Mustafa Kemal Pascha ohne Rücksprache mit den übrigen islamischen Ländern auf Druck der Siegermächte des Ersten Weltkrieges abgeschafft, die eine Bestandsgarantie für die heutige Türkei von diesem einschneidenden Schritt abhängig machten.

Zwar hatte das Kalifat in jener Zeit an Glanz und Macht verloren, gleichwohl war es für die moslemische Gemeinschaft als Symbol ihrer Sehnsucht nach Einheit noch von unschätzbarem Wert. Das haben seinerzeit die Proteste der Moslems vor allem aus Süd- und Südostasien gegen den Schritt der türkischen Nationalversammlung bewiesen. Die Abschaffung des Kalifats hat den Islam an seiner Wurzel getroffen und all jene politischen Fehlentwicklungen eingeleitet, unter denen die islamische Gemeinschaft noch heute leidet. Dazu gehört auch der Mangel an Liberalität und Toleranz.

Nachdem die Ulama der Al-Azhar-Universität zu Kairo im Jahre 1925 mit dem Versuch, ein arabisches Kalifat zu schaffen, gescheitert war, berief 1926

König Abd Al-Aziz Ibn Saud eine islamische Konferenz nach Mekka ein, an deren Ende die Gründung einer Organisation stand, die sich den Namen »Islamischer Weltkongreß« gab.

Fünf Jahre später – im Jahre 1931 – gab sich der Islamische Weltkongreß in Jerusalem eine Verfassung. Die heilige Stadt der Moslems, Juden und Christen wurde zum Sitz des Kongresses bestimmt.

Bedingt durch den Nahostkonflikt sah sich der Kongreß dann 1949 gezwungen, seine Weltzentrale nach Karachi zu verlegen.

Das Selbstverständnis des Islamischen Weltkongresses

1. Der Islamische Weltkongreß wurde als nachkalifatische Bewegung gegründet. Er ist somit die älteste islamische Organisation überhaupt. Er versteht sich von daher als

   – Träger der islamischen Einheitsidee;
   – Wahrer des islamischen Erbes;
   – Verteidiger der islamischen Rechte.

2. Der Kongreß ist eine Art »Ökumenischer Rat« bzw. die Ökumenische Bewegung des Islam (umma);

3. Der Kongreß versteht sich als »Parlament der islamischen Völker«;

4. Er ist eine von Regierungen, politischen und wirtschaftlichen Machtinteressen und theologischen Strömungen unabhängige Volksbewegung;

5. Sein Leitmotiv lautet: »Alle Gläubigen sind Brüder.«

Die Strukturen des Islamischen Weltkongresses

Der Islamische Weltkongreß gliedert sich wie folgt:

– Die islamischen Weltkonferenzen (sie finden alle sieben Jahre statt);
– Der Exekutivrat (30 Mitglieder);
– Das Präsidium (Präsident und vier Vizepräsidenten);
– Der Generalsekretär (ausführendes Organ);
– Die nationalen Sektionen des Islamischen Weltkongresses (Gremien von mindestens 40 Mitarbeitern);
– Die Konferenzvertreter in den islamischen Ländern;
– Die Kongreßvertreter in der Diaspora (derzeit in 72 Ländern);
– Die internationalen Islamseminare zu aktuellen Einzelfragen.

Internationale Einbindungen

Der Islamische Weltkongreß wirkt über das Instrument von Memoranden an der Gestaltung der Politik der moslemischen Länder mit. Er besitzt einen Beobachterstatus bei der Konferenz Islamischer Staaten (OIC) in Jeddah und bei der Islamischen Außenministerkonferenz.

Der Islamische Weltkongreß vertritt die islamische Weltgemeinschaft bei den Vereinten Nationen in New York, Genf und Wien im Rahmen der NGO (Kategorie A). Sein »Diplomatisches Corps« bei den Vereinten Nationen umfaßt insgesamt neun Personen.

Aufgaben des Islamischen Weltkongresses

1. Der Islamische Weltkongreß ist kein Führungsgremium, sondern im wahrsten Sinne des Wortes ein »Dienstleistungsunternehmen« und eine Art »Brain Trust« der islamischen Weltgemeinschaft.

2. Zu seinen wichtigsten Aufgaben gehören:

   - Das Anstreben der Einheit der islamischen Völkerfamilie;
   - Die Propagierung der Kalifatsidee und ihre schließliche Verwirklichung;
   - Die Verteidigung des Islam und seine Darstellung als ethisch-moralische Kraft im Dienste der Menschheit;
   - Die Verkündigung des Islam in aller Welt;
   - Beratung der Regierungen der moslemischen Länder;
   - Sammlung und Analysierung von Erkenntnissen über die sozio-ökonomische und geopolitische Situation der islamischen Welt;
   - Die unterschiedlichen kulturellen, religiösen und sozialen Strömungen in den moslemischen Gesellschaften und ihre Ursachen und Wirkungen zu erforschen und zu begleiten;
   Die Aufarbeitung von Problemen und Erfahrungen islamischer Diasporagemeinschaften in aller Welt;
   - Den Frauen ihre in der Scharia verbrieften Rechte zu garantieren und sie geistig und moralisch in die Lage zu versetzen, entsprechend den Erwartungen des Islam ihre Rolle in der Gesellschaft voll wahrzunehmen;
   - Die Begleitung des christlich-islamischen Dialogs;
   - Das Eintreten für den Frieden unter allen Religionen und Völkern der Welt;
   - Zusammenarbeit mit allen Menschen und Gruppierungen, die für Frieden, Gerechtigkeit und Bewahrung der Schöpfung eintreten.

Die ökumenische Bedeutung des Islamischen Weltkongresses

Neben dem Islamischen Weltkongreß gibt es heute eine Reihe anderer nationaler und internationaler Organisationen, die sich der Sache des Islam und der Moslems angenommen haben. Die meisten dieser Organisationen wurden nach dem Zweiten Weltkrieg bzw. während der Befreiungskämpfe gegen den europäischen Kolonialismus gegründet. Diese Bewegungen sind von daher auch stark antichristlich bzw. von Vorbehalten gegenüber den Kirchen geprägt, da sie die christlichen Missionen als »Handlanger des europäisch-amerikanischen Imperialismus« betrachten. Die Ideologie dieser Organisationen kann man als neokonservativ bezeichnen, wobei ihre Auslegung des Islam durchaus unterschiedlich ist, besonders was das Zusammenspiel von Staat und religiöser Gemeinschaft angeht.

Die wichtigsten Organisationen dieser Kategorie sind

– die Moslembruderschaft;
– die Jama'at-i-Islami (Gemeinschaft des Islam);
– die Islamische Welt-Liga;
– die Internationale Gesellschaft zur Verkündigung und Ausbreitung des Islam (World Islamic Call Society).

Alle genannten Organisationen entsenden in die Islamische Weltkonferenz Delegierte oder sind in den Gremien des Islamischen Weltkongresses vertreten.

Unabhängig von ihren spezifischen Zielen existieren in der islamischen Welt zwei konkurrierende Islamische Bewegungen, in denen sich die hier genannten Organisationen ideologisch wiederfinden und organisationsüberschreitend wirken.

Der Islamische Weltkongreß, die Islamische Welt-Liga, die Internationale Gesellschaft zur Verkündigung und Ausbreitung des Islam, die Jama-at-i-Islami und die Moslembruderschaft repräsentieren als Islamische Bewegung den sogenannten traditionalistischen Islam, dem auch ein dialogbereites, auf Zusammenarbeit mit Andersgläubigen zielendes Element, implizit ist. In Konkurrenz dazu steht die vom Iran gesteuerte Islamische Bewegung, die ideologisch den Gedanken der »islamischen Weltrevolution« vertritt und durchaus restaurative Züge aufweist.